독도 영유권 확립을 위한 연구

영남대학교 독도연구소 엮음

景仁文化社

* 이 책은 2007년 교육과학기술부 지정 정책중점연구소 지원 사업에 의해서 연구되었음

책머리에

　영남대학교 독도연구소는 2005년에 설립된 우리나라 최초의 독도 전문 연구기관입니다. 그 간에 이루어진 한국에서의 독도 연구는 일본의 자료는 말할 것도 없이 한국의 자료들조차 제대로 검토하지 않은 채 국민들의 반일감정에 호소하는 측면이 없지 않았습니다. 게다가 일본의 도발로 독도에 대한 관심이 높아지자, 대학마다 연구소를 설치하는 웃지 못할 진풍경이 벌어지고 있는 것도 사실입니다.

　두루 알다시피 독도 문제는 일본이라는 상대가 있습니다. 그러므로 그들의 자료와 주장을 철저하게 분석하여, 그 속에서 문제점을 찾아내는 작업부터 시작해야 한다는 것은 너무도 명백한 사실입니다. 바로 이와 같은 인식에서 세워진 것이 영남대학교 독도연구소입니다.

　본 연구소는 해마다 국제학술대회를 개최하여 독도 문제에 대한 국제적인 공조를 모색하여 오고 있으며, 또『독도연구』라는 논문집을 간행하여 독도에 대한 새로운 이론의 정립에 이바지하고 있습니다. 그 뿐만 아니라 일본에 산재한 독도 관련 자료들을 수집하여 소개하는 일도 게을리 하지 않고 있습니다. 이러한 일련의 노력들을 인정받아 2007년에는 한국학술진흥재단으로부터 중점연구소로 지정을 받았습니다. 그리고 2008년에는 교육과학기술부의 정책중점연구소로 선정되어 독도에 대한 종합적이고 체계적인 연구를 수행하고 있습니다.

　이 과정에서 본 연구소의 연구에 동참해주신 여러 교수님들의 연구 결과를 한 권의 책으로 출판하기에 이르렀습니다. 이에 우선 연구에 참여해주신 여러 교수님들에게 진심으로 고개 숙여 감사의 마음을 전합니다. 특히 적은 연구비에도 불구하고 연구에 전념하고 계신, 그 숭고한 뜻은 높은 평가를 받아 마땅합니다. 본 연구소는 교수님들의 이러한 높은 뜻에 부응하는 연구가 이루어지도록 가능한 한 최선의 노력을 다하겠습니다.

영남대학교 독도연구소가 중점적으로 지향하고 있는 것은 "독도학 정립을 위한 학제간 연구"입니다. 이 과제 아래 "독도 영유권 확립을 위한 연구"와 "독도의 생태 보존과 해양 환경 및 자원 관리 방안 연구"라는 테마로 2원화하여, 연구를 진행하고 있습니다. 이번에 출판하는 『독도 영유권 확립을 위한 연구』는 전자의 성과들을 모은 학제간 연구의 결실입니다. 곧 관심과 전공이 다른 분야의 연구자들이 독도라는 공통된 테마를 위해 연구한 결과를 정리하였습니다.

그리고 본 연구소에서는 2008년의 사업으로 일본 시마네현의 다케시마 문제 연구회에서 제출했던 「다케시마 문제에 관한 조사 연구 - 최종보고서」를 집중적으로 검토했습니다. 그 결과로 얻은 성과를 이 책의 특집으로 실었습니다. 이것은 일본 측의 주장에 대한 대응 논리의 개발이라는 측면에서 매우 중요한 의의를 가지는 것입니다. 실제로 그렇게 많은 대학의 독도 연구소들이 존재하고, 그렇게 많은 연구자들이 있는데도 이 문제에 관심을 표시하는 곳은 거의 없었습니다. 이런 안타까운 현실을 직시하고, 급하게 연구에 착수하다 보니 다소 무리한 주장이 있었을 가능성도 배제할 수 없습니다. 하지만 관심을

가지신 교수님들이 매월 모여서 이 문제에 대한 토론과 검토를 거쳤
으므로, 책으로 묶어 널리 알리기로 하였다는 것을 밝혀둡니다.

영남대학교 독도연구소는 많은 자료들을 수집하고 검토하여 일본
측의 주장이 제국주의적 영토 팽창 야욕에서 비롯되었다는 사실을 입
증하고 알리는 데 최선의 노력을 경주하겠습니다. 앞으로도 깊은 애
정과 관심을 가지시고 지도와 편달을 해주시기를 간절하게 부탁드립
니다.

마지막으로 본 저서의 출판에 많은 수고를 해주신 김호동 교수님
께 이 자리를 빌어 고마움을 전합니다. 그리고 연구소의 운영에 직·
간접적으로 도움을 주신 여러분에게도 감사를 드립니다.

2009년 5월
영남대학교 독도연구소장
김 화 경

차 례

독도에 관한 다학문적 연구

독도문제와 국제재판의 Mixed Case에 관한 고찰 / 정갑용

토할 수가 있었다. 또 회도·지도를 검토할 때에는, 서구 제작의 지도, 일본 측 제작의 회도·지도도 모두 검토하지 않으면 안 된다. … 더욱이 2006년 11월에는 다케시마 문제에서 중요한 장소인 한국·울릉도에서 현지조사를 실시하여, 회도, 지도에 기재된 내용에 관해서, 현지에서 검토할 수가 있었다. 본 보고에서는, 한국, 서구, 일본의 회도, 지도의 검토 결과에 관해서 기술하고, 나아가서 한국·울릉도에서의 현지조사의 보고를 문제 삼기로 한다. 그러한 검토로부터 한국, 서구, 일본에서는, 현재의 다케시마를 지리적으로 어떻게 인식하고 있었던가에 관해서, 역사지리학의 입장에서 고찰하기로 한다.

회도를 고찰할 때에 중요한 것은, 회도가 제작된 시대의 지리적 인식을 나타낸다고 하는 관점이다. 종래의 연구에서는, 회도, 고지도는 그 기재의 부정확성 때문에, 연구가 중요시되지 않았던 적이 있었다. 정확하지 않은가 어떤가를 중요시하는 것은, 회도를 현대의 가치관을 가지고 분석하는 관점이라고 할 수 있다. (회도를) 검토할 때에는, 현대의 지도에 비교하여 부정확한가는 중요하지 않다. 회도의 제작 과정과 제작의 배경을 분석하는 것은 당연한 일로, 그것만이 아니라 회도의 분석을 통해서 회도가 제작된 시대의 공간 인식, 가치관을 이해하는 것이 중요하다고 할 수 있다.」3)

이와 같은 언급은 후나스기의 연구 목적이 어디에 있는가를 명확하게 하였다고 볼 수 있다. 곧 "중간보고서에서는, 한국 측의 사료를 사례로 하여, 한국 측에서는 회도·지도상으로는 현재의 다케시마의 위치를 정확하게 파악하고 있지 않았으며, 현재의 다케시마를 조선령으로도 인식하고 있지 않았다는 것을 명확하게 했다."라고 하는 주장은, 그가 한국 고지도의 분석을 통해서 이끌어내려고 하는 결론이 무엇인가를 미리 말한 것이라고 보아도 좋다는 것이다.

아무리 영토에 문제에 얽힌 민감한 사안이라고 하더라도, 먼저 어떤 결론을 내려놓고 그것을 증명하려고 하는 것은 객관성의 추구를 앞세우는 학자로서의 할 일은 아닌 것 같다. 왜냐하면 양심을 가진 학자라면 자기가 제기하는 논제論題의 타당성을 객관적으로 입증하는 것이 그 본래의 의무이기 때문이다. 그래서 필자는 후나스기의 연구

---

3) 船杉力修, 「繪圖·地圖からみる竹島(Ⅱ)」, 『竹島問題に關する調査研究-最終報告書』, 松江, 竹島問題研究會, 2007, 103쪽.

---

6) 塚本孝, 앞의 글, 100~104쪽.

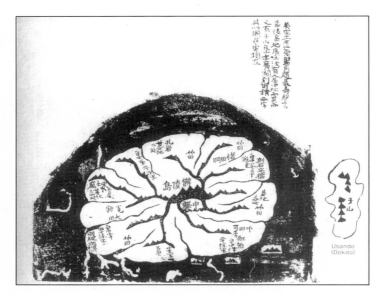

〈지도 2〉

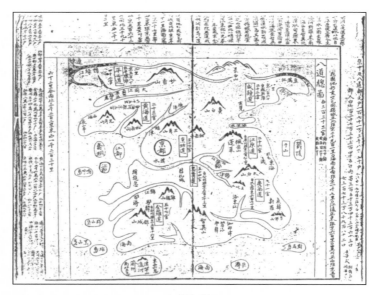

〈지도 3〉

국 측의 주장이 잘못
되었다는 것을 증명
하는 데 그 목적이
있다는 것이다. 그래
서 쯔카모도는 A형에
그려진 우산도는 섬
의 이름이 아니라 우
산국이란 나라의 이
름이 잘못 전승되어
혼란을 일으킨 것이
라고 강변하고 있다.
그리고 B형에 속하는
지도에 그려진 우산
도는 오늘날의 죽도
이므로, 독도와는 상
관이 없다는 것이다.

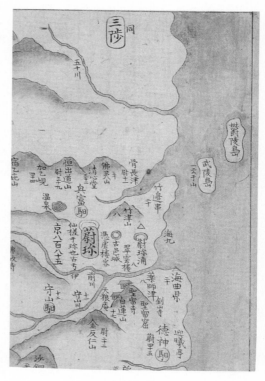

〈지도 4〉

　바로 이와 같은 쯔
카모도의 주장을 한
층 더 구체화한 것이 후나스기 리키노부(船杉力修)의 연구이다. 그는 경
북대학교 출판부가 1998년에 석원진釋圓眞의 소장본을 영인한『동여
비고東輿備攷』의「강원도 동서주군 총도江原道東西州郡總圖 －울진현도蔚
珍縣圖(〈지도 4〉)」를 무슨 대단한 발견이라도 한 것처럼 떠벌이고 있다.

　그런데 이 지도의 제작 연대는 1682년(숙종 8)으로 추정되고 있으며,
지도책의 이름을『동여비고』라고 한 것은『동국여지승람』에서 따온
것으로 보고 있다. 즉 동국東國의 <동東>자와 여지승람의 <여輿>자
를 취하고, 비고備考라는 명칭은『동국여지승람』을 이용하는데 참고

가 되는 지도라는 뜻인 듯하다[7]는 것이다.

이러한 이 지도에 대해 후나스기는 Gerry Bevers의 아래와 같은 설명을 인용함으로써, 자신의 주장이 객관성을 지니는 것처럼 호도하고 있다.

> 「이 지도에는 울진의 앞바다에 두 개의 섬이 있다는 것을 확인할 있다. 울릉도와 무릉도武陵島이다. 울릉도의 옆에 "일운一云 우산于山"이라고 적혀 있는데, "우산도"라고도 불리고 있다고 하는 의미이다. 상게上揭의 회도는 대단히 흥미가 깊은 것이다. 이렇게 말하는 것은, 울릉도와 무릉도와 우산도의 명칭이 전부 하나의 지도에 기재되어 있기 때문이다. 이들 섬의 옛날 지도는 대개, 울릉도와 우산도, 혹은 무릉도와 우산도의 어느 쪽인가가 실려 있는데, 세 개의 이름이 동시에 실린 것은 없었기 때문이다. 우산도 쪽이 흔히 사용되고 있는 명칭이었으므로, 무릉도는 울릉도의 다른 이름(別名)이라고 생각되고 있었다. 하지만 상게의 지도에서, 무릉도도 우산도의 다른 이름으로 사용되고 있는 것을 처음 보았다. 이것은 한층 더 우산도가 〈독도〉가 아니란 것의 증거가 될 수 있다. 왜냐하면 명칭의 혼란이 일어날 정도로 울릉도와 우산도가 가까웠다고 하는 것을 나타내고 있기 때문이다.」[8]

그렇지만 Gerry Bevers가 주장하고 있는 것과 같이, 무릉도가 우산도의 다른 이름으로 기록된 것이 바로 우산도가 독도가 아니란 증거가 될 수 있는 것은 아니다. 왜냐하면 이렇게 명칭의 혼란을 보이는 지도가 이것 이외에는 존재하지 않기 때문이다.

실제로 강원도와 울릉도 사이에 무릉도가 표시되어 있는 것에 대해, 이상태李相泰는 아래와 같이 지적한 바 있다.

---

7) 이상태, 「동여비고 해제」, 『동여비고』, 경북대출판부, 1998, 17쪽.
8) 船杉力修, 앞의 글, 104~105쪽.
   후나스기는 Gerry Beversr가 http//www.occidetalism.org라는 홈페이지 주소를 가지고 있다고 하였으나, 이 홈페이지 주소로 들어 가면 지도에 대한 설명은 나오지 않는다는 것을 밝혀둔다.

「무릉도란 칭호는 성종成宗 때에도 삼봉도三峰島를 수색하면서, 중종中宗 때에는 왜구에 대한 경계사를 논의하면서 사용했고, 명종明宗 때부터는 무릉도란 명칭은 사용하지 않고 오로지 울릉도란 명칭만 썼다. 본도本圖가 제작될 즈음에 안용복 사건이 발생하는데, 그때에도 울릉도란 명칭만 썼다. 본도에서처럼 독도를 울릉도의 좌측인 연안 쪽에 표시한 고지도는 「동람도東覽圖」에서부터 비롯되며 조선 전기에 제작되는 고지도의 표현 방법이다. 안용복 사건 이후에는 울릉도와 독도에 대한 지식이 분명해져 울릉도의 우측 바다 쪽에 독도를 우산도로 표현한다. 그런데 본도에서는 독도를 울릉도의 좌측에 표시하고 무릉도武陵島라고 적고 또는 우산도于山島라고 기록한 점이 주목된다. 조선실록에서는 울릉도를 무릉도라고 하였지 독도를 본도처럼 무릉도라고 하지 않았으며 고지도에도 그렇게 표시된 예가 없다. 그런 점에서 본 지도는 다른 지도와는 구별되는 독특한 면을 지니고 있다.」[9]

그러나 이 지도가 1682년경에 제작되었다고 하는 추정이 사실이라고 한다면, 이것과 안용복安龍福이 2차로 일본에 건너갔던 1696년과는 시간적으로 14년의 간극이 존재하게 된다. 따라서 이 지도의 제작을 안용복 사건과 직접적으로 관련시키는 것은 무리가 아닐까 한다. 그렇지만 이상태가 지적한 것과 같이, 『동국여지승람』에 첨부되어 있는 『팔도총도八道總圖』에서와 같이, 이 지도에서도 울릉도의 좌측에 우산도를 그리고 있는 것은 조선 전기의 지도 표현 방법을 그대로 계승하고 있는 것이다. 하지만 <지도 1>과 <지도 4>를 비교하여 보면, 후자에서의 우산도의 위치가 전자와 같이 울릉도의 바로 좌측(서쪽)이 아니라 약간 남쪽으로 내려간 서남쪽에 표시되었다는 차이가 있음을 알 수 있다. 이와 같은 점을 고려하지도 않고, 후나스기는 앞에서 소개한 Gerry Bevers의 언급을 바탕으로 하여, "한국 측은, 종래 '울릉도는 무릉도武陵島라고 불렸으며, 우산도는 현재의 독도이다.'라고 하고 있지만, 이 회도에서는 우산도가 무릉도라고도 불리고 있었다는 것을 나타내고 있다. 실제 울릉도의 서쪽에는 존재하지 않는 것으로부터

---

9) 이상태, 앞의 글, 21쪽.

도, 당시 조선에서는 울릉도, 무릉도, 우산도의 위치, 명칭까지도 지리적으로 혼동하고 있는 것을 나타내는 것이다."[10]라는 견해를 피력하였다.

그러나 우산도를 무릉도라고 표시한 지도는, 아직까지 이 『동여비고東興備攷』의 「강원도 동서주군 총도 – 울진현도」 이외에는 발견되지 않고 있다는 점이 고려되어야 마땅하다. 그럼에도 불구하고 하나의 자료만 가지고 자기들에게 유리하게끔 아전인수我田引水격의 해석을 하는 것이 과연 타당성을 지닐 수 있을까 하는 의문을 가지지 않을 수 없다.

그런데도 후나스기는 "회도도 지지地誌도 이 시기에 섬들을 실제로 답사한 것이 아니라, 그 이전의 지지 『세종실록지리지』(1454년 성립)와 현재의 울릉도의 답사 결과를 기록한 것으로 보이는 『태종실록』,『세종실록』 등을 정리하여 고친 것에 지나지 않는 것이다. 이와 같이 회도, 지지의 분석으로부터, 당시 조선 왕조는 조선반도의 동쪽에 우산도와 울릉도의 두 섬을 인식하고 있었다고 하기보다는, 울릉도, 무릉도, 우산도를 혼동하여 인식하고 있었다는 것을 알 수 있다. 사료의 기재 내용으로부터도 이들 섬은 울릉도의 것을 기록하고 있었던 것에 지나지 않았다."[11]고 하여, 당시에 조선에서는 울릉도 하나만을 알고 있었다는 결론을 내리고 있다.

이러한 결론은 이미 서론에서부터 예상되었던 것이었으므로, 새로운 사실의 구명이라고 보기는 어렵다. 그리고 독도 문제를 객관적으로 구명하기보다는 자기들에게 유리하다고 생각되는 자료들만을 제시하여 일방적인 해석을 함으로써, 한국 측이 독도를 인지하지 못했었다고 우기는 것은 쉽게 납득이 가지 않는다. 가능한 한 많은 자료

---

10) 船杉力修, 앞의 글, 105쪽.
11) 船杉力修, 앞의 글, 105쪽.

들을 검토한 다음에 타당성 있는 결론을 추출하는 것이 독도 문제의 해결을 위한 하나의 방법이다. 이런 의미에서 후나스기의 주장이 타당성을 가지는 것인가 아닌가 하는 문제는 반드시 검증되어야 한다.

3. 안용복의 도일과 자산도 및 지도상의 그 위치 문제

이 문제를 검토하는 데 있어서는, 안용복이 독도에 자산도子山島라는 이름을 붙인 것은 매우 중요한 의의를 가진다고 보지 않을 수 없다. 그 이유는 당시에 일본에서 마쓰시마(松島)라고 부르던 독도에 자산도라는 명칭을 사용하였으므로, 이 섬을 오늘날의 죽도라고 주장할 수는 없기 때문이다.

그래서 먼저 「겐로쿠(元禄) 9(丙子)년 조선 배 착안着岸 한 권의 각서」에 기재되어 있는 이 부분을 소개하기로 하겠다.

> 「안용복이 말하기를 대나무 섬(竹嶋)을 다케시마(竹嶋)라고 합니다. 강원도 동래부東萊府[12] 안에 울릉도라는 섬이 있는데, 이것을 대나무의 섬이라고 합니다. 곧 팔도의 지도(八道之圖)에 적혀 있는 것을 가지고 있습니다.
> 마쓰시마(松嶋)는 오른쪽의 같은 도(右同道)[13] 안에 자산子山(소우산)이라는 섬이 있는데, 이것을 마쓰시마라고 합니다. 이것도 팔도의 지도에 적혀 있습니다.」[14]

---

12) 강원도 동래부 안에 울릉도가 있다고 한 것은 안용복이 동래 출신이기 때문에 필답筆答을 하는 과정에서 생긴 오류가 아닐까 한다.
13) 세로로 쓰인 문장이므로 우右, 곧 오른쪽은 앞의 문장을 가리키는 것이다.
14) 「安龍福申候ハ竹嶋ヲ竹ノ嶋と申候. 朝鮮國東萊府ノ內ニ鬱陵島と申嶋御座候. 是ヲ竹ノ嶋と申由申候. 則八道ノ圖ニ記之所持仕候.松嶋ハ右同道之內子山(ソウサン)と申嶋御座候. 是ヲ松嶋と申由. 是も八道之圖ニ記申候.」
    김정원 역, 「겐로쿠 9년 조선 배 착안 한 권의 각서」, 『독도연구(1)』, 영남대독도연구소, 2005, 292~293쪽.

이 문서는 2005년 3월 일본의 시마네현 오키도(隱岐島) 오치군(隱地郡) 아마정(海士町)에 사는 무라카미 죠쿠로(村上助九郞)의 집에서 발견된 안용복의 진술서이다. 이 문서에서 보는 것처럼, 안용복은 일본 사람들이 마쓰시마라고 부르는 섬을 자산도子山島라고 지칭하였는데, 그위에 소우산(ソウサン)이라는 가타가나(片仮名)가 아울러 기록되어 있어 주의를 끈다. 이것은 소우산小于山, 곧 작은 우산도를 나타낸다는 의미로 쓰였을 가능성도 있다. 아니면 울릉도를 모도母島, 곧 어머니 섬이라고 보고, 이에 딸린 아들 섬이란 뜻으로 자산이란 명칭을 사용하였을 가능성도 배제할 수 없다.

이런 자산이란 명칭에 대해, 송병기宋炳基는, "울릉도와 독도는 모자관계母子關係에 있는 섬들이다. 가령 독도의 옛 이름은 우산도이지만 혹은 자산도라고도 하였는데, 이는 모도母島인 울릉도의 자도子島라는 뜻도 함축되어 있는 것이다. 그러므로 독도의 역사는 울릉도와 관련지어 가면서 살피지 않으면 안 된다."[15]는 지적을 한 바 있다.

이처럼 당시의 조선에서는 이미 울릉도와 독도를 모자관계를 가지는 섬으로 파악하고 있었다. 이런 인식은 민간에서뿐만 아니라, 조정에서도 그대로 수용되었던 같다. 이와 같은 추정은 『숙종실록』에도 자산도라는 명칭을 그대로 사용하고 있기 때문이다.

> 「비변사備邊司에서 안용복安龍福 등을 추문推問하였는데 안용복이 말하기를, "저는 본디 동래東萊에 사는데, 어머니를 보러 울산蔚山에 갔다가 마침 승려 뇌헌雷憲 등을 만나서 근년에 울릉도에 왕래한 일을 자세히 말하고, 또 그 섬에 해물海物이 많다는 것을 말하였더니, 뇌헌 등이 이롭게 여겼습니다. 드디어 같이 배를 타고 영해寧海에 사는 뱃사공 유일부劉日夫 등과 함께 떠나서 그 섬에 이르렀는데, 주산主山인 삼봉三峯은 삼각산三角山보다 높았고, 남에서 북까지는 이틀길이고 동에서 서까지도 그러하였습니다. 산에는 잡목雜木·매[鷹]·까마

---

15) 송병기, 「독도 조」, 『민족문화대백과사전(7)』, 한국정신문화연구원, 1991, 49쪽.

귀·고양이가 많았고, 왜선倭船도 많이 와서 정박하여 있었으므로 뱃사람들이 다 두려워하였습니다. 제가 앞장서서 말하기를, '울릉도는 본디 우리 지경인데, 왜인이 어찌하여 감히 지경을 넘어 침범하였는가? 너희들을 모두 포박하여야 하겠다.'하고, 이어서 뱃머리에 나아가 큰소리로 꾸짖었더니, 왜인이 말하기를, '우리들은 본디 송도松島에 사는데 우연히 고기잡이 하러 나왔다. 이제 본소本所로 돌아갈 것이다.'라고 하므로, '송도는 자산도子山島로 그것도 우리나라 땅인데 너희들이 감히 거기에 사는가?'라고 하였습니다. 드디어 이튿날 새벽에 배를 몰아 자산도에 갔는데, 왜인들이 막 가마솥을 벌여 놓고 고기 기름을 다리고 있었습니다. 제가 막대기로 쳐서 깨뜨리고 큰 소리로 꾸짖었더니, 왜인들이 거두어 배에 싣고서 돛을 올리고 돌아가므로, 제가 곧 배를 타고 뒤쫓았습니다. 그런데 갑자기 광풍을 만나 표류하여 옥기도玉岐島에 이르렀는데, 도주島主가 들어온 까닭을 물으므로, 제가 말하기를, '근년에 내가 이곳에 들어와서 울릉도·자산도 등을 조선朝鮮의 지경으로 정하고, 관백關白의 서계書契까지 있는데, 이 나라에서는 정식定式이 없어서 이제 또 우리 지경을 침범하였으니, 이것이 무슨 도리인가?'라고 하자, 마땅히 백기주伯耆州에 전보轉報하겠다고 하였으나, 오랫동안 소식이 없었습니다. … 라고 하였다.」[16]

『숙종실록』에서도 이처럼 자산도란 명칭을 그대로 기록했다는 것은, 안용복이 비변사備邊司에서 진술한 것을 받아들여 울릉도와 독도를 모자관계의 섬들로 보았다는 것을 말해준다. 바꾸어 말하면 1696년에 안용복이 일본에 건너가서 당시에 우산도라고 불리던 독도에 자산도라는 이름을 붙였던 사실을 조정에서도 공식적으로 인정했다고

16) 「備邊司推問 安龍福等 龍福以爲, 渠本居東萊 爲省母至蔚山 適逢僧雷憲等 備說頃年往來鬱陵島事 且言本島海物之豐富 雷憲等心利之. 遂同乘船 與寧海 篙工劉日夫等 俱發到本島 主山三峰 高於三角自南至北 爲二日程 自東至西亦然. 山多雜木鷹烏猫 倭船亦多來泊船人皆恐. 渠倡言 鬱島本我境 倭人何敢 越境侵犯, 汝等可共縛之. 仍進船頭大喝 倭言 吾等本住松島 偶因漁採出來. 今當還往本所. 松島卽子山島 此亦我國地, 汝敢住此耶. 遂以翌曉 拕舟入子山島 倭等方列釜鬵煮魚膏. 渠以杖撞破 大言叱之 倭等收聚載船 擧帆回去 渠仍乘船追趁. 猝遇狂飆 漂到玉岐島. 島主問入來之故. 渠言 '頃年吾入來此處 以鬱陵, 子山等島 定以朝鮮地界, 至有關白書契. 而本國不有定式 今又侵犯我境, 是何道理. 云爾 則謂當轉報伯耆州, 而久不聞消息…」
『肅宗實錄』 22년 9월 무인(戊寅)조.

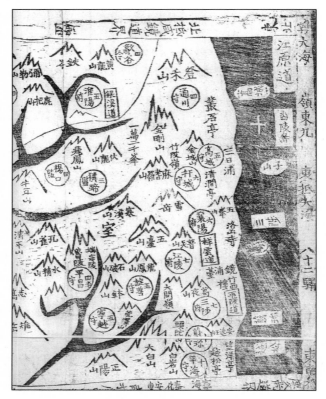

〈지도 5〉

볼 수 있다 것이다.

　그런데 이렇게 안용복이 붙인 자산도고 하는 이름의 섬이, 그 후에
지도로 방각傍刻되어 간행되었다는 것은 많은 시사를 던져주고 있다.
위에서 제시한 <지도 5>는 대구광역시 수성구 파동에서 고서관古書
館을 운영하는 김정원金正元이 제공한 것으로, 울릉도 아래쪽에 자산
도가 방각되어 있다. 이런 지도가 존재했다는 것은 당시에 자산도라
는 이름이 상당히 널리 통용되었음을 말해준다. 그런데 여기에서 울
릉도 아래쪽에 그려진 자산도는 오늘날의 죽도가 아니라 독도가 분명

하다. 이렇게 말하면 독도를 왜 동남쪽에 그리지 않았느냐고 반문할지도 모른다. 그렇지만 이『천하도天下圖』를 제작할 때에는 한 장에 하나의 도道를 그리고 있다는 점에 주목해야 한다. 따라서 강원도에 속하는 지역을 전부 한 면에 넣기 위해서는 아무래도 육지가 강조될 수밖에 없었을 것이다. 이처럼 육지가 중시되었다는 것은, 당연히 바다쪽이 경시되었음을 나타낸다. 이것은 위의 <지도 5>를 보면 그대로 드러난다. 곧 바다 쪽을 좁게 그리다 보니, 자연스럽게 울릉도의 동남쪽에 있는 자산도(독도)가 울릉도의 아래쪽에 그려졌다고 보아야 한다는 것이다.

실제로 안용복은 "5월 15일 다케시마(竹嶋: 울릉도)를 출선하여 같은 날 마쓰시마(松嶋: 독도)에 도착하였고, 동 16일 마쓰시마를 나서서 … 다케시마와 조선 사이는 30리이고, 다케시마와 마쓰시마의 사이는 50리입니다."[17]라고 진술하였다. 이런 진술은 상당히 정확한 지리적 인식이 있었음을 말해준다. 그러므로 자산도가 울릉도 아래에 표시되었다고 해서 자산도, 곧 우산도에 대한 지리적 지식이나 인식이 없었다고 볼

〈지도 6〉

---

17) 「五月十五日竹嶋出船 同日松嶋江着 同十六日松嶋ヲ出…竹嶋と朝鮮之間三十里 竹嶋と松嶋之間五十里在之由申候.」
   김정원 역, 앞의 글, 293~294쪽.

수는 없다는 것이다.[18]

그런데 모든 지도가 다 이와 같이 독도를 제 위치에 그리지 않고, 울릉도의 아래쪽, 곧 남쪽에만 그린 것은 아니었다. 정상기鄭尙驥가 그린 「동국대전도東國大全圖」[19](<지도 6>) 계열에 속하는 채색 필사본의 전국지도全國地圖에는 독도의 위치가 정확하게 그려져 있다는 사실을 확인할 수 있다.[20]

이것은 숭실대학교 도서관에 소장되어 있는 「조선전도朝鮮全圖」에서 울릉도와 독도 부분만을 옮긴 것이다. 누가 보아도 여기에 그려진 우산도가 오늘날의 죽도에 해당된다고 하지는 못할 것이다. 그 까닭은 방향의 면에서 울릉도의 동남쪽에 있는 독도가 명확하기 때문이다. 실제로 이상태李相泰는 이 지도에 대해, "산맥과 하천, 도로망의 표시가 비교적 자세하다. 울릉도를 자세하게 묘사하고 그 동쪽에 우산도(독도)를 표기하여 두 섬이 우리나라의 영토임을 분명히 하였다."[21]라는 해설을 하고 있다.

이렇게 보면, 지도를 제작하거나 그리는 사람의 지리적인 인식에 따라 독도를 울릉도의 동남쪽에 그린 것도 있고, 아니면 그 남쪽에 그린 것도 있다는 것을 알 수 있다. 그럼에도 불구하고 현재와 같이 정확한 지리적 지식을 가지고 한국의 고지도를 보려고 하는 것은, 일본 측에 유리한 논리를 전개하여 독도를 강탈하기 위한 억지를 부리

---

18) 이 문제에 대해서는 가와카미 겐죠(川上健三)도 마쓰시마(松島)에 대한 인식을 가지고 있었을 것으로 추정하였다.
   川上健三, 『竹島の歷史地理學的硏究』, 東京: 古今書院, 1966, 169쪽.
19) 정상기의 『동국대전도』(서울대학교 규장각 소장)에서도 울릉도의 동쪽에 정확하게 우산도를 그리고 있다.
   오상학, 「농포자 정상기와 동국지도」, 『공간이론의 산책(26)』, 국토지리원, 1999, 67쪽 지도 참조.
20) 이상태, 『사료가 증명하는 독도는 한국 땅』, 경세원, 2007, 43쪽.
21) 이상태, 앞의 책, 43쪽.

는 것에 지나지 않
는다고 하겠다. 사
실 후나스기가 한
국의 많은 고지도
를 분석의 대상으
로 삼았으면서도,
울릉도의 남쪽이
나 동남쪽에 그려
진 우산도 문제를
고찰하지 않고 있
다는 것은 바로 이
런 저의를 그대로
드러냈다고 보아
도 크게 틀리지는
않을 것이다.

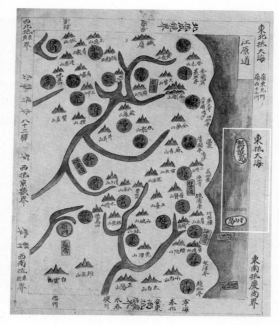

〈지도 7〉

그리고 또 한 가
지 지적하고 넘어가야 하는 것이 있다. 그것은 지도에 섬을 그리거나
방각할 때에 거리에도 그다지 신경을 쓰지 않았다는 점이다. 이런 지
적을 하는 이유는, 앞에서 제시한『천하도』계열의 지도들 가운데는
울릉도와 우산도의 위치를 간성杆城에서 정선旌善 정도의 거리로 표시
하여 실제의 거리를 의식한 것 같은 지도도 있기 때문이다. 그래서
그런 <지도 7>을 제시하기로 한다.

이것은 국립 중앙도서관에 소장되어 있는 것으로, 작자는 알 수 없
지만 1870년에 제작되었다고 한다. 이상태의 설명에 의하면,「동람도
東覽圖」식의 채색 필사본 지도로 민간에서 많이 소장했다는 것이다.22)

---

22) 이상태, 강원도『여지도輿地圖』, 앞의 책, 72쪽.

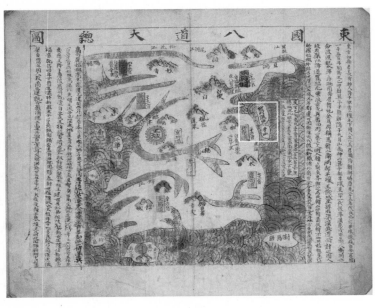

〈그림 8〉

그런데 『동국여지승람東國興地勝覽』의 『팔도총도八道總圖』, 곧 「동람도」 계열의 지도들 가운데에도 앞에서 본 <지도 1>과 같이 우산도가 강원도와 울릉도 사이에 그려지지 않고, 다음 <지도 8>에서 보는 것처럼, 울릉도의 남쪽에 그려진 것도 있어 주목을 끈다.

이 지도는 서울대학교 규장각에 소장되어 있는 것으로, "조선후기에 민간에 많이 보급되었던 13장으로 구성된 목판본 지도책을 필사하여 채색한 것"[23)]이라고 한다.

따라서 <지도 1>에서 우산도가 울릉도의 서쪽에 그려진 것이 반드시 그 방향을 정확하게 인식한 것은 아니었다고 할 수 있다. 그렇다고 후나스기 리키노부가 지적한 바와 같이, 우산국이란 나라 이름이 잘못 전승되어 혼란을 일으킨 것이라고 보는 것은 더욱 더 말이 안 된다고 하겠다. 아무리 지리적인 인식이 없었던 사람들이라고 하더라도, 나라 이름과 섬 이름을 혼동할 정도의 사람들이 지도를 제작하거나 그렸다고는 생각되지 않기 때문이다.

이런 지적을 하면서, 같은 『동람도』 계통에 속하는 지도이면서도, 후나스기가 무슨 대단한 발견이라도 한 것처럼 호들갑을 뜬, 경북대학교 소장의 『동여비고』의 「강원도 동서주군 총도 - 울진현도」와 같은 위치에 우산도를 표시한 지도가 있어 관심을 불러일으킨다.

다음의 <지도 9>는 국립 중앙도서관에 소장되어 있는 「조선총도朝鮮摠圖」로 전국의 명산대천名山大川과 제사 처祭祀處만을 간단하게 표시하면서, 울릉도를 강원도 위쪽에 표시하고 그 하단(서남쪽)에 우산도를 표시하고 있다.[24)]

이렇게 본다면, 『동여비고』의 「강원도 동서주군 총도 - 울진현도」에 우산도가 울릉도의 서남쪽에 그려진 것이 그렇게 특이한 것이 아

---

23) 이상태, 동국대팔도총도 『요도瑤圖』, 앞의 책, 62쪽.
24) 이상태, 조선총도 『여지도』, 앞의 책, 60쪽.

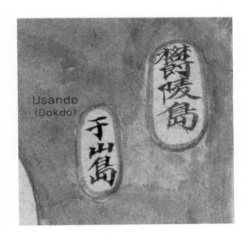

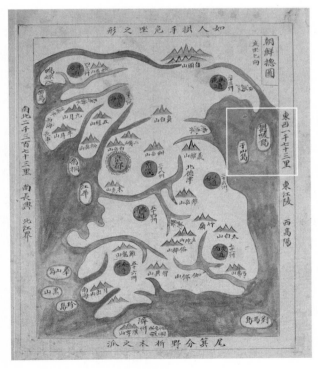

〈지도 9〉

니라는 것을 확인할 수 있다. 좀 더 구체적으로 말한다면 울릉도의 남쪽, 곧 아래쪽에 자산도(우산도, 독도)를 표시하는 경우도 있었다. 그렇지만 이 아래쪽에 있던 것이 왼쪽, 곧 서쪽으로 옮겨져 울릉도의 서남쪽에 표시된 것이 바로 이 지도의 울진현도였다는 것이다. 따라서 우산도를 무릉도라고 표시하였다고 해서 우산도의 위치나 명칭을 혼동한 것이 아니라, 지도의 적당한 공간에 동해안에 존재하는 두 섬을 그려 넣은 것에 불과하다고 보아야 하지 않을까 한다.

4. 〈소위 우산도〉와 〈우산도〉의 문제

한국의 많은 고지도들이 우산도를 울릉도의 바로 동쪽에 그리고 있다. 그래서 쯔카모도 다카시塚本孝는 앞에서도 인용한 것처럼, "B형에 속하는 조선의 고지도에 그려진 우산도는, 울릉도에 부임했던 자의 지견知見 ― 동 섬의 동쪽 앞바다에 섬(竹島)이 있는 것 ― 과, 전통적인 A형의 지식 ― 우산도라고 하는 명칭 ― 이 합해져서 그려진 것으로 해석되어, 이것도 또한 일한日韓 사이에 귀속을 다투고 있는 다케시마(독도)와는 관계가 없다."25)라고 하였다.

이와 같은 그의 지적은, 쉽게 말해 한국의 고지도에 표시된 우산도는 울릉도 동북쪽에 있는 죽도竹島에 우산국의 우산을 가져와 우산도라고 한 것에 불과하다는 것이다. 이런 견해의 뒤에는 한국에서 고지도에 그려진 우산도가 오늘날의 독도라고 하는 주장은 잘못되었다는 속셈이 숨어 있었다. 바로 이러한 속셈을 겉으로 드러낸 것이 후나스기 리키노부의 연구였다. 그는 16개의 울릉도 관련 지도를 검토하여, 우산도가 독도가 아니라 죽도라는 것을 누누이 강조하고 있다.

---

25) 塚本孝, 앞의 글, 104쪽.

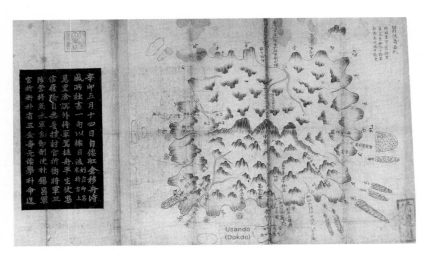

〈지도 10〉

그러나 고지도, 특히 울릉도 지도鬱陵島地圖에 그려진 우산도의 경우는 <소위 우산도 형>과 <우산도 형>이 있다는 사실에 유념하여야 한다. 먼저 후나스기가 각종 울릉도 지도에 관한 고찰을 하는 과정에서 <소위 우산도 형>에 속하는 자료들부터 살펴보기로 하겠다.

이 유형에 들어가는 대표적인 지도로는 서울대학교 규장각에 소장되어 있는 「울릉도 도형鬱陵島圖形」(<지도 10>)이 있다.

여기에는 "신묘년 5월 14일에 왜의 강창紅倉(배를 넣어두던 창고)으로부터 바람을 피하는 곳으로 배를 옮겨, 한 구절을 써서 날짜를 표시한 다음에, (나무에 새겨 묘방(卯方: 동쪽 방향)의 바위 위에 세웠다.) '만 리 창해滄海 바깥에 장군으로 계수나무로 만든 아름다운 배를 타고 평생토록 충성과 신의忠信를 다했으니 험난함을 겪어도 걱정이 없노라. 수토관 절충장군 삼척영장 겸 수군첨절제사 박석창 군관절충 박성삼 김수원, 왜학 박명일"26)이라는 글귀가 있고, 또 울릉도에 박석창이 세운 비석이

_____

26) 「辛卯五月十四日　自倭紅倉移舟待風所　拙書一句以標日後 (刻木立於卯方岩

남아 있어,[27] 여기에서 말하는 신묘년을 1711년(숙종 37)으로 비정하고 있다. 그리고 위의 지도에서 보는 것처럼, 오른쪽에 비변사備邊司란 인장이 찍혀 있고, 그 뒤에 "영장 박석창이 만든 울릉도 지도"[28]라는 기록이 있는 것으로 보아, 수토사로 갔던 박석창이란 인물이 군사용으로 제작하여 사용했던 지도임이 분명한 것 같다.

그런데 이 지도에는 하단에 해당되는 동쪽에 "해장죽전海長竹田 소위所謂 우산도于山島", 곧 "바닷가에 길게 대밭이 있는 이른 바 우산도"라고 하는 기록이 있다. 이것을 소장하고 있는 서울대학교 규장각의 해설에는 "여기 우산도라 기입한 섬이 바로 독도를 지칭한 듯하다."[29]라고 하였다. 하지만 이 해설은 지도 자료를 엄격하게 검토하지 않은 것이 분명하다. 왜냐하면 바닷가에 길게 대나무 밭이 있었다고 한다면 그 섬은 독도가 아니라 오늘날의 죽도를 가리킨다고 보는 것이 마땅하기 때문이다.[30] 실제로 오상학吳相學은 "이 섬은 그려진 위치와 '바닷가에 길게 죽전이 있다.'는 주기註記로 볼 때 울릉도 본

上) 萬里滄溟外 將軍駕桂舟 平生伏忠信 履險自無憂 搜討官折衝將軍三陟營將兼水軍僉節制使朴昌錫 軍官折衝朴星三 金壽元 倭學 朴命逸」
　　이상태, 앞의 책, 92쪽.

27) 비석의 글귀는 다음과 같다.
「辛卯五月十初九日到泊于倭舡倉 以爲日後憑考次 萬里滄溟外 將軍駕桂舟 平生伏忠信 履險自無憂 搜討官折衝將軍三陟營將兼僉節制使朴昌錫 刻石于卯方 軍官折衝朴省三 折衝金壽元 倭學閑良朴命逸軍官閑良金元聲 都沙工崔粉 江陵通引金蔓 營吏金孝良 中房朴一貫及唱金時藝 庫直金危玄 食母金世長 奴子金禮發 使令金乙泰.」
　　김원룡, 『울릉도』 국립박물관, 1963, 64쪽.

28) 「營將朴錫昌所作 鬱陵島地圖」
　　서울대학교규장각, 고지도 「울릉도 도형」 (규12166) 해설.

29) 서울대학교규장각, 위의 글.

30) 오상학도 이 "소위 우산도"라고 하는 곳은 죽도(댓섬)이라고 보고 있다.
　　오상학 공저, 『울릉도·독도 고지도첩 발간을 위한 기초연구』, 한국해양수산개발원, 2007, 50쪽.

섬에서 4Km 정도 떨어진 죽도로 추정된다. 울릉도의 부속 도서로서 길게 형성될 수 있는 섬은 죽도 이외에는 없기 때문이다."[31]라고 하여, 이 섬을 죽도로 보았다.

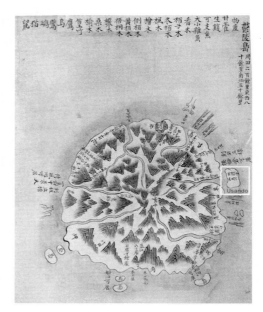

〈그림 11〉

이 점에 관해서는 후나스기의 지적이 타당한 것 같지만, 그의 주장은 울릉도의 동쪽에 그려진 우산도는 모두 지금의 죽도라고 하는 데 문제가 있다. 이것은 그의 연구가, 우산도가 독도를 지칭하는 것이라고 하는 한국 측의 주장을 부정하기 위해서 이루어졌다는 것을 말해준다.

어쨌든 이 <소위 우산도 형>에 속하는 지도로는 『해동지도海東地圖』에 실려 있는 「울릉도」(<지도 11>)가 있다. 이것도 서울대학교 규장각에 소장되어 있는 것으로, 이상태는 "울릉도 지도에서는 산맥과 하천 등을 상세히 그렸고, 민간인들이 살고 있는 곳을 하나하나 표시하였으며, 몇 집이 살 수 있는가를 적어 놓았다. 울릉도 주변에 있는 섬들을 모두 표시하고 특별히 독도를 그린 후에 '소위 우산도(독도)'라고 기록하였다."[32]라는 해설을 하고 있다.

---

31) 오상학, 「조선시대 지도에 표시된 울릉도・독도 인식의 변화」, 『문화역사지리(18-1)』, 문화역사지리학회, 2006, 87~88쪽.
32) 이상태, 앞의 책, 94쪽.

〈그림 14〉

스기 리키노부가 주장하고 있는 것처럼, 울릉도 동쪽에 그려진 우산
도가 전부 죽도를 나타내는 것이 아니라, "소위 우산도"라고 한 것은
죽도를 나타내고 "우산도"라고 한 것은 독도를 가리키는 것으로 보아
야 한다는 것이다.

5. 맺음말

본 논고는 후나스기 리키노부가 독도와 관련된 한국 고지도들의
왜곡된 해석의 문제점을 검토하기 위해서 마련되었다. 지금까지 살펴
본 것과 같이, 그는 한국의 고지도들 가운데에서 울릉도의 서쪽과 동

쪽에 그려진 우산도만 고찰의 대상으로 하였다. 다시 말해 울릉도의 북쪽이나 남쪽, 혹은 동남쪽이나 서남쪽에 위치한 우산도의 지도는 고찰의 대상으로 하지 않았다는 것이다. 이와 같은 대상의 선택은 한국 사람들이 독도에 대해 정확한 인식을 가지고 있지 않았었다는 것을 입증하기 위한 것이었다고 할 수 있다. 그래서 본 연구에서는 여러 방위에 그려진, 14개의 지도 자료를 검토함으로써 후나스기의 연구가 얼마나 사실을 왜곡하고 있는가 하는 것을 밝혔다. 이제까지 논의된 것을 간단하게 요약하면 아래와 같다.

먼저 『동여비고』의 「강원도 동서주군 총도 - 울진현도」에 무릉도가 "일운一云 우산于山"이라고 하여 울릉도의 동남쪽에 그려져 있는 것에 대해, 후나스기는 실제로 울릉도의 서쪽에는 섬이 존재하지 않는다는데 착안하여 조선에서는 울릉도, 무릉도, 우산도의 위치와 명칭을 지리적으로 혼동하고 있었던 것으로 보았다.

그러나 이 문제는 우산도를 무릉도라고 표시한 지도가 이것 이외에는 존재하지 않는다는 사실을 감안하여야 한다. 그래서 우선 안용복이 2차로 도일渡日을 하면서 당시에 일본이 마쓰시마(松島)라고 부르던 오늘날의 독도에 자산도란 이름을 붙였고, 『숙종실록』에도 이 명칭이 그대로 기록되었다는 데 주목하였다. 그리하여 조정에서 이 명칭을 사용한 것은 그 이름을 공식적으로 인정한 것이고, 또 지도에 자산도가 방각되었다는 것은 이 명칭이 널리 사용된 증거로 간주하였다.

그런데 이 지도에는 자산도가 울릉도의 남쪽에 표시되어 있었다. 이것은 지도를 제작하는 과정에서 육지를 중시하였으므로, 바다를 좁은 지면 위에 그렸기 때문이라고 보면서, 『조선전도』에 표시된 우산도 지도를 제시하여 당시에는 우산도의 위치에 대한 정확한 인식이 있었다는 사실을 확인하였다. 이러한 인식은 안용복의 진술을 통해서도 입증할 수 있었다.

그리고 당시의 지도에서는 섬을 그리거나 방각할 때에 거리에는 그다지 신경을 쓰지 않았다는 사실도 구명하였다. 또『동람도』계통의 지도에서도 우산도를 울릉도와 강원도 사이에 그리지 않고, 울릉도의 남쪽(아래쪽)에 그린 것도 있었고,『동여비고』의「강원도 동서주군 총도 - 울진현도」에서와 같이 울릉도의 서남쪽에 표시한 것도 있었다. 이와 같은 지도들이 존재한다는 것은 우산도에 대한 인식이 없었다는 것을 말하는 것이 아니라, 지도의 적당한 공간에 동해안에 존재하는 두 섬을 그려 넣은 것으로 보아야 한다는 지적을 하였다.

다음으로 울릉도의 동쪽에 그려진 우산도를 전부 오늘날의 죽도로 보아야 한다는, 후나스기의 주장을 검토하였다. 그리하여 이 문제는 우산도의 지도에서 "소위 우산도 형"과 "우산도 형"으로 구분하여야 한다는 대안을 제시하였다. 곧 1711년(숙종 37)에 박석창朴錫昌이 그린 것으로 추정되는「울릉도 도형」에서 "해장죽전 소위 우산도海長竹田所謂于山島"라고 한 것은 전자에 속하는 것으로 지금의 죽도를 가리키는 데 반해,『조선지도』의「울릉도」에 표시된 우산도와 같은 유형은 독도를 지칭하는 것으로 보아야 한다는 것이다. 이렇게 보는 이유는 안용복 사건 이후에 울릉도와 독도에 대한 인식이 변하였고, 이런 인식에 따라 울릉도와 독도를 지도에 표시하였기 때문이다.

이와 같은 견해를 제시하면서, 지도에 그려진 독도에 대한 문제는 어느 한쪽에 유리한 자료들만 대상으로 할 것이 아니라, 모든 자료를 엄격하게 검토하여야 하는 과제라는 것을 거듭 지적해둔다.

번호	탈타르도	연도	소장							출처	비고
	탈타르도		대도서관							대web27	국부분은 1735년<康熙內部圖>를 기본으로 간행했던 당비르(J.B. B. d'Anville)의 지도에 의함
31	일본도	1740	아키오카 다케지로	×	×	×	×	×	○	B:83	켄베르(E. Kaempfer) 셋 데르20)
32	일본도	1740		×	×	×	×	×	○	C:p.26	켄베르 셋데르, 일본어 지명표기 있음
33	일본도	1744	아키오카 다케지로	×	×	×	×	×	○	B:84	E. 보엔
34	탈타르도	1745	오오사카 대도서관	×	×	×	×	×	×	오오사카 대web29	Guillaume de L'Ile(파리 刊), 동쪽은 조선반도까지.
35	새 아시아도	1745	오오사카 대도서관	×	×	×	×	×	○	오오사카 대web30	Issa Tirion(암스테르담 刊), 마르티니圖 계통
36	일본도	1749	오오사카 대도서관	×	×	×	×	×	○	오오사카 대web33	Gilles Robert de Vaughondy (파리 刊), 일본본토는 E. Kaempfer21)圖, 대륙부분은 J. B.B.d'Anville22)圖에 기초함
37	일본도	1750	아키오카 다케지로	×	×	×	×	×	○	B:85	Issa Tirion23)
38	일본도	1750	아키오카 다케지로	○西	○東	×	×	×	○	B:86	Robert
39	일본도	1750	아키오카 다케지로	×	×	×	×	×	○	B:87	고르테
40	아시아도	1752	오오사카 대도서관	×	×	×	×	×	○	오오사카 대web34	J.Gibson(런던 刊), 마르티니의 중국지도(No.10 참조) 계통에 속함. 오키 지명 없음
41	일본·조선반도도	18c 중엽	오오사카 대도서관	×	×	×	×	×	○	오오사카 대web35	Jacques Nicolas Bellin(프랑스 水路學者)
42	일본도	1752	오오사카 대도서관	×	×	×	×	×	○	오오사카 대web36	Jacques Nicolas Bellin(파리 刊), E.Kaempfer24)의 『日本史』 소재된 지도 계통
43	요동 및 조선도	1752 ?	오오사카 대도서관	○ Chiang -ng- -san- tau	○東	×	×	×	×	오오사카 대web39	파리 刊, 지도작자 이름 없고, 「영국지도에서 묘사」로 기록되어 있음
44	중국도	1755	오오사카 대도서관	×	×	×	×	×	○	오오사카 대web43	Etienne Andre Philippe de Pretot(파리 刊)(프랑스의 역사, 지리학자), J.B.B. d'Anville25) 계통, 오키 지명 기재없음
45	시베리아·탈타르·에루또·일본도	1755	오오사카 대도서관	×	×	×	×	×	○	오오사카 대web44	Gilles Robert de Vaughondy (파리 刊), 조선 등은 J.B.B. d'Anville26) 계통
46	중국령	1771	오오사카	○	○	×	×	×	×	오오사카	Rigobert Bonne(파리 刊), (프

	지도명	연도	소장처							출처	비고
	탈타르도		대도서관	南	北					대web45	랑스의 지도작가, 技士), J.B. B. d'Anville27)의 아시아도(1753)을 답습한 북아시아 지도
47	동북아시아도	1772	오오사카대도서관	×	×	×	×	×	×	오오사카대web47	Gilles Robert de Vaughondy(파리 刊)
48	중국도	1776	오오사카대도서관	×	×	×	×	×	○	오오사카대web48	Rigobert Bonne(파리 刊), J.B. B.d'Anville28)형에 충실한 지도, 오키 지명 없음
49	중국·탈타르도	1779	오오사카대도서관	×	×	×	×	×	○	오오사카대web49	Rigobert Bonne(베네치아 刊), 중국과 동북아시아를 넓은 범위를 그린 J.B.B.d'Anville29)형 지도. 오키 지명 없음
50	중국·조선·일본도	1786	오오사카대도서관	×	○	×	×	×	○	오오사카대web55	Rigobert Bonne(파리 刊), J.B.B.d'Anville30) 지도 답습
51	중국도	1788	오오사카대도서관	×	×	×	×	×	○	오오사카대web56	Rigobert Bonne(파리 刊), J.B. B.d'Anville31) 계통의 중국지도
52	중국령 탈라트·조선·일본도	1788	오오사카대도서관	×	×	×	×	×	○	오오사카대web58	Rigobert Bonne(파리 刊), J.B. B.d'Anville32) 계통의 지도
53	중국·조선·일본도	1788	오오사카대도서관	×	×	×	×	×	○	오오사카대web59	Rigobert Bonne(파리 刊), No. 49 하반부와 거의 동일한 내용의 지도
54	일본도	1790	아끼오까다께지로	○西	○東	×	×	×	○	B:88	세-야
55	시베리아·중국령탈타르·일본도	1794	오오사카대도서관	×	×	×	×	×	×	오오사카대web62	Lamarche(파리 刊), 시베리아부터 일본까지를 포함한 북아시아도
56	중국 주변 해역 발견지도	1797	오오사카대도서관	×	×	×	×	×	○	오오사카대web63	Lapèrouse33)(파리 刊), No. 63~68은 프랑스의 탐험가 라뻬르즈 백작이 1787년에 실행했던 동아시아 해역의 탐험결과를 기록한 것. 일본, 조선, 유쿠는 J.B.B.d'Anville34)의 지도를 기본함, 四國, 九州는 E.Kaempfer35)의 지도 이용
57	오호츠크해 주변 발견지도	1798	오오사카대도서관	○西	○東	×	○	×	○	오오사카대web70	Lapèrouse(파리 刊). 일본해 북부에서 오오츠크해에 걸친 항해도

58	중국도	1803	오오사카 대도서관	×	×	×	○	×	○	오오사카 대web74	
59	일본도	1804	오오사카 대도서관	○西	○東	×	×	×	○	오오사카 대web76	작자불명(파리 刊). 내용은 J.B.B.d'Anville36) 지도를 거의 전면적으로 답습
60	일본도	1809	오오사카 대도서관	○西	○東	×	×	×	○	오오사카 대web77	J.Pinkerton(런던 刊), 영국의 지리학자 겸 출판업자, 기본적으로 J.B.B. d'Anville37) 지도계통에 속하지만, 혼슈우(本州)북부·에조지(蝦夷地)의 표현은 Gilles Robert de Vaughondy38)의 일본도(1750)와 일치
61	중국 및 일본도	1810	오오사카 대도서관	문자판독가능39)	×	×	○	×	○	오오사카 대web78	John Playfair(런던 刊) 영국의 지리학자, 중국, 조선, 일본은 모두 J.B. B.d'Anville40) 계통이고 새로운 것은 없음
62	조선·일본도	1815	오오사카 대도서관	○西	○東	○無色	○無色	×	○	오오사카 대 web79	J.Thomson(에딘바라 刊) 영국의 출판업자, 조선은 d'Anville41) 계통이지만, 일본에 대해서는 No. 76~78의 지도와 비교해서 비약적 진전을 보여 어떤 새로운 자료에 의한 것임이 확실
63	탈타르도	1817	오오사카 대도서관	×	×	×	○無色	×	○	오오사카 대web80	J.Thomson(에딘바라 刊),No 79와 같은 Thomson의 New General Atlas의 한 장임. 중국본토는 d'Anvill42) 계통, 에조지. 사할린은 Lapèrouse43)의 탐험도(No 70)에 의거, 북해도44)를 포함한 일본도 형태는 No79와 비교해서 퇴보.
64	일본도	1835	오오사카 대도서관	○西	○東	○無色	○無色	×	○	오오사카 대 web 84	J&C.Waker(런던 刊), 彫版師, 그루젠시테르, E.Kaempfer 등에 의거했다고 지대되어 있음. 일본형상은 E.Kaempfer 지도보다 정확성이 증가함45)
65	일본도	1840	아키오카 다케지로	×	×	○*1	○*2	×	○	B:89川上 (1966):	Siebold46)

p.12

66	중국도	1844	오오사카대도서관	○西東도서명없음	○東	×	×	×	×	오오사카대 web85	William Johnson(에딘바라 刊), 지리학자 A.K. Johnson이 조판가 형제와 함께 간행했던 지도의 1매. 유럽 열강의 진출에 보다 측량이 정확해졌음. 중국연안부는 차차 정확해지고 있지만 내륙부는 당연히 d'Anville[47]의 지도를 답습
67	아시아도	1847	오오사카대도서관	×	×	×	×	○		오오사카대 web86	Victor Levasseur(파리 刊), 프랑스의 지리학자. 중국내부에 대해서는 이 시대에도 정확한 지리적 정보가 없이 계속 d'Anville[48] 지도를 답습하고 있음
68	일본·조선도	1851	오오사카대도서관	×	○黃色	○黃色	○無色	×		오오사카대 web87	J.Rapkin(런던 刊), 영국의 지도작자, Waker의 일본도.(no.84)[49] 의거. 조선의 형상은 d'Anville형에서 탈피하고 있지만, 반대로 현실성은 결함. 조선반도는 황색이로 채색되어 있음
69	일본·만주·천도도	1864	오오사카대도서관	○도서명없음東	○東	○	○	×	○	오오사카대 web90	John Bartholomew(에딘바라 刊) 지도편집으로 세계적 명성이 높은 바르돌로뮤家 3대아들 John Bartholomey에 의한 지도. 일본과 사할린의 형은 정확히 되었지만, 조선반도의 형태는 오히려 퇴보한 지도형임.
70	중국·일본전도	1865	오오사카대도서관	×	×	○	○	×	○	오오사카대 web91	Adrien-Hubert Brue(파리 刊), 프랑스 지리학자. Atlas universal de geographie physique, politique, ancienne et moderne(1822初版)의, E. Levasseur 에 의한 개정판의 1매라고 생각됨
71	조선도	1865?	오오사카대도서관	×	×	×	○문자판독가능	×	×	오오사카대 eb93	프랑스 가톨릭 선교사들에 의한 조선반도의 全圖(파리 刊), No.79와 No.87과 비교해서 정확하게 됨

72	중국·조선·일본어	1870	오오사카 대도서관	×	×	×	○ *3	○ *4	○	오오사카대 web94	August Petermann(코타 刊), 독일의 지리학자. 스틸러(A.Steler)가 1817년에 간행을 개시했던 Hand-Atlas의 개정판의 1매. 진정한 의미의 현대 지도는 못되지만 중국동부, 조선반도, 일본이 묘사됨. 松島의 옆에 국경선이 있다.
73	일본도	1872	오오사카 대도서관	×	×	○ 點線	○	○ *5		오오사카대 web95	E.Waller(런던 刊) 이탈리아 지도작가 겸 조판사 겸 출판자. 매우 실제에 가까운 일본도인데, 시볼토의 일본제 기도를 기본으로 했다고 생각됨. 시볼트의 Nippon (1832~54)에 수록되어 있는 나까꾸보 아까미즈(長久保赤水)의 「日本輿地路程全圖」의 도형을 채용한 가능성이 높다.
74	중국·조선도	1874	오오사카 대도서관	×	×	×	○ *6	○	○	오오사카대 web96	J.Migeon(파리 刊), 프랑스의 출판업자. 중국내부는 당연히 d'Anville[50])지도를 부분적으로 수정했을 뿐. 일본에 대해서는 아주 정확한 지도가 되어 있다. 시볼트가 번역, 제작한 日本製 지도에 기초하고 있는 것 같음

凡例文獻(원문 도표 속의 별주)
○ : 繪圖에 기재 있음   × : 회도에 기재없음   ( ) : 사진에는 완전히 확인되지 않음
A : 南波松太郎·宝賀信夫·海野一隆(1869) 『일본의 고지도』, 創元社
B : 추강무차랑 編 (1971) :『일본고지도 집성』, 鹿島研究所 출판회
C ; 中村척 감수 (1972) :『日本古地圖大成』, 講談社
오오사카대 Web : 大版大學 부속도서관 홈페이지 전자전시·서양 古版 아시아지도
川上健三 (1966) :『죽도의 역사지리학적 연구』, 고금서원
*1 : (Takashima) (Broughton)   *2 : (Matsushima) (de Laperouse)
*3 : Matsushima   *4 : Liancourt, Hornet.I
*5 : Hornet.I   *6 : Matsushima

16) 이상태, 『한국 고지도 발달사』에 수록된 지도에 의거하여 로마자 함
17) 행정자치부 국가기록원, 앞의 책 7쪽에 의해 로마자 함
18) 행정자치부 국가기록원, 앞의 책 7쪽에 의해 로마자 함
19) 카타카나로 되어 있으나 본 도표 No.10에 의해 필자가 로마자화 함

20) <도표 27>에 의거 로마자 함. 겐뻬르(1651~1716)는 독일인으로 에도시대 오 란다 商館醫이며 박물학자였다. 1690년 일본에 입국하여 일본의 역사. 지 리, 풍속, 동식물을 연구했다. 저서 『日本誌』는 사후에 영어본(1727년간)을 시작으로 각국어로 출판되어, 당대 유럽에 있어서 일본연구의 기원이 되었 다. 『겐뻬르 江戶參府行(江戶參府旅行日記』로도 유명하다.

21) 카타카나로 되어 있으나 본 도표 No.27에 의해 필자가 로마자 함
22) 카타카나로 되어 있으나 본 도표 No.30에 의해 필자가 로마자 함
23) 카타카나로 되어 있으나 본 도표 No.27에 의해 필자가 로마자 함
24) 카타카나로 되어 있으나 본 도표 No.27에 의해 필자가 로마자 함
25) 카타카나로 되어 있으나 본 도표 No.30에 의해 필자가 로마자 함
26) 카타카나로 되어 있으나 본 도표 No.30에 의해 필자가 로마자 함
27) 카타카나로 되어 있으나 본 도표 No.30에 의해 필자가 로마자 함
28) 카타카나로 되어 있으나 본 도표 No.30에 의해 필자가 로마자 함
29) 카타카나로 되어 있으나 본 도표 No.30에 의해 필자가 로마자 함
30) 카타카나로 되어 있으나 본 도표 No.30에 의해 필자가 로마자 함
31) 카타카나로 되어 있으나 본 도표 No.30에 의해 필자가 로마자 함
32) 카타카나로 되어 있으나 본 도표 No.30에 의해 필자가 로마자 함
33) 원문에는 La Perouse로 되어 있으나 이를 프랑스 이름표기에 의해 Lapèrouse 로 수정함. 이하 동일
34) 카타카나로 되어 있으나 본 도표 No.30에 의해 필자가 로마자 함
35) 카타카나로 되어 있으나 본 도표 No.27에 의해 필자가 로마자 함
36) 카타카나로 되어 있으나 본 도표 No.30에 의해 필자가 로마자 함
37) 카타카나로 되어 있으나 본 도표 No.30에 의해 필자가 로마자 함
38) 카타카나로 되어 있으나 본 도표 No.36에 의해 필자가 로마자 함, 그런데 No.36에는 지도제작연도가 1749년이어서 1750년과는 차이가 난다.
39) (○)표가 있으나 뺌
40) 카타카나로 되어 있으나 본 도표 No.30에 의해 필자가 로마자 함
41) 카타카나로 되어 있으나 본 도표 No.30에 의해 필자가 로마자 함
42) 카타카나로 되어 있으나 본 도표 No.30에 의해 필자가 로마자 함
43) 카타카나로 되어 있으나 본 도표 No.56에 의해 필자가 로마자 함
44) 에조지(蝦夷島, 북해도의 옛 지명)와 북해도를 같은 곳에서 쓰고 있음
45) 이 두 곳의 켄베르 이름은 카타카나로 되어 있으나 본 도표 27에 의해 필자 가 로마자 함
46) 崔爽祐, 앞의 논문, 1982, 290~291쪽에 의거 로마자화함. 그의 이름은 Philipp Franz von Siebold이다.
47) 카타카나로 되어 있으나 본 도표 No.30에 의해 필자가 로마자 함
48) 카타카나로 되어 있으나 본 도표 No.30에 의해 필자가 로마자 함

위의 <도표 1>에서 앞서 이미 지적한 바와 같이 우선 분석대상이 된 지도의 범위부터 논해야 할 것이다. 분석대상이 되는 지도의 상한上限과 하한下限을 왜 1572년 아시아지도부터로 시작해서 1874년에 제작된 지도까지로 잡았는지에 대한 합리적 설명이 부족하다. 먼저 지도의 상한을 잡은 것은 일본의 오키도島와 독도를 연결시키기 위한 것인지 모르겠다. 만일 그러한 의도였다면 이는 독도를 오키도의 부속도서로 설정하려는 시도였을 것이다. 그러나 독도에 관한 문제는 오키도島가 서양인에게 인식되었는지 여부와는 별로 문제가 되지 않는다고 하겠다.

그러나 만일 독도의 인식을 위해 오키도에 대한 인식이 중요하다면 왜 중요한지를 설명해야 할 것이다. 만약에 독도가 오키도의 부속도로 인식되었다고 하고 싶다면 이는 명확히 문제가 된다. 일본은 1572년 당시 독도에 대한 뚜렷한 인식이 없었고, 그 후에는 명확히 문서로서 독도가 일본의 땅이 아님을 선언하기까지 했다. 즉, 1695년 安龍福에게 명확히 선언했고, 1877년 日本 太政官文書 등으로 독도는 일본과는 관계없는 섬임을 여러 차례 公言했다.[51] 따라서 후나스기

---

49) 카타카나로 되어 있으나 필자가 본 도표 No73 Waker로 바꿈

50) 카타카나로 되어 있으나 본 도표 30번에 의해 필자가 로마자 함

51) 1876년(메이지 9) 일본은 전국의 지적을 조사하는 사업을 실시했다. 이때 시마네(島根)현은 타케시마(竹島=울릉도)와 마츠시마(松島=독도)를 시마네(島根)현의 지적에 포함시켜야 할 것인지의 여부를 내무성에 문의했다. 내무성은 과거의 문서들을 검토한 결과 이 두 섬은 조선 영토이며 일본과 관계가 없다는 결론을 내렸다. 그러나 문제의 중요성을 감안하여, 내무성은 부속 문서를 첨부하여 이듬해인 1877년 3월 17일 국가최고기관인 太政官에게 품의서稟議書를 제출하여 최종 결정을 요청했다. 이에 太政官은 두 섬이 일본과 관계가 없다고 결정하여 내무성으로 내려보냈다. 이로써 울릉도와 독도가 일본 영토가 아닌 것으로 확인, 종결하여 시마네 현에 회신을 내려보냄으로써 최종 처리되었다(이진명, 『서양자료로 본 독도』, 17쪽).
이외에도, 호사카 유지, 「일본고지도가 증명하는 한국의 독도영유권」, 『순국』, 2005, 36~42쪽과 강만길, 「독도는 왜 일본땅이 아닌가」, 『내일을 이루

리키노부가 검토한 74개의 지도 중에서 1번부터 37번까지의 지도는 논외로 해야 할 것이다. 특히 26번 지도는 오키도조차도 표시되지 않았는데 왜 자료로 제시하고 있는지 모르겠다. 이 외에도 독도가 없는 39, 40, 41, 42, 43, 44, 45, 47, 48, 49, 51, 52, 53, 55, 56번 등의 지도는 제외해야 할 것이다. 따라서 독도 관계로 검토할 지도는 21개이다. 결과적으로 후나스기 리키노부(船杉力條)는 논외의 지도를 자료가 되는 지도보다 많이 열거하고 있다. 이는 보고서 집필자가 논증자료로 많은 지도들을 제시하고 있는 듯한 착각을 유도한 것으로서 분명히 문제가 있다.

후나스기 리키노부(船杉力條) 자신도 18세기 중기까지는 서구에서 제작된 지도에 隱岐諸島만 있고, 지금의 울릉도·'竹島'는 표기되어 있지 않다고 보고했다. 반면에 隱岐諸島는 18세기 중기 이후 대부분의 지도에 기재되어 있음을 말했다.52) 따라서 본고에서 필자가 제외하고자 한 지도들을 논외로 해도 이의가 없을 것이다. 그는 일본 지도 중에는 16세기 말로 전해지는 후쿠이(福井)의 淨德寺 소장 日本圖 병풍, 이것과 같은 계통의 南蠻 병풍이나 「新撰大日本圖鑑」(1678), 이시카와 류센(石川流宣)의 「日本海山潮陸圖」(1691) 등 江戶 시대의 日本圖를 바탕으로 제작된 지도도 있다고 하면서 앞의 日本圖 병풍, 南蠻 병풍에는 隱岐와 고려 사이에 '磯竹'이라고 하여 지금의 울릉도가 그려져 있지만, 이들을 바탕으로 한 서구 지도에는 磯竹島가 나와 있지 않다고 했다.53) 그렇다면 독도를 논하는데 있어서는 이 앞 지도들이 별 도움이 되는 자료가 아닌데도 도표 속에 넣어서 장황하게 했음을 그는 스스로 인정해야 할 것이다.

한편, 오키섬이 한국의 울릉도보다 일찍 서양인의 지도에 나타난다

는 역사』 4, 신서원, 2000, 13~19쪽 등 다수의 논문이 있다.
52) 죽도문제보고서, 앞의 보고서, 132쪽.
53) 위의 주) 참조.

고 해서 그것이 그렇게 중요한 문제는 아니다. 서양인은 서양인의 목적과 필요에 의해서 지도를 만들기 때문이다. 지리상의 발견 때문에 동양으로 진출하게 된 서양에서는 이때부터 지도제작에 박차를 가하게 됨은 당연하다.

그러므로 서양의 지도제작 역사를 잠깐 돌아볼 필요가 있다. 서양에서 지도제작은 산업 활동의 한 부분으로서, 나라의 경제가 안정되고 성장할 때 생산 및 소비가 함께 증가하면서 활성화 되었다고 한다. 물론 이들은 해외 식민지 및 영토의 획득에 강한 의욕을 가지고 있던 나라들이었다. 이들 나라에서는 해양 산업이나 해군력이 이를 뒷받침하였다. 뿐만 아니라 종합 과학이라고도 할 수 있는 지도학의 기반이 되는 지리학·천문학·수학·역사학·측량학 등의 학문이 지도 제작 산업과 긴밀히 연관되어 있었다.

지도는 책의 형태로 출판되기도 하고 낱장으로 출판되기도 했다고 한다. 낱장으로 발간되는 지도는 대개 개인 소비자가 가정이나 사무실을 장식하기 위해 구입했다. 그렇기 때문에 이러한 지도는 장식 효과를 높이기 위해 지도 주변에 여러 가지 상상 속 동·식물, 이국적인 풍경 등을 그려 아름답게 채색된 경우가 많았다고 한다. 그러나 채색만이 지도의 가치를 결정하는 것은 아니고, 그 지도가 출판 당시의 새로운 지식과 정보를 얼마나 담고 있는지 여부 및 조판과 인쇄 상태, 지도의 희소가치 등이 지도 가치를 판단하는 중요한 요소였다.[54]

물론, 지도제작 산업도 이러한 종합과학기술, 해군력, 해양산업 등의 여러 요소에 따라 그 성쇠를 달리해 왔다. 지도제작 산업은 중세 말부터 지중에 해상 무역과 문예부흥이 가장 먼저 일어난 이탈리아에

---

54) 행정자치부 국가기록원, 2007, 『서양고지도를 통해 본 한국(Korea in Old Western Maps)』, 7~8쪽

서 시작되었으나 그리 호황을 누리지는 못하였다. 그러다 1492년 아
메리카 대륙 발견 이후 중동과 동남아시아 지역 등에 대한 무역을 독
점하였던 포르투갈로 지도제작 산업의 주도권이 넘어갔다. 포르투갈
은 해양왕 엔리케(Henrique O Navigador, 1394~1460)의 등장과 함께 막강해
진 해군력을 바탕으로 아랍 상선들이 쥐고 있던 동남아시아 무역을
장악하기 위하여 아랍세력과 충돌하였고, 아랍세력을 제압한 후 새로
운 항로를 발견하게 되었다. 이 과정에서 포르투갈은 자연스럽게 지
도제작 산업에 뛰어들었으며, 서양 고지도 제작을 선도하게 되었다.
그러나 엔리케 왕이 일찍 서거하면서 해양 대국의 꿈을 접어야했고,
지도제작 산업의 주도권 역시 상실하였다.

　이후 문예부흥이 알프스 북부로 미치면서 정치 및 경제가 안정되
고 학문의 수준이 높아진 북부 스위스와 독일 뉘른베르그 쪽으로 지
도제작의 주도권이 넘어가는 듯 했으나 그곳에서도 지속적인 뿌리를
내리지 못하고, 당시 해양 무역 대국의 꿈을 키우던 네덜란드가 주도
권을 잡게 되었다. 지도제작 산업은 네덜란드의 암스테르담과 헤이그
그리고 같은 네덜란드어권인 벨기에의 앤트워프 등을 중심으로 호황
기를 맞게 되고, 17세기 네덜란드는 지도제작 분야의 강자로서 군림
하게 되었다. 이 시기 오르텔리우스(Abraham Ortelius), 블라우(Blaeu), 혼디
우스(Jodocus Hondius), 요하네스 얀소니우스(Joannes Ianssonius) 등과 같은 유
능한 지도 출판업 종사자들이 중요한 역할을 하였다. 이들 출판업자
들은 새로운 지리적 지식을 효과적으로 지도에 반영함과 동시에 장식
적인 가치도 높여 소비자에게 상당한 인기를 누릴 수 있었다.

　한편 프랑스에서는 루이 14세가 통치한 뒤부터 왕실이 지도제작
산업을 적극적으로 후원하였고, 지도에 대한 소비자의 관심 또한 높
아지면서 17세기 말부터 지도제작 산업이 호황기를 맞았다. 또한 당
시 프랑스는 천문학, 수학 등 자연과학의 수준이 높고 해외 선교를

力條)의 시기 구분이 분명치 않다. 그러므로, 그가 몇 종의 지도를 분석대상으로 삼았는지는 알 수가 없다. 그런데 그가 이 시기의 특징으로 잡은 점을 종합해 보면, 그는 아마도 19세기 전기의 범위를 리앙쿠르라는 명칭이 나오기 전까지로 설정하고자 한 것 같다. 만일 이러한 추정이 사실이라고 한다면 그 분석대상이 되는 지도는 독도를 발견하고 그것이 지도에 나타나게 되는 1870년에 제작된 지도까지 내려가게 된다. 그러나 1870년은 결코 19세기 전기가 될 수 없으므로 그의 시대구분에는 상당한 문제가 있음을 거듭 확인하게 된다.

이 단계에 대한 그의 주장은 두 가지이다. 하나는 서양 제국이 실제로 동해를 측량하면서 울릉도를 아르고노트 또는 다쥴레라고 명명하게 되었고, 이 과정에서 울릉도가 한 지도안에 울릉도, 우산도, 아르고노트, 다쥴레라는 4개의 이름으로 표시되었다는 점이다. 그리고 이곳에 색이 칠해져 있지 않은 점으로 미루어 서양인들이 이곳을 無主地로 인식했다는 주장을 하고 있다.

그런데 이 주장의 문제점으로는 우선 지도에서 무색은 무주지라는 인식을 들 수 있다. 이는 이 섬의 이름이 명명된 과정에 대한 검토가 전혀 없기 때문에 나타나는 잘못된 주장이다. 울릉도에 다쥴레라는 이름을 붙인 라페르즈(Jean-François Galaup de Lapèrouse) 함대는 울릉도를 발견했을 때 이 섬에서 조선인들이 생활하고 있는 것을 보고 기록하고 있다.

우리는 산꼭대기에 유럽의 성곽과 꼭 닮은 성을 몇 개 보았다. 조선인들의 가장 큰 이 방어 수단들은 아마도 일본인들의 침입에 대비한 것인 듯 했다. 이 부분의 해안은 항해하기에 아주 쾌적했다. 어떤 위험도 없었다. … 이 나라는 산이 많고, 기후는 매우 경쾌한 것 같았다. 어떤 산골짜기에는 아직 눈이 완전히 녹지 않았고, 땅은 경작에 어려운 것처럼 보였다. 그런데 집들이 여기저기 많이 집단을 이루고 있었다.(1787년 5월 25일자 일기 중에서)[70]

후나스기 리키노부(船杉力條)의 주장 중 두 번째의 문제점으로는 우산도가 곧 울릉도의 다른 이름이라고 주장했던 점이다. 이러한 견해가 오류임은 이미 앞서 논문과 자료를 들어 설명한 바 있다.[71] 어떻게 같은 나라 사람이 300여년 동안 한 섬을 두 이름으로 부르며 지도속에 그려 넣는다고 생각했는지에 대해서는 이해할 길이 없다. 그리고 울릉도를 아르고노트, 혹은 다쥴레라고 명명한 것도 같은 국가나 동일집단에 의해서 붙여진 것이 아니다. 이는 울릉도에 대한 선행하는 탐사 사실을 모르고 붙인 이름인 것이다.

이는 서양의 고지도상에 울릉도의 지명이 각기 다르게 표기되었다가 정정된 과정을 살펴보면 명확히 알 수 있다. 1787년 5월 27일 세계적인 프랑스의 탐험가 라페루즈(de Lapèrouse)가 서양에서는 최초로 울릉도를 목격하고 이 섬을 측량하던 자신의 탐험대원이며 수학, 천문학자인 다쥴레(Lepaute Dagelet)의 이름을 붙였다. 그런데 라페르즈가 동해를 다녀간지 4년 후인 1791년 영국의 콜렛(James Colnet) 제독의 해양자원 탐사선 아르고노트호가 동해를 탐사했다. 이때 콜넷이 울릉도를 목격한 것으로 보이지만, 이 섬은 그가 거쳐간 다음 1810년 경 이후에 발간된 서양의 지도에 나타났다. 아르고노트 섬의 위치는 강원도 고성 앞바다쯤이었다. 1815년에 발간된 톰슨(John Thomson)의 「일본 및 한국」(Japan and Korea)에서는 두 나라의 내부 지형과 지명을 대단히 상세하게 나타냈다. 이 지도에는 아르고노트와 다쥴레가 표시되어 있다. 그러나 영국 해군의 실수로 지도상에 등장한 아르고노트 섬은 그 실체에 의문이 제기되기 시작하여, 그 섬의 위치로 알려진 좌표에 프랑스(1852), 러시아(1854), 영국(1855) 함정들이 직접 가서 확인한 결과, 실존하지 않는 섬으로 판명되어 1860년 이후의 해도와 지도에서는

---

70) 이진명, 『독도, 지리상의 재발견』 38쪽.
71) 김지영, 앞의 논문 및 김정숙의 앞의 논문 참조.

경선 리앙쿠르호號에 의해 '발견'되어 Liancourt(리앙쿠르)라고 표기된 점에 대해서 설명하고, 또 영국의 지도에는 영국명 Hornet. Island로 표기되어 있는 점을 지적했다. 그러다가 최종적으로는 Dagelet(다줄레)와 Liancourt(리앙쿠르) 두 섬이 그려지게 되었던 과정을 설명했다.

그런데 그의 분석에서 흥미로운 점으로는 그 자신은 국경이 그려지기 전의 지도들만을 분석한다고 하면서 필자가 앞서 제시한 많은 지도들을 제외시켰다. 그러면서도 그 자신은 "72번의 1870년 「中國·朝鮮·日本圖」(독일제작)는 지금의 울릉도를 Matsushima(Dagelet I.)라고 표기하고, 그 남동쪽에 Liancourt.(Hornet.I), 즉 지금의 죽도竹島로 그려져 있다. 흥미로운 것은 松島의 서쪽에 경계선이 그어져 있다는 점이다. 그러므로 이 지도에서는 울릉도 서쪽을 일본과 조선의 경계로 인식하고 있었다는 것을 알 수 있다."[80]라고 서술함으로써 독도가 일본 땅임을 인정받은 것처럼 해서 도표분석을 끝내고 있다.

이미 앞서 제시한 대로 이 이후 다수의 서양지도에는 독도가 조선령이라고 표시되고 있다. 1875년 사다 하쿠데이 및 키시다 긴코의 「개정 신찬 조선전도」, 1886년, 모리 킨세키의 「대일본해륙전도 부 조선유구전도」의 부분도인 「조선국전도」, 1894년 중국 상해上海에서 제작된 「조선여지도」, 1895년 독일인 폰 오지오의 「조선전도」, 1906년 갈리의 「조선지도」 등등 독도를 조선령으로 파악했던 예는 수두룩하다.[81] 문제는 후나스기 리키노부가 지도분석의 끝을 이렇게 잘못 표기된 한 종류의 지도에 근거하여 전체 유럽 지리학계가 독도가 일본령임을 인정한 것처럼 단정해서 글을 맺었다는 점이다. 그리고 나서 후나스기 리키노부(船杉力條)는 한국신문의 기사를 반박하는 것으로 자신의 글을 막음하고 있다.

---

80) 죽도문제연구회, 앞의 보고서, 135쪽.
81) 이진명, 『독도, 지리상의 재발견』, 1999, 176~231쪽 참조

후나스기 리키노부(船杉力條)는 2004년 1월 15일자 조선일보의 기사를 비판하면서 독도를 한국령이라고 표기한 1894년에 제작된 프랑스 지도에 대해 이렇게 반박하고 있다.

> 1894년 프랑스 일간지 Le Petit Journal에 수록된 지도로「조선朝鮮‧일본日本‧동중국도東中國圖」라는 표제가 붙어 있다. 한국과 일본 사이에 국경선을 긋고, 울릉도와 함께 독도가 L'Ouen-san(于山島)이라고 표기되어 있다고 한다. 한양대 신용하 교수는 행선에 명확한 경계선을 그어 독도 영유권을 명확히 한 지도가 공개된 것은 처음 있는 일로, 국제적으로도 독도를 한국령으로 인정받았다고 하고 있다. 그러나 이 지도를 잘 보면 L'Ouen-san(于山島)의 위치는 경위도로 볼 때 지금의 울릉도에 해당한다. 다시 말해, 이 지도의 于山島란 지금의 독도가 아니라 울릉도를 지칭하는 것이다. 지금의 독도 위치에는 아무 것도 그려져 있지 않다. 19세기 말기의 지도치고는 당시의 측량성과에 근거하지 않은, 낡은 타이프의 지도라고 할 수 있다. 이러한 잘못을 하는 것은 于山島=獨島라는 전제를 갖고 지도를 보고 있기 때문이며, 또한 地圖史나 지리학 연구를 기반으로 하지 않고 지도를 볼 경우 중요한 경위도조차 확인하지 않는, 기본적인 방법적 오류 등을 배경으로 하고 있는 것으로 보인다.[82]

위의 글에서 우산도의 위치가 다르다는 후나스기 리키노부(船杉力條)의 주장은 자오선에 대한 충분한 이해가 없이 내린 속단이라고 하겠다. 위의 지도는 프랑스지도이다. 프랑스는 1884년 전세계가 영국의 그리니치 자오선을 사용하기로 결정했음에도 불구하고 1911년까지 프랑스 파리를 중심으로 하는 자오선, 즉 파리표준 동경을 써 왔다.[83] 그 경도는 오늘의 수치에 2° 20' 14"를 뺀 값이다. 예를 들면, 이 지도보다 약 3년 뒤에 출판된 달레(Ch.Dallet)는 현재 동경 124도 11분과 133도 52분 사이에 있는 한국의 동경을 122도 15분과 128도 30분 사이라고 했다.[84] 따라서 1894년에 그려진 프랑스 지도를 가지고 오늘

---

82) 죽도문제연구회, 앞의 보고서, 135쪽.
83) 이진명, 3『서양자료로 본 독도』, 26쪽. 이를 파리 표준 동경이라 한다.
84) Charles Dallet(안응렬, 최석우 譯), 『한국천주교회사』, 서울(파리), 1980

날의 자오선을 기준하여 독도자리에 섬이 없다라고 하는 것은 정말로
진실에 어긋난다고 하겠다.

이제 유럽인으로 동양학의 대가였던 클랍로스(Julius Heinrich Klaproth)
가 1832년 일본인 학자 하야시 시헤이(林子平, 1738~1793)의[85] 『삼국통
람도설三國通覽圖說』을 번역하여 출간한 책 등도 고려되어야 한다. 이
책의 부록으로 추가한 '삼국접양지도(Carte des TROIS ROYAUMES)'에는
'울릉도'와 '다케시마'라는 두 섬을 그린 후 '다케시마' 밑에 '한국령
(à la Corée)'이라고 쓰여져 있다.[86] 클랍로스는 일본인의 지도에 근거하
여 삼국三國의 접양接洋을 소개했다. 이는 일본이 독도를 일본땅이 아
니라고 밝힌 대정관 문서보다 약 40년 앞서의 일본인들의 사고를 보
여주는 지도가 유럽에 소개되고 있는 것이다. 그리고 서양인의 독도
에 대한 인식인 것이다.

4. 맺음말

지금까지 필자는 후나스기 리키노부(船杉力條)가 쓴 「서구西歐 제작
지도에 대한 분석」을 자세히 분석하였다. 우선 이 보고서는 자료가
되는 지도 선택에 있어 그 기준이 모호하다. 후나스기는 74개의 지도
를 분석하였는데, 그곳에 정작 독도가 있는 지도는 21장뿐이었고, 오

(1874), 상권 24쪽.

85) 林子平(1738~1793)은 에도중기의 經世論家로서 나가사키에 유학하여 해외사
   정도 배웠다. 러시아남하를 경고했고, 海防, 에조지(蝦夷地) 지역 개척을 주
   장했다. 『海外兵談』을 저술해서 막부에 거슬려서 1792년 板木, 製本을 몰수
   당했다. 가택연금을 당했는데, 이듬해 집에서 병사했다. 가모큰베이(滿生君
   平), 타카야마히코루로(高山彦九郎)와 함께 實政 3인의 한사람이다.(『百科事典マ
   イペテア電子事典版 日立system and service』林子平 조)
86) 김건구, 행정자치부 국가기록원 편, 앞의 책, 9쪽.

키만 등장하는 지도가 다수 포함되어 있었다. 아마 이와 같은 시도는 독도를 오키의 부속도서로 설명하려던 시도였다고 판단되지만 그가 작성한 도표는 오히려 독도는 울릉도와 같이 인식되고 있음을 선명히 드러내주고 있다.

두 번째, 그의 연구에서는 국경선이 바다위에 그려지기 이전의 지도만을 분석한다고 하면서도 지도의 하한선을 1874년으로 잡았다. 그런데 이 연대는 독도문제를 연구하는데 타당성이 없다. 왜냐하면 1874년 이후에 나오는 지도들에는 1849년 독도를 발견한 서구지도들에는 독도가 조선령이라고 표시되어 있기 때문이다. 따라서 그는 필요 없는 지도를 다수 포함시킨다거나, 정작 필요한 지도를 분석범위에서 제외시키는 등의 행위로 인해, 연구의 대상이 되는 지도를 선택하는데 임의적이었다는 비판을 면할 수 없게 되었다.

세 번째, 후나스기 리키노부(船杉力條)는 독도를 연구하기 위해 서구에서 제작된 지도들을 분석하면서, 정작 이 주제로 출간되어 있는 문헌들을 읽지 않았다. 일찍이 이진명은 서구의 지도나 문서를 통하여 독도문제를 다루고 저서와 논문들을 발표하였다. 그 외 여러 학자들이 울릉도와 독도의 명칭 변화나 지도분석을 해 왔다. 그러나 이러한 연구들이 그의 연구에서는 전혀 검토되지 못하였다.

마지막으로 후나스기 리키노부(船杉力條)는 기존의 연구들을 전혀 참고하지 않았을 뿐만 아니라 지도가 작성된 경위나 목적, 시대상황에 대한 고려를 전혀 하지 않았다. 그는 단지 지도를 도표로 표시해 놓고 그 지도들에 대해 단순한 서술만 하였을 뿐이며, 지도의 계통이나 지도를 제작한 국가가 다른 점 및 그간의 변화과정을 밝혀내지 못하고 있다.

본고에서는 이 보고서가 가지고 있는 이러한 문제점들에 대한 분석을 통해서 다음과 같은 결과를 확인하게 되었다.

첫째, 후나스기 리키노부(船杉力條)는 조선의 고지도에서 울릉도와 독도의 위치가 서로 바뀌었음을 트집으로 삼아 당시 조선인들이 독도를 인식하지 못하고 있었다고 강변할 뿐 아니라, 때로는 울릉도와 우산도 하나의 섬임에도 불구하고, 이 지역에 대한 조선인들의 지리지식이 부족하여 우산도와 울릉도로 각기 다른 섬으로 생각했다고 주장한다. 그러나 조선인들은 獨島를 오래전부터 인식해 왔다. 독도의 공식명칭은 于山이었고 일반사람들이 부르기는 돌섬이라고 불렀다. 조선시대 제작된 지도에 약 300여 년을 내려오면서 독도는 우산이란 이름으로 내내 인식되고 있었다. 단지 17세기까지 지도에는 독도가 울릉도의 오른쪽에 그려져 있기는 했다. 그렇지만 18세기 중엽에 들어서면서 정상기의 「동국지도」를 기점으로 한국에서는 독도에 대한 인식이 더욱 명확해져서 독도의 위치는 울릉도의 서쪽에서 동쪽으로 올바로 수정되었다. 물론, 위치는 수정되었지만, 독도는 '우산도'라는 동일한 지명으로 내내 인식되고 있었다. 여기에서 우산도가 독도라는 사실은 재론할 여지가 없다.

둘째로, 서구 여러 나라들이 동해로 진출하면서 울릉도와 독도를 여러 이름이 다르게 명명한 바 있다. 그러나 이는 서로 다른 나라의 인식인 것이다.

셋째로, 통계적으로 독도가 그려진 지도에는 언제나 울릉도가 그려져 있다는 점에 주의해야 할 것이다. 그러나 대체로 오키도島가 수록된 다수의 지도에 독도가 표시되어 있지 않다는 점도 주목할 필요가 있다. 이는 울릉도와 독도가 자연형태상으로 묶여서 인식됨을 드러내는 동시에 표시된 지도가 일본지도와는 자료의 계통이 서로 다른 지도라는 점을 나타내 주고 있다.

넷째로 후나스기 리키노부(船杉力條)는 흰색으로 남은 지역이 무주지無主地를 표시한다고 믿음으로써 울릉도나 독도가 무주지로 인정되었다고 하거나, 채색된 곳과 서로 다른 영토임을 나타낸다고 주장하는 오류를 범하고 있다. 무색으로 남겨 놓았던 울릉도의 예에서 이를 볼 수가 있다. 서구에서 지도를 제작할 때는 처음 탐험할 때 탐험기를 같이 남기고 있다. 울릉도에 도착했던 프랑스인들은 울릉도를 다쥴레라고 명명하면서도 한국인들이 살고 있음을 기록해 놓았다. 그들은 아마 원주민들이 부르는 원래 이름이 있었을 것임을 알면서도 항해를 하는데 거점을 표시하기 위해 자신들의 편의에 따라 지명을 붙인 것이라고 생각된다. 그들이 지명을 명명했다고 하여도 이를 그들의 영토라고 선언하는 것이 아니고, 나아가는 항로를 적어 놓는 것뿐이었음을 확인할 수 있었다.

다섯째로, 서양인들이 초기 지도를 제작할 때에는 자신들이 '발견'해서 명명한 섬의 지명과 원래 섬들이 가지고 있던 지명을 혼동하고 있어서 이를 각기 별개의 섬으로 여겨서, 이를 각기 다른 섬으로 지도에 표시하기도 했다. 그러나 차츰 항해가 진행되어 그 실체를 파악하게 되면서 허구인 섬들이 지워지게 되었다. 그리하여 조선 연안에는 울릉도와 독도만이 남게 되었고, 대부분의 지도들은 이를 명확히 조선령이라고 표시하고 있음을 기억해야 한다. 따라서 이는 서구인이 독도를 조선령으로 인식하고 있었음을 보여주는 것이다.

이상으로 후나스기 니키노부(船杉力條)의 서양지도를 통해서 주장하는 독도인식에 대한 글을 분석했다. 지도를 분석할 경우에는 지도상에 나타나는 형태만을 주목하던 태도에서 벗어나야 한다. 그 당시 이 지도를 관장한 부서, 지도가 출간될 때 국가의 인준認准행위가 있었는지 등의 여부를 따져 지도의 신빙도에 대한 연구를 같이 하여야 할 것이다. 또한 지도의 제작경위, 조선 및 일본이 맺고 있던 지도 제작국과 관계 등을 고려하여 지도를 해석해 내어야 할 것이다. 그리고 한국과 일본의 연구자들이 지도를 같이 보면서 비교하고 토론하는 기

가 센다이번(仙台藩)의 번의藩医 구도우 헤이스케(工藤平助)(1734-1801)가
저술한 『赤蝦夷風說考』(1781년경)가 당시의 막부의 권력자 다누마 오키
쓰구(田沼意次)의 눈에 띄게 되었으며, 에조(蝦夷) 지역의 개척과 러시아
의 위협에 대한 북방방비가 개시되었던 것에도 하야시는 자극을 받았
다. 구도우 헤이스케는 하야시의 『해양국병담』의 서문을 썼다.27) 다
누마가 실각한 후 에조 지역의 개척은 중지되어 그 뒤를 이어받은 마
쓰다이라 사다노부의 개혁은 에조 지역의 개척을 도외시하고 있었다.

하야시은 『赤蝦夷風說考』의 출판에 자극을 받아 한층 더 그의 건백
서(建白書)가 센다이번에게 받아들여지지 않았던 것을 계기로 서적을
세상에 내놓는 방법을 취했다. 그것이 『삼국통람도설』의 출판으로 연
결되었던 것이다.28)

(3) 막부가 국제법상 활용한 「삼국통람여지노정전도」

『삼국통람도설』의 삼국이란 조선, 류큐, 에조(蝦夷)를 나타내고 있
다. 거기에 오가사와라 군도와 『삼국통람여지노정전도』를 합하여 5
장의 지도가 있다.29) 『삼국통람도설』는 부도의 해설서인 것이다.

이러한 하야시 시헤이의 『삼국통람여지노정전도』는 잘못된 지도이
기는 커녕 막부가 미국과 오가사와라 군도의 영토 문제를 다투었을
때 정식으로 채용되었으며, 오가사와라 군도를 일본의 영토로서 확정
함에 있어 결정적인 역할을 하였던 막부 공인의 지도였던 것이다. 즉
『삼국통람여지노정전도』는 오가사와라 군도의 영유권을 둘러싼 미일
간의 교섭에서 영유권을 주장하는 사료로서 이용되었던 것이다. 다케

---

26) 中村整史朗, 『海の長城』, 163~165쪽.
27) http://ja.wikipedia.org/wiki/赤蝦夷風說考(檢索日:2008.8.7.)
28) 中村整史朗, 『海の長城』, 229쪽.
29) 中村整史朗, 『海の長城』, 229쪽.

시마문제연구회는 이 결정적인 사실과는 정반대로 전술한 바와 같이 '하야시 시헤이의 그림은 영유권을 나타내는 사료가 아니라고 할 수 있다'고 최종보고서에서 기술하여 사실을 완전히 무시하여 확실히 잘 못된 결론을 독자에게 강요하고 있는 것이다. 이 오가사와라 군도를 둘러싼 역사적인 사건을 나카무라 세이시로(中村整史朗)『바다의 장성』(1981)의 기술을 바탕으로 이하에 요약해 보기로 한다.

> 1854년에 다시 에도만(江戸湾)에 나타난 페리 제독이 인솔하는 미국함대는 막부와의 통상조약 체결을 교섭하는 과정에서 오가사와라 군도의 귀속 문제를 거론하였다. 미국 측은 '오가사와라 군도는 미국이 발견하였으며, 식민을 행하여 보닌·아일랜드라고 명명하였다'고 하여 미국령이라고 것을 주장했다. 이것에 대해 막부는 1591년의 기록을 제시하여 오가사와라 군도는 1591년에 도쿠가와 이에야스에 의해서 오가사와라섬이라 명명하여 영토로 했다고 주장했다. 그러나 미국 측은 임의로 작성된 것이라 하여 그 기록을 인정하지 않았다. 그때 막부는 하야시 시헤이의 『삼국통람도설』을 제시하였고, 그곳에 삽입되어 있는 지도를 일본의 오가사와라 군도 영유의 증거로 제시하였다. 그러나 미국 측은 일본어로 쓰인 일본의 서적은 국제법상 증거 능력이 없다고 주장하여 『삼국통람도설』의 기재 내용을 거부하였다. 미국 측은 '1830년부터 미국인 5명이 정주를 시작하였다. 미국인이 발견하여 정주하고 있으므로 당연히 미국 영토이다'고 사실을 설명하였다. 그러나 곤경에 처한 막부 측은 하야시 다이가쿠가시라(林大学頭)(=하야시 라잔(林羅山)의 자손)의 기억에 의지하여 막부의 번서 조사소에서 『삼국통람도설』의 프랑스어 번역본을 찾아내 미국 측에 제시했다. 하야시 시헤이의 지인이 네델란드인에게 건네준 책이 돌고 돌아 유럽에서 출판되었다고 추측되는 서적이었다. 프랑스역 『삼국통람도설』에는 오가사와라 군도가 발견된 경위가 프랑스어로 약기되어 있다. 페리 제독을 비롯한 미국 측은 이것에 의해서 오가사와라 군도에 대한 영유권의 주장을 철회한 것이다.[30]

즉, 일본에 개국을 강요한 미국의 페리는 오가사와라 군도를 미국 령으로 하고자 하고 있었으며 이미 미국인을 군도에 거주하게 하여, 그 사실을 가지고 막부에 대해 오가사와라 군도를 미국령으로 인정할

---

30) 中村整史朗, 『海の長城』, 231~239쪽.

2. 『최종보고서』에 인용된 에도시대 일본
자료와 시모죠 마사오(下條正男)의 해석

1) 에도시대 일본 자료 개관

'다케시마문제연구회'의 『최종보고서』의 경우 '江戶期의 竹島問題'
에 관해 衫原 隆이 「大谷家, 村川家 關係文書再考」와 「八右衛門, 金森
建策, 松浦武四郞의 「竹嶋之図」에 대하여」를, 三田 淸入이 「鳥取縣立
博物館所藏 竹島(鬱陵島) 關係資料」를 각각 집필하여 에도시대의 일본
자료를 활용하고 있다.

衫原 隆은 「大谷家, 村川家 關係文書再考」에서 동경대학교 사료편
찬소가 소장한 「大谷氏舊記」 「村川氏舊記」에서 「竹島渡海由緖記拔書
控」, 「御公儀へ御訴訟竝에 竹島渡海の次第先規より書付寫し」, 「大谷家
由緖實記 上」을 입수하고, 또 「磯竹島事略」 「竹島紀事」를 바탕으로
하여 大谷家, 村川家의 두 집안의 다케시마 문제에 대한 관계를 살펴
보고자 하였다. 그래서 이들 자료에 근거하여 大谷氏, 村川氏 계도에
관해 살펴보고, 요나고의 순선업자이며 元和 3년 竹島에 표착하여 竹
島渡海 사업의 개조가 된 인물인 大屋甚吉에 대해 논하였다. 그리고
도해면허의 허가와 금지, 다케시마 도해로 획득하려고 한 물품, 안용
복의 도일에 관한 것 등을 논하고 있다. 결론에서 "大谷家, 村川家의
관계 문서에서 다케시마 문제를 생각하는 것은 연도 미상이 문서가
다수를 차지하고 있는 것, 「由緖 記」와 관계된 것에는 선조를 존경하
는 마음이 문맥에서도 그대로 드러나 공적 문서가 아니라는 한계가
있다. 그러나 에도기의 다케시마 도해에 관한 눈에 보일 듯한 실태를
느낄 수 있는 문서도 많다. 또 船杉力修 위원이 중심이 되어 연구가

시 베껴 쓴 것이고 그 내용은 '어용인일기'와 중복된다. 원제는 「御在國御在府日記」. 寬文 13년~天明 7년(1673~1787)의 기록이 남아 있다.

④ 「竹嶋之書附」

享保 9년(1724) 윤 4월, 돗토리번이 에도막부에게 제출한 竹島渡海 관계자료. 원래 따로 한 장씩 정리되어 있던 사료를 현립도서관 시대에 한 권으로 엮은 것이다. 藩史 편찬 시대로 생각되는 付箋이 붙어 있다.

내용은 元祿 5년(1692)에 요나고 백성인 무라카와 이치베에(村川市兵衛)의 배가 조선인과 처음으로 조우한 때의 기록부터 겐로쿠 6~9년(1693~1696)의 「竹島一件」 관계 자료를 중심으로 享保 7년(1722)과 9년(1724)에 에도막부가 돗토리번에 낸 죽도 도해에 관한 질문과 그 회답서를 수록했다. 끝에 죽도 약도가 첨부되었다. 전문을 번각한 것으로는 쯔카모도 다카시(塚本孝) 「竹島關係舊鳥取藩文書および繪圖(上·下)」(『レファレンス』 34권 4·5호 1985년 4·5월호)가 있다.

⑤ 「因幡志」

鳥取藩醫인 아베 교안(安部恭庵 1734~1808)이 저술했다. 寬政 7년(1795)에 완성되었다. 이나바 지방의 地誌로 47권 39책으로 구성되어 있다. 활자본으로 『因伯叢書 3』(名著出版, 1972)가 있다.

⑥ 「伯耆志」

가게야마 슈쿠(景山肅) 등이 편집한 伯耆國의 관찬지지. 文久 1년(1861)에 돗토리번의 명으로 편집을 시작하고 明治 초년에 완성되었다고 하지만 현재 會見·日野郡 이외에는 모두 산일되어버렸다. CD-ROM에는 鳥取藩政資料의 사본부터 「會見郡八」의 村川氏와 大谷氏에 관련된 부분의 畵像과 번각문을 수록하였다. 활자본으로 『因伯叢書 4』(名著出版, 1972)가 있다.

⑦ 「伯耆民諺記」

鳥取藩士이자 구라요시(倉吉) 組士인 마쓰오카 후세이(松岡布政)가 寬保 2년에 저술했다. 伯耆國 특히 구메(久米)·가와무라(河村)·야쓰하시(八橋)郡의 동쪽 3군을 준심으로 한 지지이다.

⑧ 「伯耆民談記」

鳥取藩士이자 구라요시(倉吉) 組士인 마쓰오카 후세이(松岡布政)가 엮었다고 생각된다. 寬保 2년 「伯耆民諺記」 완성 후 이에 보정을 더하여 완성했을 것이다. 오카지마 마사요시(岡島正義)의 『竹島考』에 의하면 죽도도해를 논할 때 반드시 참고되는 서적이라고 한다. CD-ROM에는 「大谷·村川竹嶋渡海之事」를 수록하였다.

B. 오카지마 가문(岡嶋家)자료(岡嶋文庫)

天正 17년(1589)부터 明治 40년(1907)까지 약 320년에 걸친 돗토리번사 오카지마 가문의 자료들이다. 7대 마사요시(岡島正義, 1784~1859)는 고증 사가로서 저명하여 『竹島考』, 『因府年表』, 『鳥府志』(돗토리 성하의지지) 등의 수많은 저작을 남겼다. 목록으로는 『資料調査報告書 2 岡嶋家資料』(돗토리현립박물관, 1974)가 있다.

① 『竹島考』

岡島正義 지음. 文政 11년(1828) 완성. 자료명에 나오는 '竹島'는 현재의 울릉도를 가리킨다. 죽도도해 금지에 이르는 경위, 죽도의 지리나 산물 등이 기록되어 있으며, 상, 하의 2권으로 되어 있다. 이케우치 사토시 '『竹島考』에 관해' (『大君外交と「武威」』 名古屋大學出版會)에 상세하게 기술되어 있다.

② 『因府年表』

岡島正義 지음. 天保 13년(1842)쯤 완성. 諸家에 남은 諸記錄과 청취서를 바탕으로 돗토리번 초대 번주 이케다 미츠나카(池田光仲)가 태어난 寬永 7년(1630)부터 延享(1747)까지의 돗토리번의 역사를 연대순으로 기록한 것이다. 『鳥取縣史7』 7의 근세자료(돗토리현, 1976)에 전문이 번각되어 있다. CD-ROM에는 元祿 5~9(1692~96)년 사이의 竹島 관계부분의 화상과 번각문이 수록되어 있다.

③ 『因府歷年大雜集』

岡島正義 지음. 전 15권. 성립연도는 자세하게 알 수 없지만 寬永 9년(1632)부터 嘉永 7년(1854)까지의 기록이 수록되어 있다. 『因府年表』 등의 저술 과정에서 완성되었다고 생각된다. 내용은 연도별로 진귀한 일이나 별난 일 등의 잡다한 기사가 실려 있다. CD-ROM에는 元祿 5~9(1692~96)년 사이의 竹島 관계부분의 화상과 번각문이 수록되어 있다.

④ 『增補珎事錄』

돗토리번사 노마 소조(野間宗藏) 지음. 岡島正義 증보. 전 3권. 본서는 노마가 寬永 8년(1631)부터 享保 16년(1731)까지의 기록을 정리한 『珎事錄』에 노마의 자손과 오카지마 마사요시가 文政(1818~1830)년간의 기사를 증보한 것으로 『因府年表』나 『因府歷年大雜集』 등의 근원이 되었다고 생각되는 책 중의 하나이다. CD-ROM에는 元祿 5~9(1692~96)년 사이의 竹島 관계부분을 수록하였다.

⑤ 『隱州視聽合紀』

『동북아역사재단』에 그 번역문이 최근 나옴

⑥ 『竹島渡海由來記拔書』

오오야 규우에몬 가쓰히로(大谷九右衛門勝廣) 지음. 오오야 가문의 由緖와 竹島渡海의 유래에 관한 기록이다. 마가모(間鴨) 가문 8대 마사카리(正借)가 明治 1년(1868)이후 필사했다고 생각되는 책이다.

三田 淸入이 「鳥取縣立博物館所藏 竹島(鬱陵島) 關係資料」에 언급

한 위 자료 외에 'Web 다케시마문제연구소'에서 공개하고 이용한 에
도시대의 일본 측 자료로서 다음과 같은 것이 있다.

C. 쓰시마 藩政 자료

① 『竹島紀事』

1726년에 쓰시마 藩士인 고시 쓰네우에문(越常右衛門)에 의해 편집된 '竹島一
件' 관계 사료집이다. '竹島一件'이란 1693년에 울릉도에서 일어난 안용복 연행
사건을 계기로 조선과 쓰시마번의 울릉도 영유권 교섭 관련 사건을 말한다. 이
것은 안용복 연행사건과 거의 동시대의 일본 측 교섭 당사자가 정리한 중요한
공적인 기록이다. 서한을 제외한 번각문이 시마네현 'Web 다케시마문제연구
소'에서 공개되고 있지만 틀린 부분이 많다. 또한 『竹島紀事』 후반을 중심으로
한 번각문은 이케우치 사토시의 『다케시마 일건의 역사적 연구』에 실려 있다.

D. 에도 막부 관계 사료

① 『通航一覽』

嘉永 6년(1853) 막부의 명령에 따라 大學頭인 하야시 아키라(林飛·復齋)가 여러
외국과의 응접을 위한 자료로 편찬한 에도막부의 대외관계 사례집이다. 미카
와(三河) 시대부터 文政 8년(1825)의 異國船 격퇴령까지를 포함하고 있다. 본편
350권, 부록 23권으로 구성되었다. 본편은 관계 제국과 나가사키로 부문을 나
누어 각각의 항목을 만들어서 편집 얀도순으로 관련사료를 제시하였다. 부록
은 海防 관계에 관한 내용이다. 인용 사료는 광범위하며 기술은 객관적이고 정
확하다는 평을 받고 있다. 일본 근세의 대외관계의 기본 사료이다. 國書刊行會
에서 간행되었다. 송병기편, 『독도영유권자료선』(한림대학교 아시아문화연구소, 2004)
에 1696년의 「竹島渡航禁止令」, 「告竹島一件事考」가 번역되어 실려 있다.

② 『磯竹島事略』, 『磯竹島覺書』

츠쿠바대학 소장의 도서는 표지가 '磯竹島事略'이며, 본문의 표제는 '磯竹島覺
書'로 되어 있다. 일본 국립공문서관 소장의 도서는 표지와 본문의 표제가 '磯
竹島覺書'로 되어 있다. 明治 8년(1875)에 太政官正院地誌課 나카무라 겐키(中村
元起)가 교정을 한 '竹島一件'에 관한 明治 정부의 자료집이다. 전문의 번각문이
시마네현 'Web 다케시마문제연구소'에서 공개되고 있지만 틀린 부분이 많다.
영남대학교 독도연구소의 저널 『獨島硏究』 2집과 3집에 영인, 정서되어 있다.

E. 무라카미(村上) 가문 문서

① 「元祿九 丙子年 朝鮮舟着岸一卷之覺書」

2005년 3월에 시마네현(島根縣) 오키도(隱岐島) 오치군(麒岐膺) 아마정(海士町)에
거주하는 무라카마죠쿠로(村上助九郎)의 집에서 발견된 안용복 자료이다. 안용복
사건 당시의 오키는 에도막부의 직할지로서 이와미국 은산료 오오모리대관(石
見國銀山料大森代官)의 관할 하에 있었는데, 무라카미 가문은 公文役으로 일상적인
행정 실무를 맡고 있었다. 이 문서는 1696년 안용복 스스로 오키에 도항했을
때 대관의 대리들이 안용복을 취조한 기록이다. 안용복이 울릉도 및 자산도가
조선 땅임을 주장한 것 등이 기록되어 있다. 이 문서의 번각문 및 번역문이 나
이토 세이츄(內藤正中)·박병섭 『독도=다케시마 논쟁』(보고사)에 게재되어 있
다. 또 영남대학교 독도연구소의 『獨島研究』 창간호(2005)에 그 원문과 해독문,
번역문, 해설 등이 실려 있다.

위와 같이 『최종보고서』에 인용된 에도시대의 일본 자료를 개관하
여 보았다.

『최종보고서』는 이들 자료를 적극적으로 해석하여 독도를 자국의
영토라는 보다 더 확신을 가질 수 있다는 입장을 곳곳에서 비치고 있
다. 일본 측 연구자들은 한국의 연구자들이 일본 측 사료를 거의 참
조하지 않는다는 점을 최대의 문제점으로 지적하거나[1] 일국주의 역
사관의 입장을 견지하고 있다는 비판을 하고 있다.[2] 그리고 그 비판
의 핵심에는 에도시대의 안용복에 관한 일본 측 자료에 대한 한국 측
연구자들의 태도이다. 이러한 비판을 극복하기 위해서는 위의 자료들
이 하루빨리 번역되고, 그 주석작업이 이루어져야 하고, 그것을 바탕
으로 이들 자료에 대한 활발한 연구가 이루어져야 한다.

2) 시모죠 마사오의 해석

시모죠 마사오는 '竹島問題研究會'의 좌장으로서 동연구회를 이끌

---

1) 池內敏, 「隱岐·村上家文書と安龍福事件」, 『鳥取地域史硏究』 9, 2007, 4쪽.
2) 內藤正中, 『竹島(鬱陵島)ためぐる日鮮關係史』, 多寶出版, 2000, 9쪽 ; 『獨島와
竹島』, 제이엔씨, 2005, 22쪽.

면서 독도가 일본의 영토임을 주장하는 이론의 근거를 제시하는 역할을 맡았고, 『竹島問題에 관한 調査研究 最終報告書』(2007.3)의 머리말을 집필하였다. 시모죠 마사오는 숙종 조, 즉 에도시대에 울릉도와 독도, 그리고 조선과 일본을 오가면서 울릉도와 독도가 한국의 영토임을 천명한 '안용복'을 모든 '악의 근원'으로 간주하면서, 안용복의 위증이 '改竄된 한국의 논거'가 되어 그 후의 한일관계를 크게 어긋나게 하는 원인이 되었다고 하였다. 그런 점에서 시모죠 마사오의 '改竄된 한국 측의 논거'를 번역, 게재하여 그의 논리가 어떻게 전개되었는가를 살펴보고, 장을 달리하여 에도시대 일본 측 자료로부터 한국 측의 '독도 영유권 강화 논리'를 보강함으로써 시모죠 마사오의 '改竄된 한국의 논거'를 위시한 『竹島問題에 관한 調査研究 最終報告書』의 논리를 극복하고자 한다.

改竄된 한국의 논거

한국 측의 역사인식은 우산도인 독도(다케시마)는 512년 이래 한국령이다. [동북아시아의 평화를 위한 바른 역사정립기획단]이 2006년 6월에 간행한 "독도는 6세기 이래 한국의 영토"에 의하면 독도가 한국령이 된 것은 512년까지 거슬러 올라간다. 그것은 『삼국사기』의 512년 조(조항)에서 우산국인 울릉도가 신라에 속해있다는 것에 의한다.

그러나 그것은 독도를 울릉도의 속도라고 하는 전제에서 문헌을 해석하기 때문이다. 『삼국사기』의 512년 부분에는 우산국이 속도라는 기술은 없다. 게다가 『삼국사기』에서는 우산국의 영역을 「지방일백리」로 명기하여 우산국이 울릉도 일도(육지)였다는 것을 나타내고 있다. 한국측은 무엇을 근거로 독도를 울릉도의 속도라고 하는 것인가.

그 근거가 되는 것이 1770년에 편찬된 『동국문헌비고』이다. 그 분주에는 「여지지에서 말하는 울릉우산은 모두 우산국의 땅. 우산 즉 왜의 소위 마쓰시마이다」로 「울릉도와 우산도는 모두 우산국의 땅으로 우산도는 일본의 마쓰시마」라고 기록되어 있다.

그러나 『동국문헌비고』는 신경준의 『강계지』를 저본으로 하고 있다. 저본 『강계지』의 해당부분을 보면 「여지지에서 말하길 일설에 우산 울릉은 본래 한 섬」이라고 인용되어 있고 『동국문헌비고』의 분주에 인용된 「여지지」와는 문장이

다르다. 더욱이 신경준의 『강계지』에 인용된 『여지지』를 원전인 유형원의 『동
국여지지』에서 확인해 보면 거기에는 「일설에 우산울릉은 본래 한 섬」으로 되
어 있다.

이 사실은 『동국문헌비고』에서 「우산도는 왜의 소위 마쓰시마이다」라는 분
주는 유형원의 『동국여지지』에서 유래하는 것이 아니라 『동국문헌비고』의 편
찬과정에서 날조되었던 것이다. 독도를 울릉도의 속도로서 6세기 이래 한국의
영토라는 한국 측의 근거는 무너졌다.

그럼 우산도는 「왜의 소위 마쓰시마」라는 설은 언제부터 시작된 것인가. 문
헌상의 우산도에서 확인해보면 우산도라는 이름이 등장하는 것은 15세기에 성
립된 『세종실록지리지』와 『동국여지승람』으로 이 우산도는 『태종실록』의 기
사에서 유래한다. 그러나 『태종실록』의 우산도는 울릉도이며 『동국문헌비고』
이전에 성립한 『동국지리지』(한백겸), 『춘관지』(이맹휴) 등에서도 우산도는 울릉
도로 되어있다.

그러나 신경준은 무엇을 근거로 「울릉 우산은 모두 우산국의 땅. 우산 즉 왜
의 소위 마쓰시마이다」로 개찬한 것일까. 그 힌트는 신경준이 「왜의 소위 마
쓰시마」라고 한 「소위」이다. 이것은 『동국문헌비고』가 편찬된 당시 「우산은
즉 왜의 소위 마쓰시마이다」고 하는 인식이 존재했었음을 나타내고 있기 때문
이다.

그 흔적은 수토사인 박석창이 1711년에 제출한 「울릉도도형」 안에도 있다.
『동국문헌비고』의 편찬이 이루어진 59년 전, 『울릉도도형』에서는 울릉도의 동
측에 「소위 우산도」로 부기한 소도가 그려져 있기 때문이다.

그러면 이 소도는 지금의 다케시마인가. 주위의 상황으로 판단해 보면 현재
의 죽도(竹嶼)를 가리키고 있으며 다케시마는 아니다. 그러나 「소위 우산도」라
고 부기된 소도가 김정호의 『청구도』에서는 우산도로 되어 대한제국의 학부편
집국이 1899년에 간행한 「대한전도」에도 우산도로 승계하였기 때문이다. 18세
기 이후의 지도에는 우산도는 죽도를 가리킨다.

그러나 문헌상의 우산도는 다르다. 「우산은 즉 왜의 소위 마쓰시마이다」로
개찬된 분주에 의해 우산도는 일본의 마쓰시마로 되었기 때문이다. 그 계기가
된 것은 1696년 5월20일, 오키도에 밀항한 안용복의 공술이다. 안용복은 돗토
리번에 의해 추방되었음에도 귀환 후 조선측의 조사에서 「마쓰시마는 우산도
다. 조선의 땅이다」라며 돗토리 번주와 교섭하여 「울릉도와 우산도는 이미 조
선령이 되었다」고 증언하고 있기 때문이다.

이 안용복의 공술은 『숙종실록』에도 기재되어 신경준은 안용복의 증언을 바
탕으로 [우산은 즉 왜의 소위 마쓰시마이다]고 하였던 것이다. 신경준이 안용
복의 증언을 중시한 것은 "강계지"에 [안용복전]을 실은 것에서도 알 수 있다.
그러나 유감스럽게도 신경준의 [안용복전]은 이맹휴의 『춘관지』([울릉도쟁계])에

서 안용복의 전기부분을 표절한 것으로 분주의 [우산은 즉 왜의 소위 마쓰시마이다]와 같은 경우로 방증능력이 없다.

그러나 한국의 역사교과서는 신경준이 개찬한 "동국문헌비고"의 분주를 근거로 독도를 울릉도의 속도로 하여 안용복의 공술을 역사적 사실로 가르치고 있다. 그러나 그것은 날조된 거짓역사이다. 그것을 실증하는 문헌이 최종보고서에 수록한 "이소다케시마사략"이다. 막부관계자가 편수한 "이소다케시마사략"에서는 울릉도로의 도해금지 결정된 경위도 기록되어 있으며 안용복의 증언이 위증이라는 사실을 확인할 수 있다.

안용복이 오키도에 밀항한 것은 1696년 5월 20일. 그러나 쓰시마번의 요청으로 에도막부가 울릉도로의 도해금지를 돗토리번에 명한 것은 4개월 정도 전인 1월 28일. 돗토리번 요나고의 오오야, 무라카와 양 집안에 주어진 「도해면허」가 막부에 반납된 것은 2월 9일 이다.

한국의 역사교과서가 가르치고 있듯이 안용복이 울릉도에서 [일본의 어민들과 만나 일본으로 건너가 우리 영토인 것을 확인]한 적이 없다. 안용복은 에도막부의 지시를 받아 돗토리번에 의해 8월 6일 加露灘에서 추방당했다. 막부의 도해금지 조치와 안용복의 밀항사건은 전혀 관계가 없었던 것이다.

그런데 강원도 해안에 도착한 안용복은 돗토리번에서 소송하여 울릉도와 우산도를 조선령으로 하였다 라는 위증을 하였다. 안용복의 위증은 그 후에 한일관계를 크게 어긋나게 하는 원인이 되었던 것이다. 안용복의 거짓말에서 울릉도였던 우산도가 「왜의 소위 마쓰시마이다」가 되고 신경준은 인용문까지 개찬하여 『동국문헌비고』의 분주를 날조하였기 때문이다.

그 원흉인 안용복이 우산도를 마쓰시마라고 생각하고 있었던 것은 작년(2006년) 오키도의 旧家에서 발견된 「元祿九 丙子年 朝鮮舟着岸一卷之覺書」에서도 확인되고 있다. 오키도에 밀항한 안용복은 대관의 조사에서 「松嶋는 右同道(강원도)의 안, 子山이라고 하는 섬이 있다. 이를 松嶋라 함」이라고 공술하며 마쓰시마를 강원도에 속하는 자산(우산도)으로 진술하고 있기 때문이다.

그러면 안용복은 왜 「우산도는 마쓰시마이다」고 했을까. 그것을 알 수 있는 열쇠는 최종보고서에 수록된 『竹島紀事』이다. 막부의 명을 받아 조선측과 교섭한 쓰시마번은 교섭의 경위를 문헌을 중심으로 편년체로 정리하여 『竹島紀事』로 묶었다.

그 안에는 쓰시마번의 조사를 받은 안용복의 증언이 기록되어 있으며 우산도에 대한 안용복의 지식을 알 수 있다. 거기에 의하면 안용복은 울릉도보다 「북동쪽에 큰 섬이 있다」, 「그 섬을 아는 이가 말하길 우산도라 함」이라고 증언하고 있다. 이 증언을 보면 안용복이 주장하는 우산도는 지금의 竹島가 아니다. 안용복이 본 것은 지도상에서 「소위 우산도」라고 여긴 죽도이다. 죽도는 안용복이 어로활동을 하던 울릉도의 苧洞에서 동북에 위치하며 다케시마는 울

릉도의 동남에 있기 때문이다. 그러나 우산도를 마쓰시마라고 한 안용복의 증
언은『동국문헌비고』의 분주에 실려 역사적사실로 되어버렸다. 오늘날 한국의
역사교과서에는 거짓 분주를 근거로「일본은 러일전쟁 중 일방적으로 독도를
자국의 영토에 편입」하였다고 가르치며 竹島의 불법점령을 정당화하려고 한다.

시모죠 마사오가 인용한『竹島紀事』와「元祿九 丙子年 朝鮮舟着岸
一卷之覺書」및 에도시대의 일본 측 자료를 검토하여 안용복을 중심
으로 한 그의 주장의 타당성을 점검해보기로 한다.

3. 에도시대 일본 측 자료를 통해 본
'독도 영유권 강화' 논리 보완

시모죠 마사오는 '改竄된 한국의 논거' 가운데에서 "『竹島紀事』안
에는 쓰시마번의 조사를 받은 안용복의 증언이 기록되어 있으며 우산
도에 대한 안용복의 지식을 알 수 있다"고 하였다. 거기에 의하면 "안
용복은 울릉도보다「북동쪽에 큰 섬이 있다」,「그 섬을 아는 이가 말
하길 우산도라 함」이라고 증언하고 있다. 이 증언을 보면 안용복이
주장하는 우산도는 지금의 竹島가 아니다. 안용복이 본 것은 지도상
에서「소위 우산도」라고 여긴 죽도이다. 죽도는 안용복이 어로활동을
하던 울릉도의 저동에서 동북에 위치하며 다케시마는 울릉도의 동남
에 있기 때문이다"라고 하였다. 그 전거가 되는 자료가 다음의 인용
문이다.

① 인질이 여기에 머물러 있을 당시 질문했을 때 대답한 것으로 "이번에 나
간 섬의 이름은 모릅니다. 이번에 나간 섬의 동북에 큰 섬이 있었습니다. 그
섬에 머물던 중에 두 번 보았습니다. 그 섬을 아는 자가 말하기를 우산도라고
부른다고 들었습니다. 한 번도 가본 적은 없지만 대체로 하루 정도 걸리는 거

리로 보였습니다."라고 말하고 있습니다. 울릉도란 섬에 대해서는 아직껏 모른
다고 말하고 있습니다. 그러나 인질의 주장은 허실을 가리기 어려우니 참고로
아룁니다. 그 쪽에서 잘 판단해 들으십시오.[3]

　　울릉도에서 안용복은 동북방에 있는 큰 섬을 두 번 보았고, 그 섬
을 아는 자로부터 우산도라고 부른다고 들었음을 진술하고 있다. 『세
종실록지리지』에서 울릉도와 독도가 '서로 거리가 멀지 않아 바람 부
는 날 청명하면 가히 바라볼 수 있다'는 기록을 안용복이 입증한 자
료인 셈이다.

　　'서로 보인다'는 기록이 갖는 의미는 울릉도와 독도가 자연지리적
이나 인간의 경제생활의 영역에서 같은 생활문화권이라는 것을 의미
한다. 고대 우산국시대부터 안용복이 활동하던 숙종 조까지 울릉도에
삶의 둥지를 틀었던 사람들은 울릉도에서 눈에 보이는 독도로 건너갔
고, 그 해역에서 어로활동을 하였다. 그렇기 때문에 독도는 울릉도의
부속도서로서 항상 기록되었다. 그런 점에서 독도와 그 해역은 울릉
도로 어로활동을 하러 온 동·남해 어민들의 삶의 터전이다.[4]

　　'다케시마문제연구회'는 2006년 7월, 한국의 최장근을 초청해 '조
선은 독도를 6세기 경부터 인식하였다'는 견해를 청취한 후 '보았다'
는 것은 영유권 문제와 별문제이고, 울릉도에서 독도를 '보았다'는 것
에 대한 문헌을 제시하라는 질문에 대하여 명확한 대답을 듣지 못하
였다고 하였다.[5] 그러나 당시 최장근은 "울릉도에서 독도를 실제 볼
수 있는데 무슨 말을 하는가?" 라고 하였는데 동 연구회는 이 사실을
기록에 남기지 않았다.

　　이제 안용복이 보았다는 '우산도'의 실체에 대해 논해보기로 한다.

---

3) 『竹島紀事』 元祿 6年(1693) 11月 1日.
4) 김호동, 『독도·울릉도의 역사』, 2007, 경인문화사.
5) 竹島問題硏究會, 『竹島問題에 관한 調査硏究 最終報告書』, 2007.3, 9~10쪽.

독도는 울릉도로부터 동남방에 위치하고 있다. 그래서 시모죠 마사오
는 '안용복이 본 섬은 동북방에 위치한 것으로 보아 울릉도의 바로
근처에 있는 죽도(죽서)'라고 주장하였다.[6] 안용복은 3월 27일부터 4월
18일까지 울릉도에 머물렀다. 시모죠 마사오가 말하는 '죽도'는 폭풍
우가 몰아치는 날에도 보인다. 따라서 울릉도에서 머물면서 두 번 보
았다는 섬은 항상 볼 수 있는 현재의 '竹島'일 수가 없다. 또 안용복
은 숙종 19년(1693)의 울릉도행 때 일본의 오키도로 피랍되면서 독도
를 보았음을 동래부 취조에서 다음과 같이 진술하고 있다.

　　② 안용복의 공초 안에, 산형과 초목 등에 관한 말은 박어둔의 말과 한결같
　　은데, 끝에 "제가 잡혀 (백기주로) 들어올 때 하룻밤을 지나고 다음날 저녁을
　　먹고 난 뒤 섬 하나가 바다 가운데 있는 것을 보았는데, 竹島에 비해 자못 컸
　　다"고 했습니다.[7]

　이 자료에 대해 일찍이 시모죠 마사오는 '죽도에 비해 자못 큰 섬'
에 주목하여 그러한 큰 섬은 오키도 밖에 없다는 이유로 안용복이 본
것은 독도가 아니고 오키도라는 설을 내놓았다.[8] 박병섭은 이 사료에
대해 "안용복 등이 납치된 섬 이름이 竹島로 되어 있지만, 이것은 일
본이 주장하는 섬 이름을 안용복이 그대로 말했을 뿐이며 사실은 울
릉도를 가리킨다고 하였다."[9] 그러나 이 인용 사료에는 안용복이 납
치된 섬 이름을 안용복이 竹島라고 한 구절은 없다. 다만 바다 가운
데 있는 섬이 '죽도에 비해 자못 컸다'라고 되어 있을 뿐이다. 안용복

6) 시모죠 마사오의 주장에 대해 박병섭은 『안용복 사건에 대한 검증』(한국해양
　　수산개발원, 2007.12, 30쪽)에서 "가장 믿기 어려운 '방향'에 대해 기술한 것만
　　의거하고, 보다 신뢰성이 있는 증언인 '하루의 거리'를 무시했다. 이처럼
　　마음대로 자료를 취사선택한다면 어떠한 결론도 가능하다"고 하였다.
7) 『邊例集要』 권17 「鬱陵島」 1694년 1월.
8) 下條正男, 「竹島問題考」, 『現代ユリア』 1996년 5月號, 62쪽.
9) 박병섭, 『안용복 사건에 대한 검증』, 한국해양수산개발원, 2007.12, 29쪽.

은 조선에서 진술할 때 울릉도를 일본이 주장하는 섬 이름인 '다케시
마(竹島)'로 그대로 말한 적이 없다. 그렇다면 사료 ②에 나오는 '죽도'
를 굳이 '울릉도'라고 할 필요가 없다. 박병섭이 지적한 것처럼 '죽도
에 비해 자못 크다' 는 표현은 독도에 들어맞지 않는다. 이것은 그 나
름대로 과장된 표현이라고 생각할 수 있으나[10] 안용복이 말한 '죽도'
는 울릉도 바로 옆에 있는 지금의 '죽도'이다. 당시 조선에서는 그렇
게 불렀다. 일본이 울릉도를 '다케시마(竹島)'라고 한다고 해서 위 사
료의 '죽도'마저 울릉도로 비정할 필요는 없다. 울릉도에서 하루 거리
에 있는 바다 가운데 섬은 독도이며, 지금의 죽도에 비해 자못 크다
고 느낄 수밖에 없다. 안용복을 납치한 오오야 가문의 배가 『因府歷
年大雜集』에 의하면 "새벽에 松島라는 곳에 도착했다"[11]고 한 기록을
통해서도 안용복이 松島, 즉 독도를 보았음을 확실하다. 독도에 들린
시점이 '저녁 식사 후'인가 '새벽'인가 하는 차이가 있지만 그것은 기
억이 틀렸거나 필기를 잘못했기 때문일 것이다.[12]

　실상 안용복은 숙종 19년 울릉도로 가기 이전에 동래에서 울릉도
와 독도, 두 섬에 대해 인지하고 있었을 것이다. 그것은 다음의 자료
를 통해 유추할 수 있다.

　③ 올해도 그 섬에 벌이를 위해 부산포에서 장삿배가 3척 나갔다고 들었습
니다. 한비치구라는 이국인을 덧붙여 섬의 형편이나 모든 것을 해로에 이르기
까지 자세히 지켜보도록 분부했으므로 그 자들이 돌아오는대로 추후에 아뢰겠
으나 먼저 들은 바에 대해여 별지 문서에 적겠습니다.

　　　　　'두렵게 생각하면서도 적은, 구상(口上)의 각서'
　1. 부룬세미의 일은 다른 섬입니다. 듣자하니 우루친토라고 하는 섬입니다.

---

10) 박병섭, 위의 글, 29~30쪽.
11) 『因府歷年大雜集』 元祿 5年(1692) 7月 24日. 元祿 5年은 元祿 6年의 오류임.
12) 박병섭, 앞의 글, 29쪽.

가신 줄은 압니다만 외국인이 오지 말도록 말해주어야 된다고 생각해, 그 외국
인 두 사람을 데리고 4월 18일에 다케시마(竹島)를 떠나 오키국의 후쿠우라에
20일에 도착했습니다. [20]

⑥ 막부, 다케시마로의 도해를 금지한다.
오오야・무라카와는 겐로쿠 5년(1692; 숙종 18)부터 조선인 때문에 본업을 방
해받고 어찌할 바를 몰라 이를 자주 한탄하고 호소했다. 번의 지시를 받고 겐
로쿠 7(1694)년과 8년(1695)에 배를 다케시마로 보냈으나 조선인이 먼저 건너와
있었으며 해마다 그 수는 증가하여 후에는 이쪽에 30명, 저 쪽에 50명의 무리
가 형성되어 방어를 엄중히 하고 있으니, 만약 이쪽의 배를 억지로 착륙할 때
에는 큰일을 피할 수 없을 듯싶어 어쩔 수 없이 후퇴하고(하략) [21]

위 기록에 의하면 숙종 18년(1692)부터 조선인들이 울릉도에 와서
어로작업을 한 것으로 되어 있다. 조선인들의 어로활동은 사료 ③에
서 보다시피 숙종 17년에 있었던 것이 확인된다. 그러나 실제 그 이
전부터 울릉도로의 출어는 계속되었다.

⑦ 경상도 연해의 어민들은 비록 풍파 때문에 무릉도에 표류했다고 하고 있
으나 일찍이 연해의 수령을 지낸 사람의 말을 들어보니, 바닷가 어민들이 자주
무릉도와 다른 섬에 왕래하면서 대나무도 베어오고 전복도 따오고 있다 했습
니다. 비록 표류가 아니라 하더라도 더러 이익을 취하려 왕래하면서 魚採로 생
업을 삼는 백성을 일체 금단하기는 어렵다고 하겠으나 저들이 엄히 조항을 작
성해 금지하라고 하니 우리의 도리로는 금령을 내려 포고하는 수밖에 없습니
다. [22]

임진왜란에서부터 숙종 19년 안용복이 울릉도에 출어하기까지 울
릉도는 일본이 주장하듯이 그들만이 고기잡이를 독점한 것이 아니다.
조선과 일본에서 이익을 찾아 이곳을 끊임없이 찾아들었다. 다만 숙

---

20) 「元祿六年 竹島より伯州に朝鮮人連返り候趣 大屋九郎右衛門(ママ)船頭口上書」,
　　『島取藩史』제6권, 469쪽, 『因府歷年大雜集』.
21) 오카지마 마사요시, 『竹島考』1828: 박병섭, 앞의 글 74쪽에서 인용.
22) 『備邊司謄錄』숙종 19년(1693) 11월 14일.

종 17~18년 이후부터 조선에서 조직적인 상업의 이득을 취하는 무리들이 울릉도에 오기 시작하면서 오오야·무라카와 양 가문의 선단과 충돌하게 되어 안용복 사건과 '울릉도 쟁계'가 일어나게 되었다고 보아야 한다.[23] 사료 ③에서 보다시피 안용복 사건이 일어나기 전에 동래에 와 있었던 역관 나카야카가 숙종 19년 봄, 울릉도로 가는 배 3척에 밀정을 동행하게 한 것은 쓰시마번이 훨씬 이전부터 울릉도 사정을 예의 주시하면서 우려를 갖고 있었기 때문에 나온 조치이다. 울릉도에 출어하였던 조선과 일본의 바닷가 어민들은 물론 동래 왜관의 조선 측 역관과 일본 측 역관들마저 울릉도와 독도에 대한 정확한 인지를 하고 있었다. 그 연장선상에서 안용복의 활동을 이해해야지 안용복으로부터 문제의 시작을 찾고자 하는 일본과 한국의 연구자들의 시각은 교정되어야 한다.

왜 안용복의 활동을 쓰시마번에서는 주목하였는가를 깊이 생각하여야만 한다.

⑧ "대마도 사람이 전부터 속여 온 것은 우리 나라에서 에도(江戶)와 교통하지 못하였기 때문인데, 이제 다른 길이 따로 있는 것을 알았으니, 반드시 크게 두려움이 생길 것이나, 안용복이 주살되었다는 말을 들으면 또 그 길이 영구히 막힌 것을 기뻐할 것입니다"[24]

사료 ⑧을 통해 안용복의 울릉도행이 조선-동래왜관-대마도-일본 江戶와의 루트에 치명적 타격을 줄 것이라는 점을 쓰시마번이 염려하고 있음을 알 수 있다. 쓰시마번에서 '울릉도쟁계'를 일으켜 집요하게 울릉도를 자기네 땅이라고 한 것은 차제에 안용복 같은 조선의 무역상들이 조선과 일본에서 새로운 교역의 루트를 개발하는 것을 원천봉쇄하고자 하는 의도에서 나온 것이라고 볼 수 있다.[25] 그래서 일본은

---

23) 김호동, 앞의 숙종조 영토분쟁에 관한 글 참조.
24) 『숙종실록』 권30, 숙종 22년 10월 13일 <병신>.

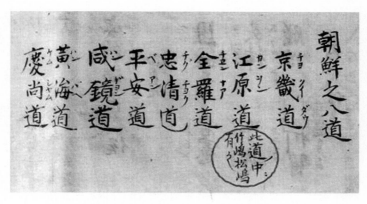

〈그림 1〉 안용복의 진술에 근거한 '朝鮮之八道'
(「元祿九 丙子年 朝鮮舟着岸一卷之覺書」)

1693년 부산에서 울릉도로 출어하는 장삿배에 밀정을 따라 부쳤던
것이다.

「元祿九 丙子年 朝鮮舟着岸一卷之覺書」에 의하면 안용복은 강원도
에 속해있는 울릉도가 일본에서 말하는 '다케시마'라고 설명하면서
소지하고 있던 조선팔도지도를 꺼내 울릉도가 표시돼 있음을 보여줬
다. 또 마쓰시마(독도)도 '子山'이라고 불리는 섬으로 강원도에 속해 있
다면서 지도에 표시되어 있다고 설명했다. 특히 이 기록에서 안용복
은 "다케시마(당시 울릉도의 일본 이름)와 조선은 30리, 다케시마와 마쓰시
마(현재의 독도)는 50리"라고 하였다. <그림 1>에서 보다시피 이 문서
의 끝부분에는 경기도 등 '朝鮮之八道'가 적혀있고 강원도에는 "이
道에는 다케시마와 마쓰시마가 속한다(此道中竹島松島有之)"고 기록되어
있다. 이 기록에 의하면 자산도가 독도이며, 이것을 일본 측에서 '마
쓰시마'로 부르며, 그것을 조선영토로 인식하고 있음을 보여주고 있
다. 이것이 일본 측 문헌에 기록되었다는 것은 조선에서 안용복이 진

─────────────────────
25) 김호동, 「조선 숙종조 영토분쟁의 배경과 대응에 관한 연구-안용복 활동
의 새로운 검토를 위해-」, 『大丘史學』 94, 2009.2.

술한 내용, 즉『숙종실록』의 기록이 믿을 바 못 된다는 일본 측 주장이 설득력 없음을 말해주는 것이다. 시모죠 마사오는『최종보고서』에서

⑨ 안용복이 오키도에 밀항해 온 것은 1696년 5월 20일. 그러나 쓰시마번으로부터 요청을 받아 에도 막부가 울릉도로의 도해 금지를 돗토리번에 명한 것은 4개월 정도 전인 1월 28일. 돗토리번에 명한 것은 4개월 정도 전인 1월 28일. 돗토리번 요나고의 오오야·무라카와 양 가문에 전해 준 '도해면허'가 막부에 반납된 것은 2월 9일이다. 한국의 역사 교과서에 기술되어 있는 안용복이 울릉도에서 "일본의 어민들과 조우해 일본에 건너가 우리 영토임을 확인했다"는 일은 없었던 일이다.[26]

라고 하였다. 1696년 오오야·무라카와 양 가문에 전해 준 '도해면허'가 막부에 반납된 것은 2월 9일이므로 일본 어민들은 울릉도로 출어하지 않았기 때문에 안용복이 울릉도와 독도에 갔을 때 일본 어민들과 만났다는 것은 거짓말이라고 한 시모죠 마사오의 견해는 일본 외무성이 2008년 3월 8일에 게시한「竹島 다케시마 문제를 이해하기 위한 10가지 포인트」라는 팸플릿에도 그대로 주장되고 있다. 그렇지만 '도해면허'가 반납된 것은 2월 9일임에 틀림없지만, 도해 금지령이 돗토리번의 城府에 전달된 것은 그해 8월이었기 때문에 오오야·무라카와 양 가문은 도해금지령을 모른 채 예년처럼 도래했을 가능성이 있다.[27] 그러나 취조 기록인 무라카미 문서인「元祿九 丙子年 朝鮮舟着岸一卷之覺書」에 일본인과 만났다는 기사가 없고, 1695년에 도해 자금을 돗토리번으로부터 빌리려 했으나 거절당했다는 기록[28]에 근거하여 1696년의 경우 안용복이 일본인을 만났을 가능성이 희박하지

26)竹島問題研究會,『竹島問題に關する調査研究 最終報告書』, 2007.3, 4쪽.
27) 나이토 세이추,「다케시마의 문제점-일본 외무성의『다케시마』비판」,『독도연구』4, 영남대학교 독도연구소, 2008.6, 48~49쪽.
28)『拱帳』元祿 7년(1694) 11月 26日.

만 그 전년인 1695년이라면 안용복 일행이 일본인과 만났을 가능성
이 있다고 하면서, 그럴 경우 1696년에 도일했다면 안용복의 울릉도
도항은 3번 이상일 수도 있다는 주장이 있다.[29] 그러나 1695년의 조
선인이 안용복이었을 것이라고 보는 견해는 울릉도로 출어하는 사람
들이 안용복 일행만으로 보는 점에서 문제점이 있다. 따라서 오오
야·무라카와 양 가문이 도해금지령을 모른 채 예년처럼 도래했을
가능성이 많다고 하겠다.

  조선과 일본에서 수토관이 파견된다거나 도해금지령이 내렸다고
해서 울릉도로 출어하지 않았다고 보는 것은 지극히 소박한 견해일지
도 모른다. 수토와 도해금지령에도 불구하고 수토가 행해지지 않은
시기를 골라 무상으로 울릉도를 향해 항해하였을 것이라고 보는 것이
온당치 않을까 한다. 다만 조선의 경우 국내법 위반 행위였지만 일본
의 경우 국제법 위반이기 때문에 기록에 그 흔적을 남겨 놓지 않았다
고 보아야 한다.

4. 맺음말

  시모죠 마사오는 『竹島問題에 관한 調査硏究 最終報告書』에서 일
본의 에도(江戶)시대의 독도에 관한 문헌을 통해 독도를 '자국의 영토'
라는 보다 더 확신을 가질 수 있다는 입장을 취하고 있다. 그 주된 근
거로 안용복이 울릉도에서 두 번 본 '동북방에 있는 큰 섬', 즉 우산
도라고 한 섬은 현재의 죽도이지 독도가 아니라는 것을 제시하였다.
그러나 안용복이 우산도를 동북방에 있다고 한 것은 그가 부산 동래
에서 살면서 바라다본 좌표를 말한 것이다.

---

29) 박병섭, 『안용복 사건에 대한 검증』, 한국해양수산개발원, 2007.12.

『최종보고서』의 경우, 임진왜란에서부터 숙종 19년 안용복이 울릉
도에 출어하기까지 울릉도는 일본이 울릉도를 독점하였다고 하지만
『竹島紀事』에 의하면 조선인들이 숙종 17년(1861)부터 울릉도로 출어
하였음이 확인된다. 따라서 조선과 일본에서 이익을 찾아 울릉도와
독도로 어로행위를 위해 어민들이 끊임없이 찾아들었다고 보아야 한
다. 다만 숙종 17~18년 이후부터 조선에서 조직적인 상업의 이득을
취하는 무리들이 울릉도에 오기 시작하면서 오오야・무라카와 양 가
문의 선단과 충돌하면서 안용복 사건과 '울릉도 쟁계'가 일어나게 되
었다고 보아야 한다. 그렇기 때문에 안용복 사건이 일어나기 전에 동
래에 와 있었던 역관 나카야카가 숙종 19년 봄, 울릉도로 가는 배 3
척에 밀정을 동행하게 한 것은 쓰시마번이 훨씬 이전부터 울릉도 사
정을 예의 주시하면서 우려를 갖고 있었기 때문에 나온 조치라고 볼
수 있다. 그렇다면 일본의 17세기 중엽 독도 '고유영토설'은 일본 측
자료에 의해서도 설 땅이 없는 것이다. 일본은 안용복이 조선에서 돌
아와서 한 진술, 즉『숙종실록』의 내용을 전면 부인하면서 한국의 연
구자들이 일본 자료를 도외시하고 있다고 하지만『최종보고서』의 경
우 자국의 자료마저도 왜곡하여 해석하고 있다. 이를 밝혀내고, 에도
시대의 문헌을 통해 독도가 조선의 영토였음을 입증하는 자료를 보다
적극 발굴할 필요가 있다.

독도 강탈을 둘러싼 궤변의 허구성
-다케시마 문제 연구회의 메이지 시대 자료에 대한 연구를 중심으로-

김 화 경

1. 머리말

　일본의 시마네현(島根縣)이 다케시마 문제 연구회竹島問題研究會란 것을 설치하기 위해서 그 요강을 만들어 시행에 옮긴 것이 2005년 6월 6일이었다. 이 요강에 입각해서 설치된 동 연구회의 좌장은 시모죠 마사오(下條正男)가 맡았고, 부좌장은 스기하라 다카시(杉原隆)가 맡았다. 그리고 처음부터 연구회원으로 참여한 사람은 후니스기 리키노부(船杉力修)를 비롯한 7명이었다.[1]

---

1) 竹島問題研究會 편:「竹島問題研究會設置要綱」,『竹島問題に關する調査研究

이렇게 만들어진 동 연구회에서는 2006년 3월에 중간 보고서[2]를 제출하였고, 2007년 3월에는 최종 보고서[3]를 제출하였다. 전자가 주로 독도와 관련을 가진 자료와 사료의 정리에 치중한 것이었다고 한다면,[4] 후자는 동 연구회에 참가한 연구위원들과, 그 설치의 취지에 찬성을 하여 참여한 쓰카모도 다카시(塚本孝)[5]의 연구 결과를 취합한 것이었다고 할 수 있다.

이와 같은 그들의 연구 결과에 대해서, 그 간에 이미 몇 편의 비판적인 논고가 발표된 바 있다. 특히 일본의 나이토 세이츄(內藤正中)는 중간 보고서의 문제점을 지적한 「시마네현 竹島 보고서에 이의 있음」[6]이란 글을 비롯하여, 최종 보고서에 대해서는 「竹島 문제 보유-

---

-中間報告書』(松江, 2007, 竹島問題研究會), 274쪽.

2) 본래의 이름은 『竹島問題に關する調査研究-中間報告書』이다.

3) 본래의 이름은 『竹島問題に關する調査研究-最終報告書』이다.

4) 중간보고서에도 위원에 의한 연구 레포트라고 하여, 다음과 같은 5편의 글이 실려 있다.

   1) 內田文惠, 村上家古文書「元祿九(丙子)年朝鮮舟着岸一卷之覺書」讀み下し.

   2) 谷口博繁, 鳥取藩政資料から見た竹島問題(安龍福の來藩の記錄).

   3) 船杉力修, 繪圖・地圖からみる竹島-韓國側の史料を事例として-.

   4) 杉原隆, 日本・韓國間の漂流の歷史と竹島問題.

   5) 福原裕二, 竹島/獨島關係史・資料目錄.

5) 일본의 국회도서관 참사관인 그는 일찍부터 독도를 자국의 영토라고 주장하던 사람들 가운데 한 사람으로 다음과 같은 논고들이 있다.

   1)「サンフランシスコ條約と竹島」,『レファレンス(389)』, 東京 國立國會圖書館調査立法考査局, 1983.

   2)「竹島關係旧鳥取藩文書および繪圖(上)」,『レファレンス(411)』, 東京 國立國會圖書館調査立法考査局, 1985.

   3)「竹島關係旧鳥取藩文書および繪圖(下)」,『レファレンス(518)』, 東京, 國立國會圖書館調査立法考査局, 1985.

   4)「平和條約と竹島(再論)」,『レファレンス(411)』, 東京 國立國會圖書館調査立法考査局, 1994.

   5)「竹島領有權問題の經緯」『調査と情報(244)』. 東京 國立國會圖書館調査及び立法考査局, 1994.

시마네현 竹島 문제 연구회 최종 보고서 비판」7)이란 논문을 발표하
여, 독도 문제에 끊임없는 관심을 표시해오고 있다. 또 최장근崔長根은
「독도 영유권의 일본적 논리 계발의 유형－竹島 문제 연구회를 사례
로」8)라는 논고를 통해서 연구회의 인적 구성과 그 활동 상황을 간략
하게 정리한 바 있고, 필자도 「끝없는 위증僞證의 연속－시마네현 竹
島 문제 연구회 최종 보고서의 문제점」9)이란 글을 통해서 동 연구회
의 좌장인 시모죠의 「竹島의 날 조례로부터 2년」10)이라는 글이 지니
고 있는 문제점을 집중적으로 검토한 바 있다. 또 호사카 유지(保坂祐
二)는 「다케시마 문제 연구회 최종 보고서의 문제점－태정관 지령문
을 중심으로」11)란 논문을 발표하였다. 그는 이 글에서 태정관太政官
문서에 나오는 "竹島 외 한 섬은 우리나라와 관계가 없다."라는 문구
에 대해, 동 연구회에서 행한 왜곡된 해석을 철저하게 분석하였다.

　그러나 아직까지 동 연구회의 최종 보고서가 안고 있는 문제점을
전체적으로 검토한 논문은 나오지 않고 있다. 그래서 이번 기회에 그
들이 최종 보고서에서 제시한 메이지 시대(明治時代)에 나온 독도에 대
한 자·사료에 대한 해석의 문제점들을 보다 심도 깊게 고찰하기로

6) 內藤正中, 「島根縣竹島報告書に異議あり」, 『鄕土石見(71)』, 石見 石見鄕土硏
　究懇談會, 2006, 2~12쪽.
7) 內藤正中, 「竹島問題補遺-島根縣竹島問題硏究會最終報告書批判」, 『北東アジ
　ア硏究(26)』, 鳥取 鳥取短期大學北東アジア硏究所, 2007, 1~24쪽.
　이 논문은 영남대학교 독도연구소에서 간행하는 『獨島硏究(3)』 37~80쪽에
　번역을 하여 실었음을 밝혀둔다.
8) 최장근, 「독도 영유권의 일본적 논리 계발의 유형－죽도문제연구회를 사례
　로」, 『일어일본학((36)』, 서울, 일본어일본문학회, 2007, 409~430쪽.
9) 김화경, 「끝없는 위증의 연속－시마네현 죽도문제연구회 최종보고서의 문
　제점」, 『독도연구(3)』, 경산 영남대학교 독도연구소, 2007, 1~36쪽.
10) 下條正男, 「竹島の日から二年」, 『竹島問題に關する調査硏究-中間報告書』, 松
　江竹島問題硏究會, 2007, 3~8쪽.
11) 호사카 유지, 「다케시마 문제연구회 최종보고서의 문제점」, 『독도＝다케시
　마 논쟁』, 서울 보고사, 2008, 225~251쪽.

한다. 이들 자료를 고찰하는 이유는, 동 연구회의 연구위원들이 자기 나라 자료들의 자의적인 해석을 통해서 사리에 맞지 않는 추론을 하고 있기 때문이다. 다시 말해 일본이 독도를 강탈했다는 엄연한 역사적 사실을 호도하기 위해 갖가지 방법을 동원하여 거짓말을 일삼고 있다는 것을 해명하겠다는 것이다.

2. 대한제국의 「칙령 제41호」의 竹島, 石島 문제

일본이 독도를 자국의 영토로 강탈한 조처가 국제법적으로 정당했다는 사실을 증명하기 위해서는, 우선 독도가 임자가 없는 섬이었다는 것이 전제되지 않으면 안 된다. 이런 전제를 염두에 두고, 그들은 1905년 1월 28일의 내각회의內閣會議에서 다음과 같은 결정을 하였다.

「별지 내무대신이 논의를 요청한 무인도 소속에 관한 건을 심사함에, 우右[12]는 (가) 북위北緯 37도 9분 30초, 동경東經 131도 55분, 오키섬(隱岐島)에서 떨어져 서북으로 85리里에 있는 무인도無人島는 다른 나라에서 이를 점령했다고 인정할만한 형적形跡이 없고, 재작년 (메이지(明治)) 36년 우리나라(本邦) 사람 나카이 요사부로(中井養三郞)라는 자者가 어사漁舍를 지어 인부를 데리고 가서 고기잡이하는 도구(獵具)를 갖추어 강치(海驢)잡이에 착수하였는데, 이번에 영토 편입과 함께 대여貸輿를 출원하였는 바, 이 계제에 소속 및 섬 이름(島名)을 확정할 필요가 있으므로 당해當該 섬을 다케시마竹島라는 이름 붙이고 지금부터 시마네현 소속 오키도사(隱岐島司)의 소관으로 하려고 한다고 함으로, 그리하여 심사하건대 (나) 메이지 36년이래 나카이 요사부로란 자가 당해 섬에 이주移住하여 어업에 종사한 일은 관계 서류에 의해 명백한 바이어서 국제법상 점령의 사실이 있는 것으로 인정하여 이를 우리나라 소속으로 하고 시마네현 소속 오키도사의 소관으로 하여도 지장이 없을 것으로 생각하여, 이에 논의를 청한 대로 결

---

12) 원문이 세로로 쓰여 있기 때문에, 이렇게 우右라고 적었다는 것을 밝혀둔다.

정을 하는 것이 옳다고 인정한다.」[13]

이와 같은 내각회의의 결정은 당시에 내무대신이었던 가가와 아키마사(芳川顯正)의 「무인도 소속에 관한 건」이라는 요청을 받아들여 이루어졌다. 그런데 밑줄을 그은 (가)에서 보는 것처럼 그들이 독도를 자국의 영토로 편입한 것은 다른 나라에서 이를 점령했다고 인정할만한 형적이 없다는 것이었다. 그들은 이것을 국제법상에서 주인이 없는 땅을 먼저 점령한, 이른바 「무주지 선점」에 해당된다고 떠벌리고 있다. 이렇게 무주지를 선점한 근거로 (나)에서는 나카이 요사부로라는 자기 나라 사람이 1903년부터 독도에 이주를 하여 어업에 종사했다는 사실이 국제법적으로 점령에 해당된다는 이유를 들었다.

그러나 이러한 그들의 주장이야말로 명백한 거짓말이었다. 왜냐하면 독도는 이미 대한제국이 1900년 10월 25일에 칙령勅令 제41호로 이 섬을 울도 군수의 관할로 한다는 사실을 관보에 게재하여 내외에 널리 알렸기 때문이다.

「울릉도를 울도로 개칭하고 도감(島監)을 군수로 개정한 건

제1조 울릉도를 울도鬱島라 개칭하여 강원도에 부속하고, 도감을 군수로 개정하여 관제 중에 편입하고, 군등郡等은 5등으로 할 사.

---

13) 別紙 內務大臣 請議 無人島所屬ニ關スル件ヲ審査スルニ右ハ北緯三十七度九分三十秒東經百三十一島五十分隱岐島ヲ距ル西北八十五里ニ在ル無人島ハ他國ニ於テ之ヲ占領シタルト認ムヘキ形跡ナク一昨三十六年本邦人中井養三郎ナル者ニ於テ漁舍ヲ構ヘ人夫ヲ移シ獵具ヲ備ヘテ海驢獵ニ着手シ今回領土編入並ニ貸下ヲ出願セシ所此際所屬及島名ヲ確定スルノ必要アルヲ以テ該島ヲ竹島ト名ケ自今島根縣所屬隱岐島司ノ所管トサントスト謂フニ在リ依テ審査スルニ明治三十六年以來中井養三郎ナル者カ該島ニ移住シ漁業ニ從事セルコトハ關係書類ニ依リ明ナル所ナレハ國際法上占領ノ事實アルモノト認メ之ヲ本邦所屬トシ島根縣所屬隱岐島司ノ所管ト爲シ差支無之儀ト思考ス依テ請議ノ通閣議決定相成可然ト認ム.
『公文類聚』 第29編 卷1 1906年 竹島編入の閣議決定文.

제2조 군청 위치는 태하동으로 정하고, 구역은 울릉 전도와 죽도, 석도石島를 관할할 사.」[14]

이 칙령을 통해서 당시의 한국 정부는 울도 군수가 관할하는 지역이 울릉도와 죽도, 그리고 오늘날의 독도인 석도임을 명확하게 했다는 사실을 확인할 수 있다. 그렇지만 일본 사람들은 이 석도는 독도가 아니라, 울릉도와 죽도 사이에 있는 관음도觀音島를 가리킨다고 억지를 부리고 있다.

이러한 억지는 이번에 다케시마 문제 연구회의 위원인 사사키 시게루(佐佐木茂)가 최종 보고서에 실은 「영토 편입에 관련된 제 문제와 자·사료」라는 글에서도 그대로 계속되었다. 이처럼 일본측에서 석도를 관음도라고 우기는 것은 그들이 주장하는 竹島의 영토편입이 한국의 독도를 강탈했다는 사실을 역설적으로 말해주는 증거가 되기 때문이다. 환언하면 칙령에서 지적한 석도가 독도라고 한다면, 한국의 영토인 독도에 자기네가 竹島라는 이름을 붙여 그것을 탈취했다는 것을 인정하는 결과를 초래하게 된다. 그러므로 그들은 석도가 독도가 아니라 관음도라는 주장을 굽히지 않고 있다. 사사키 시게루도 이러한 일본측의 논리를 그대로 답습하였다.

「여기(울릉도에는 죽도와 석도라는 부속 섬이 있었다는 것: 인용자 주)에 대해, 울릉도의 현지조사에 참가한 후나스기 위원은 다음과 같은 견해를 나타내고 있다.

※ 지도의 분석
『한국수산지韓國水産誌』 제3책 1909년
수록 울릉도 전도: 죽서, 서정도鼠頂島(관음도)뿐.
육지측량부 발행의 5만분의 1 지형도 「울릉도」(1917년 발행)
섬의 기재가 있는 것은 죽서, 관음도, 위도(복정암), 일본입도一本立島(죽암竹岩)

---

14)「대한제국 관보」 제1726호, (1900년 10월 27일).

밖에 없다.

　지형도를 보더라도, 섬(島)과 바위(岩)와의 차이는 일목요연하다.

　※ 섬의 면적

　죽서: 0.208㎢ 관음도: 0.07㎢(죽서의 약 3분의 1)

　독도(죽도) 전도(全島): 0.187㎢ (동도(東島) 0.073㎢, 서도(西島) 0.089㎢)

　→ 현지조사의 결과

　울릉도에 부속되어 있는 암초(岩礁), 섬이 분포

　암초는 많이 존재하고 있으나, 섬이라고 부르는 것은 죽서, 관음도 밖에 확인되지 않았다.

　섬과 바위와는 경관 상에도 명확하게 구별되었다.

　※ 한국측의 주장에서 섬과 암초와는 명확하게 구분이 되지 않는다고 하는 것은 분명하게 잘못된 지적이다.

　→ 현지조사의 결과, 석도는 관음도일 가능성이 높으며, 독도가 아니란 것을 알았다.

　※ 석도가 독도(죽도)일 가능성은 대단히 낮다.

　이처럼 「칙령 제41호」의 「죽도」는 「죽서」이고, 「석도」는 「관음도」를 가리킨다고 생각하는 것이 타당할 것이다.」[15]

　이상과 같은 사사키의 주장은 사실에 바탕을 둔 것이 아니라, 후나스기 리키노부(船杉力修)의 견해를 근거로 한 것이었다. 여기에서 사사키가 자기 견해의 바탕으로 이용한 후나스기란 사람은 역사지리학을 전공한 시마네 대학(島根大學) 법문학부의 조교수이다. 그렇기 때문에 독도 문제에 조예가 깊을지도 모르지만, 이 연구회에 참여하기 이전에 독도에 대한 논문을 발표한 적은 거의 없는 것 같다.

　이 문제는 어찌되었든, 문맥으로 보아 후나스기가 인용했을 것이라고 생각되는 『한국수산지』에 기록된 울릉도는 3책에 있는 것이 아니

15) 佐佐木茂:「領土編入に關わる諸問題と資・史料」,『竹島問題に關わる調査研究－最終報告書』(松江, 2007, 竹島問題研究會), 58~59쪽.

라, 2집輯 제3장 경상도(남도) 제15절 울도군鬱島郡 조에 실려 있다. 그리고 그 발행연도도 1909년이 아니라 1910년이다. 이런 이 책의 울도군 조에는 "주변에는 수많은 바위섬(岩嶼)들이 있다. 제일 큰 것은 북동쪽에 떠있는 죽서竹嶼라고 하는 것으로 가장 높은 곳이 424척呎이고, 이 다음의 것은 그 북쪽 곧 본 섬 북동 방향의 끝에 접하여 떠있는 서정도鼠頂島이며, 북쪽 연안의 약간 중앙에 활 모양의 문으로 된 하나의 바위가 있어 공암孔岩이라고 이름 붙여져 대단히 뛰어나다."[16]고 기록되어 있다.

그러나 울도군 조에 울릉도와 죽서, 서정도가 기록되어 있다고 해서 서정도, 곧 관음도가 석도라고 우기는 것은 논리에 맞지 않는 주장이라고 하지 않을 수 없다. 왜냐하면 이러한 주장의 타당성을 입증하기 위해서는 이 섬이 서정도로 기록되기 이전에 석도라고 불렸다는 명확한 증거가 제시되어야 마땅하다. 그리고 그뿐만이 아니라, 불과 10년 사이에 섬의 이름이 바뀐 이유도 명백하게 구명되어야 하기 때문이다. 다시 말해 대한제국 칙령 제41호가 공포된 1900년에 석도라고 명명했던 것을, 왜 『한국수산지』 2집이 발행된 1910년에 서정도라고 바꾸어 불러야만 했던가 하는 문제에 대해 명확한 해명이 있어야 한다는 것이다.

그런데도 이런 이유는 밝히지 않은 채, 시모죠 마사오를 위시한 일본의 학자들은 대한제국 칙령 제41호에 명시된 석도가 관음도라고 우기는 것은 석도가 독도가 아니란 것을 주장하기 위한, 하나의 방편에 지나지 않는다고 하겠다. 그렇지 않고서는 철저한 분석을 좋아하는 일본의 학자들이 이 문제만은 확실한 근거도 제시하지 않고 석도가 관음도라고 주장할 하등의 이유가 없다는 것이다. 쉽게 말해 자기들이 강탈한 독도가 한국의 영토가 아니란 것을 주장하려고 하다 보

---

16) 농상공부 수산국편 ⓛ, 『한국수산지(2)』, 서울 인쇄국, 1910, 707쪽.

니, 이렇게 증거도 없는 억지를 부리게 되었다고 볼 수밖에 없다고
하겠다.

실제로『한국수산지』1집 지리편의 제7장 연안沿岸 수로고시水路告
示 제2,094호[17])로 아래와 같이 독도에 해당되는「竹島」가 실려 있다.

> 「일본 혼슈(本州) 북서안北西岸 오키 열도(隱岐列島) 북서방
> 竹島(Liancourt rock)의 정 위치
> 기사 메이지(明治) 41년 남부의 측량에 의하면 오키 열도(隱岐列島) 북서 약
> 80해리海里에 있는 죽도(Liancourt rock) (두 섬 및 몇 개의 바위로 되어있다.)의 정위치는
> 아래와 같다.
> 위치 당해 두 섬 중의 동쪽 섬(여도女嶋)
> 북위北緯 37도 14분 18초. 동경 131도 52분 22초.」[18])

앞에서 이미 사사키나 후나스기는 울도군 조에 독도가 기록되어
있지 않다는 것을 근거로 하여, 석도가 독도가 아니라고 주장한다는
것을 소개한 바 있다. 그러면『한국수산지』2집보다도 2년 먼저 간행
된 1집에 위에서와 같이 竹島, 곧 리앙코－르도 열암(Liancourt rock)이 기
록되어 있다는 것은 무엇을 말하는가?

후나스기 리키노부는『한국수산지』의 이 기록에 대해서는 직접적
인 언급을 하지 않고 있으나,『조선수로지』에 기록되어 있는 것에 대
해서는 이렇게 언급하고 있다.

> 「한국측과 일본의 일부 연구자는, 현재의 竹島가『조선수로지』에 기재되어
> 있는 것을 가지고, 일본 정부가 현재의 竹島를 조선령으로 인식하고 있었다고
> 지적하고 있지만, 만약 그렇다고 한다면 나호도카 곶(串)까지 조선령이 되어 버
> 린다. 하지만 그러한 역사적 사실은 없다. 또 조선국의 동한東限은 울릉도로 하
> 고 있으며, 현재의 竹島는 속도가 아니라, 단독의 바위로 기록되어 있는 것이

---

17) 수로고시의 번호는 일본정부의 번호에 의한 것이다.
　　농상공부 수산국편 ㉠,『한국수산지(1)』, 서울 일한인쇄주식회사, 1908, 4쪽.
18) 농상공부 수산국편 ㉠, 앞의 책, 110~111쪽.

다. 이러한 것으로부터 수로부, 나아가서는 일본 정부는 竹島를 조선령이라고
는 인식하고 있지 않았던 것을 알 수 있다.」[19]

그러나 후나스기의 이와 같은 지적도 역시 허구에 지나지 않는다
고 할 수 있다. 그 이유는『조선수로지』에는 조선국의 동한, 곧 동쪽
끝을 울릉도로 한다는 기록은 찾아볼 수가 없기 때문이다. 또 후나스
기가 독도에 해당되는 리앙코-르도 열암이『한국수로지』에서 울릉
도의 속도로서가 아니라, 단독으로 기록되었다는 것[20]을 언급하면서
도, 위에서 제시한 것처럼『한국수산지』에 독도에 해당되는 竹島가
기재되어 있다는 것을 지적하지 않은 것도 그 저의가 의심스럽다고
하지 않을 수 없다.

필자는『한국수산지』에 독도가 실려 있다는 것은 당시에 대한제국
정부가 석도라고 불렀던 독도를 자국의 영토로 인정했다는 증거라고
생각한다. 특히 그들은 한국을 합병하기 이전에 서둘러서 4권으로
된, 이 책을 출판했다. 이것은 한국의 수산자원을 수탈하기 위한 자원
조사의 성격을 가졌었다는 사실을 말해준다.

그래서 당시에 한국 통감부 참여관이면서 농상공부農商工部 차관이
었던 기우찌 쥬시로(木内重四郞)가 쓴『한국수산지』1집의 서문을 살펴
보기로 하겠다.

　　「수산국 관리들로 하여금 두루 13도의 연안, 도서島嶼 및 하천河川을 돌아다
　니며 실상實相을 조사하고, 이사청理事廳 및 수산조합 소속의 기술원들과 협력

---

19) 船杉力修:「繪圖・地圖からみる竹島(Ⅱ)」,『竹島問題に關する調査研究-最終報
　　告書』, 松江 竹島問題研究會, 2007, 154~155쪽.
20) 일본 해군 수로부에서 만든『조선수로지』의 제4편 조선 동안東岸에는 리앙
　　코-르도 열암과 울릉도, 와이오다암 등 세 개의 도서가 기록되어 있는데,
　　와이오다암은 존재하지 않는다는 점을 고려하면, 후나스기처럼 단정을 내
　　릴 수는 없다고 하겠다.
　　水路部:『朝鮮水路誌(全)』, 東京 水路部, 1894, 255~258쪽.

보호를 받는 길이 없다면, 이러한 사업을 향해 자본을 투자하는 것은 대단히 위험하다는 것을 헤아려, 조선 정부에 청원하여 혼자서 어업권을 독점할 결심을 하였다."는 것이, 1904년 9월에 <리양코 섬 영토 편입과 대여원>을 내무·외무·농상무農商務 3대신에게 제출한 이유라는 것을 밝히고 있다.27)

이와 같은 이유에서 보는 것처럼, 그는 이상하게도 자기의 견해를 피력하지 않고 오쿠하라의 견해만을 인용하고 있을 뿐이다. 단지 "해도海圖에 의하면 동 섬은 조선의 판도에 속함으로써"라고 한 부분을 인용하여, 이런 인식 자체가 잘못되었다는 것을 은연중에 드러내려고 하였다.

4. 독도가 조선의 판도版圖에 속한다는 인식

지금까지 나카이 요사부로는 독도를 한국의 영토로 알고, 그에 대한 대여원貸與願을 한국 정부에 제출하려고 했던 것으로 알려져 있다. 이런 상정은 그가 1910년 오키도청(隱岐島廳)에 제출한 자신의 「이력서」와 그것에 딸린 「사업 경영 개요事業經營槪要」에 바탕을 둔 것이었다. 그래서 사업 개요의 이 부분에 대한 기록을 소개하기로 한다.

「① 본도本島가 울릉도에 부속하여 한국의 소령所領이 된다는 생각을 가지고, 장차 통감부統監府에 가서 할 바가 있지 않을까 하여 상경上京해서 여러 가지를 획책하던 중에, 당시에 수산국장인 마키 나오마사(牧朴眞)의 주의로 말미암아 반드시 한국령에 속하지 않는다는 의심이 생겨서, 그 조정을 위해 가지가지로 분주히 한 끝에, 당시에 수로국장인 기모쯔키(肝付) 장군의 단정에 의거해서 본도가 완전히 무소속인 것을 확인하게 되었다. (그에) 따라 경영상 필요한 이유

---

27) 佐佐木茂: 앞의 글, 59쪽.

를 자세히 진술(具陳)하여 본도를 우리나라(本邦) 영토에 편입하고 또 대여해 줄
것을 내무·외무·농상무의 3대신에게 출원하는 원서를 내무성에 제출하였다.
그랬더니 내무 당국자는 ② 이 시국(러·일 개전 중)에 즈음하여 한국령의 의심이
있는 작은 일개 불모의 암초를 손에 넣어 환시環視의 제 외국에게 우리나라가
한국 병탄倂呑의 야심이 있다는 것의 의심을 크게 하는 것은 이익이 지극히 작
은 데 반하여 사태가 결코 용이하지 않다고 하여, 어떻게 사정을 말하고 변명
(陳辯)을 해도 출원은 각하되려고 하였으나, 이래서 좌절해서는 안 되는 것으로
곧 외무성에 달려가 당시에 정무국장인 야마자 엔지로(山座圓二郎)에게 가서 논
하여 진술(論陳)한 바 있었다. 씨는 ③ 시국이야말로 그 영토 편입을 급하게 요
청(急要)한다고 하면서, 망루를 세우고 무선 혹은 해저전신을 설치하면 적함 감
시 상 대단히 그 형편이 좋아지지 않겠느냐, 특히 외교상 내무성과 같은 고려
를 요하지는 않는다. 모름지기 급히 원서를 본 성(本省)에 회부해야 한다고 의
기 헌양하였다. 이와 같이 하여 본도는 우리나라의 영토로 편입되었다.」28)

이것은 나카이 요사부로가 직접 작성한 것이다. 따라서 밑줄을 친
①에서 보는 것처럼, 당시에 나카이 자신은 독도가 울릉도에 속하는
한국의 영토라는 인식을 가지고 있었음이 분명하다.29) 그리고 이런

---

28)「本島ノ鬱陵島ヲ附屬シテ韓國ノ所領ナリト思ハルルヲ以テ將ニ統監府ニ就テ爲ス所
アラントシ上京シテ種種劃策中時ノ水産局長牧朴眞ノ注意ニ由リテ必ラズシモ韓國
領ニ屬セザルノ疑ヲ生ジ其調整ノ爲メ種種奔走ノ末時ノ水路部長肝付将軍斷定ニ
賴リテ本島ノ全ク無所屬ナルコトヲ確カメタリ依テ經營上必要ナル理由ヲ具陳シテ本
島ヲ本邦領土ニ編入シ且ツ貸付セラレンコトヲ內務外務農商務ノ三大臣に願テ願
書ヲ內務省ニ提出シタルニ內務當局者ハ此時局ニ際シ(日露開戰中)韓國領地ノ疑
アル蕞爾タル一箇不毛ノ暗礁ヲ收メテ環視ノ諸外國ニ我國ガ韓國併呑ノ野心アルコ
トノ疑ヲ大ナラシムルハ利益ノ極メテ小ナルニ反シテ事體決シテ容易ナラズトテ如何
ニ陳辯スルモ願出ハ將ニ却下セラレントシタリ斯クテ挫折スベキニアラザルヲ以テ直
ニ外務省ニ走リ時ノ政務局長山座圓二郎氏ニ就キ大ニ論陳スル所アリタリ氏ハ時
局ナレバコソ其領土編入ヲ急要トスルナリ望樓ヲ建築シ無線若クハ海底電信ヲ設置
セバ敵艦監視上極メテ屈竟ナラズヤ特ニ外交上內務ノ如キ顧慮ヲ要スルコトナシ須
ラク速カニ願書ヲ本省ニ回附セシムベシト意氣軒昂タリ此ノ如クニシテ本島ハ本邦領
土ニ編入セラレタリ」
   신용하,『독도영유권자료의 탐구』, 서울 독도연구보전협회, 1999, 262~263쪽.
29) 실제로 나카이는 1892년 한국의 전라도와 충청도 연해沿海를 탐험하면서,
   잠수기潛水器를 가지고 돌아다녔던 것으로 보아, 독도가 한국의 영토라고

인식은 메이지 정부에서 태정관 문서에도 그대로 반영되어 있다는 점을 고려하면, 당시의 일반 일본 사람들은 거의 대부분이 독도가 한국의 영토라고 믿었다는 것을 말해준다.

바로 이런 사실을 입증하는 것이 밑줄을 그은 ②에서와 같은 내무성 당국자의 인식이었다. 당시에 내무성 당국자가 이와 같은 인식을 표방한 것은 이미 그 전에 이 섬에 대한 정확한 지식을 가지고 있었기 때문이었을 것이다. 곧 내무성은 시마네현(島根縣)으로부터 「일본해日本海 내의 죽도竹島 외 한 섬(一島)의 지적 편찬에 관한 질의」를 받아서, 1877년에 이것을 태정관의 우대신右大臣이었던 이와쿠라 도모미(岩倉具視)에게 문의하였었고,30) 이 문의에 대한 회답으로 "문의한 죽도 외 한 섬 건에 대하여 우리나라와는 관계가 없다는 것을 주지할 것"31) 이라는 지령문을 받아서 시마네현에 통보한 적이 있다는 것을 상기할 필요가 있다.

당시에 일반 일본 사람들이 이처럼 독도를 한국의 영토로 인식하고 있었음에도 불구하고, 독도를 강탈하려고 <영토 편입과 대여원>을 제출하라고 사주한 것은 외무성의 정무국장인 야마자 엔지로(山座圓二郎)였다. 밑줄 친 ③에서와 같은 그의 말은 일본의 속내(本音)를 그대로 드러낸 것이었다. 다시 말해 러일전쟁을 수행하는 과정에서 독도의 전략상의 가치를 인정하고 그것을 강탈했다는 사실을 증명한다고 하겠다.

독도가 전략적으로 중요한 가치를 가지고 있는 섬이라는 사실은 러일 전쟁의 결말을 보면 잘 알 수가 있다. 러시아의 제2 태평양 함대

믿었던 것은 당연할지도 모른다.
奧原碧雲, 「竹島經營者中井養三郎立志傳」, 『竹島問題に關する調査研究－最終報告書』, 松江, 竹島問題硏究會, 2007, 72쪽.
30) 송병기 편, 『독도영유권자료선』, 춘천 한림대출판부, 2004, 136~144쪽.
31) 송병기 편, 앞의 책, 155쪽.

사령관 로제스트벤스키(Rozhdestvensky) 중장中將이 의식을 잃은 채 포로
로 잡힌 곳이 울릉도 부근이고, 그를 대신해서 함대의 지휘권을 장악
한 네보가토프(Nebogatov) 소장少將이 모든 주력 잔함殘艦을 이끌고 일본
에 투항한 곳이 바로 독도 동남방 18마일 지점이었다는 사실32)은 독
도가 러일 전쟁의 수행 과정에서 전략상으로 어느 정도의 가치를 가
지고 있었던가를 말해주는 증거가 아닐 수 없다.

　그러나 만약에 이러한 사실을 그대로 인정한다면, 일본의 독도에
대한 영유권 주장은 새빨간 거짓말에 불과하다는 것을 스스로 인정하
는 꼴이 되고 만다. 특히 다케시마 문제 연구회란 것을 만들어 영토
의 강탈에 정당성을 부여하려는 음모를 꾸미고 있는 시마네현으로서
는 도저히 이것을 수긍할 수 없었을지도 모른다. 아니나 다를까, 그래
서 그들은 오쿠하라 히데오(奧原秀夫)가 소장하고 있던 오쿠하라 헤기
운(奧原碧雲)이 나카이로부터 들은 것을 적었다고 하는 『입지전』에서,
나카이가 독도를 한국의 영토로 생각했었다는 것을 뒤집을 수 있는
문구를 찾아낸 것처럼 온갖 수선을 다 피우고 있다.

　이 문제에 대해 사사키 시게루(佐佐木茂)는 아래와 같은 견해를 피력
하고 있다.

　　「나카이 요사부로가 "동 섬은 조선의 판도에 속한다."고 인식했던 것에 관해
　서는, 『竹島 및 울릉도』(리양코 섬을 가지고 조선의 영토로 믿어)와 『사업 경영 개요事
　業經營槪要』(본 섬이 울릉도에 부속하여 한국의 영토가 된다고 생각하는 것)에도 진술되어
　있으나, 이 『입지전』에는 "해도海圖에 의하면"이라고 기록되어 있어, 당시의 해
　도에 의해 비로소 그런 인식에 이르렀다는 사실을 알 수가 있다. 이 해도는 『조
　선 전안』이라고 생각되고 있는데, 후나스기(船杉) 위원에 의하면 "수로지水路誌,
　해도의 작성 목적은 '조선의 범위를 나타내는 것이 아니라, 항행航行의 안전 확
　보'의 때문이다. 실제로 『조선수로지』에는 리앙코ー르트 열암列岩 부근에서는,

---

32) 최문형, 「로일전쟁과 일본의 독도 점취」, 『역사학보(188)』, 서울 역사학회,
　　2005, 251쪽.

일본해日本海(동해를 가리킴: 인용자 주)를 통해서 하코다데(函館)로 향하는 배가 항해하는 항로에 해당하여 위험하다는 기록이 있다. 만약에 조선국이라고 한다면, 같은 『조선수로지』의 일본해 항목에 해당하는 연해주 부근의 〈와이오다 암〉도 조선령이 된다. 또 해도(『조선 전안』)에 기재된, 일본과 중국까지도 조선령이라고 하는 것이 된다."고 지적하면서, 당시의 해도와 수로지에 관해서, 아래와 같이 정리하고 있다.

- 〈일본 혼슈(本州) 규슈(九州) 시코쿠(四國)〉 (해상보안청 소장)
  메이지 24년(1891) 간행
  메이지 3~23년 측량
  해군 측량, 영불로미(英佛露米)의 측량, 이노도를 근거로 하다.
  섬의 기재 울릉도(송도(松島))
  리앙코-르도 열암: 현재 竹島
  → 소속 불명, 국경을 표시하지 않았다.
- 『조선 전안朝鮮全岸』
  메이지 29년(1896) 간행
  메이지 7~25년 측량
  해군 측량, 노영露英의 측량을 근거로 하다.
  섬의 기재 울릉도(송도)
  리앙코-르도 열암: 현재의 竹島
- 『조선수로지朝鮮水路誌』
  메이지 27년(1894) 간행
  메이지 7~25년 측량
  메이지 13년(1880) 미우라 쮜고(三浦重郷) 실험기, 영국 수로부 발행(1894)
  지나해수로지(支那海水路誌)를 근거로 하다: 조선 동안東岸
  조선국의 범위(동한東限): 동경東經 130도 35분 → 울릉도의 동한.
  도서, 암초의 기재(일본해)
  리앙코-르도 열암: 현재의 죽도 → 울릉도의 속도가 아니라 단독으로 기재.
  일본해, 하코다데 행의 항로가 됨, 이 부근은 위험하다고 기재.
  울릉도(송도)
  와이오다섬: 러시아·나호토카 곶(冲), 존재하지 않음.
- 해도·수로지의 목적
  항행의 안전 보장을 위해
  조선령의 범위를 표시하는 것은 아니다.

더욱이 조선령의 범위(동쪽 한계)를 울릉도로 하고 있다.
竹島를 울릉도의 속도가 아니라, 단독으로 기재하고 있다.
→ 수로부, 나아가서 일본 정부는 죽도를 조선령으로 인식하지 않았다는 것을 알 수 있다.
→ 일본 정부가 조선령이라고 알면서, 강제적으로 시마네현에 편입한 것은 아니다.

이상의 해도·수로지에 관한 후나스기(船杉) 위원의 조사·검토의 결과, 나카이 요사부로는 『조선 전안』을 보고, 오해했던 것이라고 생각된다. 또 당시의 수로부와 일본 정부도 竹島를 조선령이라고 인식하고 있지 않았다는 것을 의미하고 있다고 생각된다.」[33]

사사키의 이와 같은 주장도 대한제국 칙령 제41호에 나오는 석도에 대한 해석과 마찬가지로, 후나스기 리키노부의 견해에 의지한 것이었다. 그러므로 후나스기의 견해는 다케시마 문제 연구회의 연구에 이론적 기틀을 제공했다고 할 수 있을 정도로 큰 비중을 차지했다고 하겠다.

실제로 후나스기는 해도 문제에 대해, "나카이 요사부로는 이 해도를 보고 당시 조선령으로 인식했다고 보인다. 단지 해도에는, 국경선은 기록되지 않았고, 쓰시마(對馬), 이키(壹岐), 히젠(肥前), 나가토(長門), 이와미(石見) 등, 우리의 규슈(九州), 쥬고쿠(中國) 지방의 연안, 섬도 상세하게 그려져 있다. 따라서 해도 『조선 전안』에 수록된 범위가 조선령이라고 하는 근거로는 되지 않는다."[34]라고 하였다.

그러나 이러한 후나스기의 주장은 자기가 전공한 역사지리학을 이용하여, 독도 강탈의 정당성을 강조하기 위한 억지에 불과하다고 할 수 있다. 왜냐하면 울릉도(송도)의 동쪽에 있는 독도(리앙코-르도 열암)를 표시하기 위해 지도의 범위를 동쪽으로 더 넓힌 것과, 이렇게 하여

33) 佐佐木茂, 앞의 글, 59~60쪽.
34) 船杉力修, 앞의 글, 154쪽.

이와 같은 관습에 관한 기록은 일본에만 남아있는 것이 아니라, 한국에도 남아있다. 광해군光海君 7년(1617)에 통신사로 일본에 건너갔던 이경직李景稷이 쓴 『부상록扶桑錄』의 10월 5일 병인丙寅조에도 이것과 비슷한 내용이 기재되어 있다.

> 「이어 요시나리(義成)에게 쓰시마의 쇄환刷還에 대한 일을 어제 말한 대로 하였다. 그랬더니 시라베(調興)가 잇달아 쓰시마는 여러 대를 나라의 은택恩澤을 받아서 감히 잊지 못한다는 뜻을 말하고 인해서,
> "전일 소인이 후시미(伏見: 교토(京都)의 남부에 위치한 곳으로 도요토미 히데요시(豊臣秀吉)가 후시미 성(伏見城)을 쌓았고, 에도 시대(江戸時代)에는 막부의 직할지이었다.)에 있을 때에 집정관인 오이(大炊)가 묻기를 '쓰시마는 본시 조선이라… 하는데 그런가?'라고 물었습니다. 그래서 소인이 '도로의 원근으로 말한다면 쓰시마가 일본과는 멀지마는 조선과는 다만 바다 하나가 끼었을 뿐으로, 반나절이면 왔다갔다 할 수 있습니다.'라고 대답했습니다. 그랬더니 오이가 '너네 섬은 반드시 조선 지방이니 마땅히 조선 일에 힘을 써야 할 것이다.'라고 하였습니다."라고 말했습니다.」[44]

이러한 기록을 통해서 조선과 일본 사이에는 섬의 소속을 둘러싼 관습이 존재했었다는 것을 알 수 있다. 그리고 이런 관습 때문에 당시 해군의 수로부장이었던 기모쯔키 가네유키(肝付兼行)가 거리의 원근을 말했을 가능성이 높다. 그런데 기모쯔키는 본토로부터의 거리만을 언급하고 있다. 그 당시 한국의 영토로 인정했던 울릉도로부터 독도에 대한 거리를 따지는 경우에는 당연히 한국의 땅이라는 결론에 이르렀을 것이다. 그러므로 그는 본토에서의 거리를 가지고 일본이 10해리 정도 가깝다는 이유를 내세워 일본 영토로의 편입에 정당성을 부여하려고 하였다. 따라서 수로부장이란 직책에 있으면서 이런 관습을 몰랐을 리 없는 기모쯔키가 이와 같은 거짓말을 했다는 것은 영토 강탈의 야심이 존재했었다는 것을 말해준다고 보지 않을 수 없다.

---

44) 이경직, 「부상록」, 『국역해행총재(III)』, 서울 민족문화추진회, 1975, 129~130쪽.

그리고 ②에서와 같이 독도의 경영에 조선 사람이 종사하지 않았는데 반해 일본 사람은 종사했다고 하는 주장도, 나카이가 그곳에서의 강치잡이를 하려고 한다는 것을 고려한 억지라고 해도 좋을 것이다. 왜냐하면 『입지전』에 "해도에 의하면, 동 섬은 조선의 판도版圖[45]에 속함으로서, 일단 외인外人의 내습來襲을 만나는 것도, 이것이 보호를 받는 길이 없음으로, 이러한 사업을 향해 자본은 투자하는 것은 대단히 위험하게 된다는 것을 살피어"[46]라는 기록이 있다. 이 기록에서 "외인의 내습" 운운한 것은 한국 사람을 염두에 둔 표현이었으므로, 독도에서 한국 사람들을 만나지 않고는 이런 표현을 사용할 까닭이 없었다고 생각되기 때문이다.

다음으로 수로국장인 기모쯔키가 독도에 대한 영토 편입의 당위성을 지적했음에도 불구하고, (라)에서 보는 것처럼 내무성 지방국에서는 "목하目下 러일 전쟁 개전 중임으로 외교상 영토 편입은 그 시기가 아니어서, 원서는 지방청으로 각하해야 한다는 취지를 통보했다."[47]는 것으로 되어 있다. 하지만 이때에 청원을 각하한 이유가 단순히 러일 전쟁 개전 중만은 아니었다. 같은 『입지전』에 내무성의 청원 각하 통보를 받은 나카이는 "바야흐로 장차 유망한 사업을 눈앞에 두고, 소속 불명 때문에 뻔히 보면서 경영의 시기를 놓치고, 더군다나 남획이 수년에 걸치면 동 업의 전도는 대단히 한심할 수밖에 없다는 것을 생각했다."[48]고 적고 있다. 이 표현에는 "소속 불명 때문에"라고 하여, 내무성에서 이 섬이 임자 없는 땅이 아니었음을 지적했다는 것을 증명하고 있다.

여기에서 내무성 지방국 담당자가 왜 이런 인식을 가지게 되었을

---

45) 원문에는 叛圖로 되어 있으나, 탈초문에서 版圖로 읽었다는 것을 밝혀둔다.
46) 奧原碧雲, 앞의 글, 73쪽.
47) 奧原碧雲, 앞의 글, 74쪽.
48) 奧原碧雲, 앞의 글, 74쪽.

까 하는 것을 생각해볼 필요가 있다. 앞에서도 지적한 것처럼, 내무성
은 시마네현으로부터 일본해 내의 죽도 외 한 섬(一島)의 지적 편찬에
관한 질의를 받아서, 1877년 태정관의 우대신右大臣 이와쿠라 도모미
(岩倉具視)에게 문의하였다. 그리하여 이 문의에 대한 회답으로 "문의
한 죽도 외 한 섬 건에 대하여 우리나라와는 관계가 없다는 것을 주
지할 것"이라는 지령문을 받아 시마네현에 통보한 적이 있었다.

그러므로 내무성에서 나카이의 청원을 기각한 것은 이때에 독도가
한국의 영토라는 인식을 가지게 되었고, 이런 인식에 입각해서 러일
전쟁 중에 그것을 강탈하는 것은 국제 여론으로 보아도 좋지 않을 것
이라는 우려에서 나온 결단이었음을 알 수 있다. 그러므로 내무성의
판단은 『사업 경영 개요』에서 나카이가 언급하고 있는 것과 같이 "이
시국에 즈음하여 한국령의 의심이 있는 작은 일개 불모의 암초를 손
에 넣어 환시의 제 외국에게 우리나라가 한국 병탄의 야심이 있다는
것의 의심을 크게 하는 것은 이익이 작은 데 반하여 사태가 결코 용
이하지 않다."는 것이었다고 보아야 한다.

만약에 내무성의 판단이 위와 같았다고 한다면, 그 후에 벌어진 일
본의 독도 강탈은 한국 병탄의 첫걸음이었다고 보아도 크게 틀리지
않을 것이다. 그런데도 사사키가 "竹島의 영토 편입이 1910년의 한국
합병에 이르는 과정 중에 행해진 침략의 제1보라고 하는 것은 곤란하
다고 하지 않을 수 없다."고 한 것은 위에서 살펴본 정황들을 무시한
궤변에 지나지 않는다고 하지 않을 수 없다.

6. 맺음말

이제까지 다케시마 문제 연구회의 최종 보고서에서 메이지 시대의

자료들을 검토한 사사키 시게루의 연구와 여기에 이론적 근거를 제공한 후나스기 리키노부의 연구를 살펴보았다. 특히 이 과정에서 무슨 새로운 발견이라고 한 듯이 법석을 피우고 있는 오쿠하라 헤키운이 1906년에 직접 나카이 요사부로로부터 들은 것을 기록했다고 하는『竹島 경영자 나카이 요사부로씨 입지전』이란 글에 들어있는 몇 구절에 대한 해석 문제를 중점적으로 검토하였다. 이 고찰을 통해서 이루어진 성과를 간단하게 요약한다면 아래와 같다.

첫째 그들은 대한제국 칙령 제41호에서 울도 군수가 관할하는 것으로 선언한 석도가 독도가 아니라 관음도라는 주장을 하면서, 그 근거로『한국수산지』2집의 울도군 조에 적힌 서정도가 석도라는 주장을 하였다. 그러나 이런 주장을 뒷받침하기 위해서는 1900년에 석도라고 불렀던 것을 1910년에 왜 서정도라고 개칭하였으며, 이처럼 섬 이름을 개칭한 이유가 무엇인가를 밝혀야 한다는 것을 지적하였다. 이런 이유를 밝히지 않고, 석도가 관음도라고 우기는 것은 독도를 임자가 없는 땅이었기 때문에 자기네 땅으로 편입하였다는 거짓말을 정당화하려는 얄팍한 꾀에 지나지 않는다는 것을 지적하였다.

그리고 후나스기는『한국수산지』2집에 실린 울릉도는 지적하면서도『한국수산지』1집에 실린 독도에 해당되는 죽도 기사에 대해서는 한 마디 언급도 하지 않은 것은 어떤 저의가 있는 것으로 보았다. 게다가 이 책에서는 당시 한국 통감부 참여관이면서 농상공부 차관이었던 기우찌 쥬지로(木內重四郎)의 서문을 바탕으로 해서, 그가 조선의 영토로 인정했다는 것은 당시의 대한제국 정부도 그렇게 간주했다는 추정을 하였다.

둘째 나카이 요사부로가 독도를 조선의 판도로 인식했다는 것은 그 자신이 1910년에 작성하여 오키도청(隱岐島廳)에 제출한「사업 경영 개요」에 근거를 둔 것으로, 이 문제는 일본이 한국의 영토인 독도를 강탈했음을 말해주는 명확한 증거였다고 할 수 있다. 그 때문에 그들은 이런 논리를 뒤집을 수 있는 자료를 찾는데 혈안이 되어 왔었다. 그러다가 이번에 오쿠하라 히데오의 집에 소장되어 있던 『입지전』안에서 "해도에 의하면 동 섬은 조선의 판도에 속함으로써"라는 문구를 찾아내었다. 그리하여 해도에 독도가 실렸다고 해서 이것이 한국의 영토라는 것을 말해주는 것이 아니라는 주장을 하기에 이르렀다.

그렇지만 독도를 지도에 넣기 위해서 동쪽으로 그 범위를 넓힌 것과 이렇게 넓힌 곳에 그려진 일본의 영토와는 구분되어야 한다. 또 독도가 한국의 영토가 아니란 사실을 입증하기 위해서, 『조선수로지』에 기록된 동쪽의 한계를 동경東經 130도 35분으로 보고, 울릉도가 이에 해당된다고 주장한 것은 이런 기록이 없다는 사실을 밝혔다. 곧 『조선수로지』 울릉도 조에는 그 중심 경도가 동경 130도 53분이라고 적혀 있을 뿐, 이것이 동쪽 끝에 해당된다는 기술이 없다. 그런데도 후나스기가 울릉도를 조선의 동단으로 했다고 한 주장은 새로운 자료의 조작에 불과하다는 사실을 구명했다.

셋째 기모쯔키 가네유키가 독도가 한국보다 일본에 더 가깝다고 하면서 나카이에게 영토 편입을 사주한 것은 독도를 강탈하기 위한 거짓말이었다. 기모쯔키는 한국과 일본 사이에는 섬이 어느 나라에 더 가까운가 하는 것을 가지고, 가까운 쪽에 그 소유를 인정하던 관습이 있었다는 것을 알고 있었다. 그래서 그는 육지로부터의 거리를 가지고 독도가 일본에 10해리 더 가깝다는 거짓말을 하여, 독도 강탈의 정당성을 확보하려고 하였다. 이것은 당시에 해전海戰을 수행하던 일본으로서 독도의 전략적 가치를 알고 있었기 때문에, 그 강탈을 위해 허위 정보를 제공한 것이었다고 볼 수 있다.

넷째 『입지전』에는 해군의 수로국장인 기모쯔키가 독도에 대한 영토 편입의 당위성을 주장했음에도 불구하고, 내무성의 지방국 담당자는 러일 전쟁 중에 영토의 편입은 외교상 그 시기가 아니라는 이유로 나카이가 제출한 영토 편입과 대여원을 기각시킨 것으로 되어 있다. 하지만 같은 『입지전』으로부터 (독도의) 소속 불명 때문에 청원이 기각되었다는 사실을 확인할 수 있다.

이것은 당시의 내무성이 시마네현의 지적 편찬에 관한 질의를 받아 태정관에게 문의를 했었고, 이 문의의 회답으로 竹島 외 한 섬은 자기네와 관계가 없다는 지령문을 받은 사실이 있었기 때문에 나온 결론이었을 것이다. 이처럼 당시의 일본 관리들까지 그 편입의 부당성을 주장하였는데도, 그들이 독도를 자기들 영토에 편입하였다는 것은 남의 나라 영토를 강탈했음을 말해준다고 보았다.

이상과 같은 고찰을 통해서, 사사키 시게루나 후나스기 리키노부와 같은 다케시마 문제 연구회의 멤버들이 그들의 독도 강탈에 정당성을 부여하려고 거짓말을 하고 있다는 사실을 구명하였다. 그리고 이 과정에서 그들은 지금도 자료를 자기들 구미에 맞게 해석하여 사실을 끊임없이 왜곡하고 있다는 사실도 아울러 해명하였음을 밝혀둔다.

(본고에서는 일제강점기 이전의 대한제국은 한국이라고 표기하였고, 일본사람들이 조선이라고 기록한 것은 그대로 조선이라고 표기했다는 것을 밝혀둔다.)

1) 「사업경영개요」(1910~1911)[27])에서 보는
해군수로부의 견해

「본도(독도-필자주)는 울릉도에 부속하는 한국영토라고 생각하여 통감부[28])가 담당할 것이라고 판단하여 도쿄에 상경하여 여러 가지 획책을 도모하는 과정에서 수산국장 牧朴眞이 반드시 한국영토가 아닐 수도 있다는 말을 듣고 그것을 분명히 하기 위해 노력 끝에 당시 수로부장 肝付 장군의 단정에 의해 이 섬이 무소속임을 명확히 했다. 따라서 경영상 필요한 이유를 진술하여 이 섬을 일본영토에 편입하여 대부해줄 것을 내무, 외무, 농상무대신에게 출원하는 서류를 내무성에 제출했다. 내무성 당국자는 당시 러일전쟁 중인 시국에 한국 영지로서 의심이 가는 작은 일개 불모의 암초를 취하여 사방에서 보고 있는 여러 외국이 일본이 한국을 병탄한다고 많은 의심을 갖게 하는 것은 일본의 이익을 최악의 상태로 몰아넣는 것이 된다. 영토편입이 결코 쉽지 않다는 생각이 들어서 여러 가지로 설명을 했지만 출원이 기각되었다.」[29])

이 부분은 中井가 출원서를 내기로 결심한 이후부터 기각되었을 때까지의 경과이다. 우선 독도를 울릉도의 부속 섬으로 생각했다는 점이다. 울릉도가 조선영토로서 세상에 알려져 있었던 반면, 독도는 일본에 알려지지 않은 섬으로서 해도에 울릉도와 같이 그려져 있었으므로 조선의 울릉도에 부속된 조선영토로 인식했다는 것이다. 또한

27) 竹島漁獵合資會社文書綴,『行政諸官廳往復雜書類　從明治38年』에 포함되어 있는 내용임.「최종보고서」, 65쪽.
28) 통감부는 1906년 2월에 서울에 설치되었으므로 1905년 이전에 통감부 운운은 中井의 착오라고 볼 수 있는데, 하지만 통감부와 유사한 역할을 담당하여 한국정부에 영향력을 행사할 수 있었던 기관은 서울 주재 일본대사관 정도로 생각하면 될 것이다.
29) 「최종보고서」, 66쪽.

내무성에서도 '조선영토로 생각되는데 「무인도」라고 사실을 왜곡하여 일본영토에 편입할 수 없다'는 인식을 갖고 있었다.

여기서 中井는 '수산국장이 무소속일 수도 있다는 언급과, 수로국장이 무소속이라고 주장한 것으로 독도가 무소속이라고 생각하게 되었다'고 기술하고 있다. 여기서 중요한 것은 「통감부가 담당할 것이라고 판단하여 도쿄에 상경하여 여러 가지 '획책'을 도모하는 과정에서」라고 하는 언급이다. 단순히 객관적으로 무인도라는 인식이 아니고, 「획책」을 도모하는 과정에서 무인도라고 주장하게 되었다는 것이다. 사실 독도가 무인도라고 주장하는 근거는 독도가 한국본토에서보다 일본본토에서 10리가 더 가깝다는 것이 이유이다. 울릉도가 조선영토라면 울릉도에서 독도간의 거리를 무시하면 안 된다. 中井의 진술처럼 「획책」에 의한 무주지 주장임을 알 수 있다.

그 다음으로는 中井가 영토 편입원을 실제로 제출하게 된 경위에 대해 기술하고 있다.

「결코 좌절할 수 없다는 생각에 바로 외무성에 가서 당시 정무국장 야마좌 엔지로에게 강력히 호소했다. 야마좌는 이런 시국이기 때문에 영토편입이 긴요하다. 망루를 세우고 무선 또는 해저 전신을 설치하면 적함 감시상으로 매우 유익하다. 특히 외교상 내무처럼 우려할 일이 아니다. 신속히 외무성으로 원서를 접수할 것을 요구했다. 이렇게 하여 이 섬을 일본영토에 편입하게 되었다.」라는 것이다.[30]

이상의 진술로 보면 일본이 독도를 편입한 것은 무주지였기 때문에 편입한 것도 아니고, 일본영토였기 때문에 편입한 것도 아니다. 일본의 독도영토편입은 러일전쟁 중에 망루를 세워서 해저전선을 설치하여 적 함대를 감시하는데 유리하다고 판단되어 외무성이 中井의 영토편입원을 명분으로 무주지 선점론을 동원하여 일방적으로 편입 조

---

30) 「최종보고서」, 66쪽.

치한 것이다. 농상무대신과 내무성이 적극적으로 동조한 것이 아니고 외무성의 요구에 의해 편의상 명의를 빌려준 것에 불과하다. 당시 오키도 어부 中井를 비롯해서 일본의 내무성, 해군수로부 조차 독도를 조선영토로 인식하고 있었던 것이다. 그럼에도 불구하고 조선에 대해 영토편입 사실을 은폐하여 편입 조치를 취한 것은 외무성이 군사전략상 필요에 의해 독도를 침략한 행위로서 절대로 정당화될 수 없는 조치였던 것이다.

2) 塚本의 해군수로부장 주장의 합리성에 대한 변명

이 자료에는 中井의 「죽도경영개요」에 없는 「이 섬의 소속에 대한 확고한 증거가 없고 특히 한일양국에서 거리를 측정하면 일본 쪽이 10리가 더 가깝다(이즈모국 多古鼻에서 108리, 조선국 릿드네루갑에서 118리). 더불어 조선인이 이 섬을 경영한 흔적이 없다. 이에 반해 일본인은 이미 이 섬의 경영에 종사하고 있기 때문에 당연히 일본영토에 편입해야한다」라고 해군수로부장이 中井에게 말한 내용을 기술하고 있다. 여기서 중요한 것은 中井의 「죽도경영개요」에서 기술하고 있는 「통감부가 담당할 것이라고 판단하여 도쿄에 상경하여 여러 가지 획책을 도모하는 과정」에서 생긴 일이라는 것을 무시하고 있다. 독점경영을 의도하고 있었던 中井에게 대여원을 내면 무주지 선점으로 영토에 편입하여 대여해주겠다는 中井는 내용이므로 한국영토보다는 무주지가 되어 자신이 독점경영을 할 수 있게 된다면 무주지가 좋겠다고 생각했던 것이다. 따라서 근본적으로 독도가 무주지라고 생각한 것은 아니었다. 塚本는 사료를 최대한 객관적으로 해석하려고 노력하지 않고 '당시 독도가 한국영토가 아니고 무인도였다'는 자신의 의도를 관철하기 위해 유리한 자료만 취사선택하여 사실관계를 왜곡하고 있다.

이를 위해 塚本는 中井의 독도인식을 검토하면서 당사자인 中井의 진술을 무시하고 제3자인 奧原의 진술을 우선시하고 있다.[31]

해군수로부장이 독도가 무인도라고 주장하는 논리에도 모순점을 안고 있다. ①조선조정의 고문헌기록에 의하면, 조선조정에서 독도를 조선영토의 일부로 인식하고 있었다는 사실을 전혀 알지 못하고, 독도가 소속 미정이라는 단정한 것은 주관적인 주장이다. ②조선의 영토인 울릉도와의 거리를 무시하고 본토와의 거리만으로 따져서 일본이 더 가까우니까 일본영토가 되어야한다는 것은 논리의 모순이다.[32] ③조선인이 독도를 경영한 흔적이 없고 일본인들이 독도를 경영했다는 주장도 문제이다. 독도는 작은 암초에 불과하여 경영자체가 불가능한 곳이다. 당시는 독도가 내지와 외지를 경계하는 조선영토 최동단의 경계라는 상징적인 가치 이외에는 존재하지 않았다. 따라서 실효적 지배라고 한다면 조정의 고문헌에 조선영토로서 인식하고 있었다는 기록만으로도 충분하다. 일본이 당시 강치 조업을 했다고 해서 이를 독도경영으로 해석하는 것은 논리의 비약이다. 中井의 강치조업은 조선영토 독도의 강치를 약탈해간 침략적인 행위로 해석하는 것이 적절할 것이다. 따라서 이는 제국주의의 독도침탈에 해당하는 행위이지 독도의 실효적 지배와 무관하다.

또한 「죽도경영자 中井養三郞氏입지전』에서는 中井가 영토편입 및 대여를 내무성과 외무성, 농상무대신에 제출했다는 주장은 사실이 아니다. 中井의 진술처럼, 내무성에서 기각되어 외무성에만 제출했던 것이다. 그럼에도 불구하고, 塚本는 제3자의 진술을 본인의 진술보다 중하시는 경향이 있다. 또한 塚本는 수로부장이 무인도라고 주장한 점에 대해서는 「사실에 입각한 정론」이라고 단정하여 일본이 독도를

---

31) 「竹島經營者中井養三朗氏立志傳』, 「최종보고서」, 66쪽.
32) 실제로 조선 죽변에서 216.8km, 울릉도에서 독도는 87.4km, 독도에서 오키도는 157.5km이다.

었다. 그래서 中井는 귀향하여 내무성 지방국에 영토편입과 대여원을 제출했는데, 시국 상(러일전쟁 중)으로 시기가 적절하지 않다고 하여 내무성의 하달로 인해 기각 당했다. 다시 동향의 수산국장 牧씨를 찾아가 상담했으나, 외교상의 문제라고해서 도움을 받지 못했다. 이러한 상황을 보더라도 한국영토라는 中井의 생각이 변한 것이라고 할 수 없다. 그래서 낙담하고 있는 상황에 동향출신의 귀족원 의원 桑田를 만났고, 그의 소개로 외무성 정무국장 山座를 만나서 지세상으로 10리가 가깝고, 일본이 죽도에서 강치조업을 행한 역사적 경위도 있다고 설득했다. 山座는 러일전쟁 중이라서 오히려 시국적으로 영토편입 조치에 적절한 시기라고 판단된다고 하여 영토편입원을 제출하도록 했고, 외무성의 설득으로 적극적으로 반대해왔던 내무성도 일단 묵인했고, 그다지 적극적이지는 않았지만 반대 입장을 취하지 않았던 농수산성이 동의하는 형식으로 각의를 거쳐서 1905년 2월 22일 시마네현 고시40호로 「죽도」라는 이름으로 일본영토에 편입조치하기로 결정했던 것이다. 이렇게 볼 때 각의결정이라고 하지만, 사실은 대륙침략의 선봉대 역할을 했던 현양사의 회원이었던 외무성의 山座 정무국장의 주장에 의한 것이라고 할 수 있겠다.

외무성 山座의 주장대로 1905년 여름 동해가 「일본해전」 전장이 되었을 때 독도에 망루를 건설했고, 가을에 해저 전신케이블을 부설했다.[34]

역사적 기록에 의하면, 울릉도 사람들은 고대부터 고려시대에 걸쳐서 울릉도에 거주하면서 울릉도에서 날씨가 청명한 날에 보이는 거리에 있는 독도의 존재를 알고 있었고, 조선시대에 들어와서 왜구와 여진족의 행패로 인한 도민을 보호하고 울릉도를 관리하는 차원에서 정책적으로 섬을 비웠지만, 조선조정에서는 고대시대부터 고려시대까

---

34) 「최종보고서」, 67쪽.

지을 인식을 바탕으로 그 연장선상에서 동해에 울릉도와 또 다른 섬 우산도가 존재하고 이 섬이 조선영역임에 속한다고 인식하고 있었다. 다만 우산도는 조선시대에 섬을 비우고 난 후 울릉도에서 상시적으로 볼 수 있는 섬이 아니었기에 쉽게 그 존재를 항상 확인할 수 있는 곳은 아니었다. 한때 최동단의 영토로서 이 섬을 찾으려고 노력한 적이 있었지만, 쉽게 확인되지 않았다. 그러나 1692년 이후 안용복사건을 계기로 울릉도와 독도의 위치를 명확히 하여 조선의 영역임을 재차 확인했고, 일본에 대해서도 사람이 거주하는 울릉도에 일본인들의 도항금지를 막부로부터 확답 받았다. 조선조정에서는 울릉도와 독도를 조선영역으로 생각하고 있었다. 다만 독도는 사람이 거주하지 않는 섬이고, 분쟁이 일어날 정도로 가치가 큰 섬이 아니었기 때문에 양국 간의 분쟁 대상의 섬이 아니었다. 막부에서도 독도가 일본영토라는 인식한 적은 한번도 없었다. 그러나 조선에서는 조선조정은 물론이고, 안용복, 그리고 사료에 의하면 1693년 鳥取藩에서 조차도 독도를 조선영토로 인식하고 있었다는 점이다.[35] 이는 1693년-1696년의 울릉도 소속을 둘러싼 영유권 사건 이후의 인식이다. 다시 몇 세대가 지나고 이러한 인식이 흐려져 갔을 때 울릉도와 독도의 존재를 확인할 기회가 없이 19세기 말 한일양국 간에 문호가 개방되었다. 재차 양국 간에 동해 도서에 대해 영유권 문제가 발생하게 되었을 때 울릉도에 대해서는 일본이 한국영토임을 인정한 명확한 사실이 문헌에 기록되어 있었지만, 독도에 대해서는 당시로서 독도의 존재를 기록할 만큼 가치 있는 섬이 아니었기에 그 기록이 없었다.

　기록에 의하면, 일본어부들은 안용복사건을 계기로 울릉도도항이 금지되자, 이에 불만을 품은 돗토리번의 어부들 중에는 독도가 자신의 영토라고 주장하는 사람도 있었다. 이 지역이 변경지역이었으므로

---

35) 內藤正中・金柄烈, 『史的検証竹島・獨島』岩波書店, 2007, 40~41쪽.

영유권을 둘러싼 인식상의 논쟁은 충분히 있을 수 있다. 이러한 민간인의 인식이 곧 바로 국가가 주관하는 영토로서 인정되지는 않는다.

한편 조선에서는 근대에 들어와서 조선조정이 일본인들의 울릉도 침입을 우려하여 1882년 울릉도 개척령과 더불어 이주사업을 실시했고, 1900년에는 울도군의 관할지로서 울릉전도와 죽도, 석도에 대해 조선의 영역임을 분명히 했다. 울릉전도와 죽도는 실질적인 경제적 가치를 갖는 차원의 문제이고, 독도는 한일 양국의 경계를 분명히 한다고 하는 상징적인 가치를 갖는 섬으로서 편입의 대상이 되었던 것이다.[36]

4) 塚本의 논리조작

塚本는 죽도문제연구회의 『최종보고서』에서 독도는 한국영토가 될 수 없다는 것을 전제로 明治정부가 국제법의 '무주지 선점론'으로 죽도를 편입한 것은 정당하다고 왜곡된 논리를 조작해내고 있다.

塚本는 「외무성 견해는 전체적으로 보면, 오로지 러일전쟁 수행의 편의만을 언급했던 것이 아니고, 입지전에 있는 것처럼, 지세상으로나 역사상으로나 아니면 시국상으로 봐도 지금 영토편입이 큰 이익이 된다고 생각했던 것이다. 이것 또한 사실에 입각한 정론이고 일본이 러일전쟁상의 필요에 의해 침략한 영토라고 일부 한국 영토론자가 주장하는 '강요왜곡'이라고 할 수 없다」고 주장한다.

그러나, 위에서 지적했듯이 독도는 역사적으로 한국영토로서의 권

---

36) 독도는 조선 조정이 전시대에 걸쳐 우산도라는 명칭으로 상징적으로 조선 영역에 포함시켜왔던 섬이다. 따라서 일본이 칙령 41호의 「석도」에 대해 관음도라고 주장하지만, 관음도는 당시로서 울릉전도에 포함되는 섬으로서, 경제성도 없을 뿐만 아니라, 상징성도 없는 섬이기에 독자적인 행정적 명칭이 필요한 섬이 아니었다. 따라서 「석도」는 독도이다.

원은 있지만, 일본영토로서 권원은 전혀 없다. 또한 지세상으로 본토를 기준으로 해서 일본이 10리 더 가까우니 일본영토가 되어야한다고 주장하지만, 당시 조선 사람이 거주하고 있던 조선영토로서의 울릉도를 무시하는 주장은 설득력이 없다. 시국적으로는 러일전쟁에서 전선 부설과 망루 설치로 전시상의 필요에 의해 영토를 침략했다는 사실은 숨길 수 없는 진실이다. 塚本의 주장처럼, 이러한 영토편입이 국제법의 「정론」에 의한 것이라고 한다면 제국주의 일본의 조선 침략이 합법적이라고 주장하는 것과 일맥상통하는 논리이다.

또한 塚本는 「외무성 정무국장이 '시국상으로 봐서' 영토편입에 유익하다고 한 것은 후에 실제로 행해진 것처럼, 망루 및 통신시설의 설치 등 러일전쟁 수행의 편의를 위해 이익이 된다고 하는 의미일 것이다. 그러나 이것을 일본이 전쟁목적으로 한국영토를 무주지라는 명목으로 편입했다고 비난할 수 없다. 죽도는 애당초 한국영토가 아니었다. 중요한 것은 국가가 실효적으로 점유하고 영유의사를 표시한 것이어서 영유의사를 갖게 된 이유 그 자체는 문제가 되지 않는다. 강치 조업 이외에 국가가 국익을 위해 영토를 편입하는 것은 오히려 '국제법상의 통례'라고 봐야한다」고 주장한다.

여기서 塚本의 주장에서 가장 큰 문제는 독도를 당시 무주지로 선정했다고 하는 점이다. 독도는 이미 선행연구에서도 밝혀졌듯이 고대시대 이후 역사적 권원을 바탕으로 당시 한국정부가 「칙령 41호」로 울도군 소속에 울릉전도, 죽도와 더불어 「석도」(독도)를 포함시킨 영토조치와 영토인식으로 봐서도 한국의 고유영토임에 분명하다. 塚本는 이렇게 분명한 사실을 외면하여 「석도」는 독도가 아니라는 논리를 펴고 있다. 그렇다면 「석도」가 현재의 독도라고 논증이 이루어진다면 독도영유권을 전적으로 포기해야할 것이다.[37] 이처럼 이성을 망각하

---

37) 塚本는 석도가 독도가 된다고 하더라도 칙령은 국제법상으로 영토취득의

1905년의 영토편입조치가 타당하다고 주장하지만, 이는 이미 조선의 행정관할에 포함되어 있는 섬을 러일전쟁이라는 정치적으로 혼란한 틈을 타서 조선의 영토에 대해 은밀히 편입을 시도한 불법적 탈취행위에 불과하다. 독도는 일본제국주의가 불법적으로 도취한 영토에 해당되며, 일본이 포츠담선언에 동의함으로써 일본이 도취한 독도는 역사적 권원에 의거하여 1945년 한국의 독립과 더불어 한국에 반환되어 현재 한국이 실효적으로 지배하고 있는 섬이다.[43]

8. 塚本가 제시한 실효적 지배 증거자료의 문제점

塚本는 「최종보고서」에 독도와 관련이 있는 엽서(일본해해전기념의 독도그림 우편)와 명부(죽도 시찰 일행의 명부), 신문기사(大平교수의 독도관련기사)를 소개하고 있다.[44] 1952년 평화선 문제로 독도문제가 발생한 이후 외무성의 죽도관련 연구회원으로 있던 大平 一橋大學 교수가 지적한 「무주지에 대한 토지 취득에 있어서 실효적 점유, 국가권능이 평온하고 계속적으로 발현했다고 하는 것은 중요한 요건이고, 공공연히 행해진 행정권 행사는 국가영유의사의 표시로서 의미를 갖는다. 따라서 편입조치 뿐만 아니라 그 후 국가나 현에 의한 다양한 행위는 이 같은 실효적 지배의 증거가 되는 것으로서 중요하다. 그래서 文書, 縣文

---

43) 대일강화조약에서는 미국이 정치적으로 일본의 입장을 두둔하여 일본영토로 처리하려다가 다른 연합국의 항의에 의해 당사국간의 해결사항으로 미루고 법적 조치를 회피했다. 김병렬, 「대일강화조약에서 독도가 누락된 전말」, 독도연구보전협회편, 『독도영유권과 영해와 해양주권』(독도총서3), 1998, 171쪽.
44) 奧原福市繪葉書, 名簿, 新聞記事 등, 「최종보고서」, 69~70쪽.

書는 일본에 의한 죽도의 실효성이 있는 점유의 증거로서 중요하다고
하는 멘트」를 소개했다.

그러나 사실 奧原는『竹島及鬱陵島』에서 「優柔 軟弱한 德川막부의
외교정책과 더불어 죽도 즉 울릉도는 전적으로 일본영토에서 분리되
어 조선판도에 들어갔다. 伯耆지방의 어민들은 고심참담한 대외적 운
명도 허무하게 수포로 돌아가서 되돌릴 수 없게 되었다.」「그후 石州
연안사람들이 도항을 기도했지만, 막부의 도항 금지제에 의해 천보
(1830~1843) 이후 수십년간은 죽도는 일본인에게 잊혀져 갔다. 해군수
로부의 조선수로지 및 해도에 '울릉도 일명 송도'라고 하여 발표됨으
로써 리앙쿠르암은 자연히 구 기록의 죽도를 가리키는 것으로 오인되
어 죽도는 이미 元祿(1688~1703)시대에 조선판도로 결정되었기 때문에
리앙쿠르암도 조선판도로 인정하게 되었다. 그런데 明治 36년(1903) 中
井養三郎씨가 리앙쿠르도(신영토)의 바다사자포획을 기도하자, 동향의
사람들이 찬성하여 리앙쿠르도에 상륙하여 처음으로 일장기를 바위
위에 펄럭이게 되었던 것이 1903년이다.」라고 기록하고 있다.45) 奧原
는 독도를 무인도라는 것을 전제로 영토편입의 정당성을 주장하고 있
다. 그러나 그는 해군수로부가 해도와 조선수로지를 작성할 때 리앙
쿠르암을 구기록의 「죽도(독도)」오인하여 한국영토로 표기하게 되었다
고 주장하고 있지만, 이는 사실이 아니다. 1877년의 태정관문서를 비
롯해서 에도시대의 「죽도일건(1692~1696)」46) 이후 일본정부가 독도를
울릉도와 더불어 한국영토로 인정해왔다는 사실을 제대로 알지 못하
고 있다.

여기서 塚本의 주장과 관련해서 중요한 사실은 「입지전」의 저자인
奧原가 해도와 조선수로지를 영유권 지도로 보고 있었다는 사실이다.

---

45) 한국북방학회편, 『한국북방학회논집』제8권, 2004, 311쪽.
46) 일본에서는 안용복사건을 「죽도일건」이라고 부른다.

또한 거기에는 독도를 한국영토로 표기되어 있었다고 언급하고 있는 점이다. 이러한 내용으로 서술된 奧原문서가 일본의 실효적 지배의 증거 자료라고 주장하는 것 또한 엄청난 사료조작에 해당된다. 塚本는 이렇게 명명백백한 내용에 대해서도 논증을 조작하여 한국영토론을 부정하기 위해 사료를 왜곡하고 있다.

이러한 지위에 있는 독도에 대해 일본이 독도의 강치를 약탈하여 멸종에 처하게 했고, 영토편입조치 자체가 합법 불법을 논하기 이전에 한국정부 몰래 영토편입조치를 취했다고 하는 것을 제외하면, 일본이 독도를 실효적으로 지배했다는 증거는 없다. 또 실효적 지배의 증거로서 최종보고서가 제시한 「일본해해전기념의 독도그림 우편」은 1905년 2월 은밀히 독도를 편입하는 방법으로 한국의 영토를 침략한 행위를 기념한 우편이다. 塚本는 다국의 영토를 불법적으로 침략한 행위조차도 실효적 지배의 증거로 악용하려고 한다.

또한 「죽도시찰일행의 명부」는 일본이 일방적이고 은밀한 방법으로 독도를 침탈하려고 하는 과정에서 독도를 방문한 방문자의 명부이다. 이때에 심흥택 울릉군수가 본군소속 '독도'를 침략하려고 한다고 조정에 보고한 사실이 있었다. 이러한 침략적인 행위를 실효적 지배의 증거자료로 처리하고 있다. 이들 증거물은 침략행위의 증거물에 불과하다.

「大平교수의 독도관련신문기사」는 한국의 고유영토 독도에 대해 침략한 행위를 정당화 할 수 있는 '무주지 선점'과 '실효적 지배'라고 하는 일본의 타민족의 영토침략 이론을 제공한 것이다. 당시 일본은 국제법을 막 수용한 시점으로 국제법의 정의를 제대로 알지 못하여 악용한 부분이 많은데, 大平교수의 논리가 그 대표적인 사례라고 할 수 있겠다. 정부를 비롯해서 국제법학자들 조차도 독도영유권주장이 얼마나 정당성이 결여된 것인가를 알 수 있다. 이러한 침략이론을 소개하는 내용조차도 실효적 지배의 증거로 들고 있다.

9. 맺으면서

일본은 1905년 2월 영토편입 조치에 대해 그 정당성을 내세우고 있는데, 일본에 있어서 당시 영토편입원을 제출했던 中井가 독도가 한국영토로 생각하고 있었다는 「中井의 죽도경영개요」, 「島根縣誌」가 매우 귀찮은 존재가 아닐 수 없었다. 그래서 죽도문제연구회는 국제법을 전공으로 하는 塚本로 하여금 과감히 中井의 오해에 의해서 비롯된 것이라고 사료조작을 담당하게 했다. 여기에 활용된 사료는 「立志傳」이다. 본문에서 언급한 것처럼 이 사료를 부적절하게 활용한 부분을 요약하면 다음과 같다.

첫째로, 塚本는 中井가 집필한 「죽도경영개요」에 없는 사실이 「입지전」에 더 많은 정보가 있다고 지적하여 영토편입원을 제출한 주인공이 집필한 「죽도경영개요」의 내용보다 제3자가 간접적으로 듣고 내용을 주간적인 견해를 가감하여 집필한 奧原의 「立志傳」을 우선시하고 있다는 문제점이 있다.

둘째로, 「立志傳」에 의하면 中井가 海圖를 영유권 지도라고 오인하여 한국영토라고 했다고 지적하고 있다. 그 이유로서는 해도가 바다의 정보를 제공하는 것으로서 영유권과 무관하다는 주장이 문제이다. 실은 「立志傳」을 작성한 奧原는 해도에 독도가 한국영토로 표기되어 있다고 하여 영유권 지도로 보고 있다는 점이다.

셋째로 塚本는, 中井가 영토편입원을 제출한 것은 조선이 실효적 지배를 했다는 증거가 없고, 지리상, 시국상, 역사상으로 일본영토에 편입하는 것이 합법하다고 생각했기 때문이라는 주장도 문제이다. 사실은 지리적으로는 일본령 오키섬과 한국령 울릉도에서 보면 한국이 더 가깝고, 역사적 권원은 일본에는 없고 한국에만 있고, 시국상으로는 러일전쟁이라는 혼란한 정치상황을 틈타서 은밀히 편입한 조치이므로 침략행위인 것이다.

넷째로, 塚本는 국제법의 무주지 선점론에 합당하다는 것을 정당화하기 위해 독도가 무주지였다는 자신의 주장에 맞추어서 논리를 조작하고 있다는 점도 문제이다. 한국의 고문헌과 고지도에는 역사적으로 독도를 한국이 실효적으로 지배했다는 기록이 나온다. 그럼에도 불구하고 그는 1905년 일본의 영토편입조치 이전에는 조선영토로서의 역사적 권원이 애매모호하고 불확실한 것이고 일본의 영토편입조치는 제국주의의 강압조치가 아니고 당시의 관례로서 국제법 정론에 의거한 합법적인 조치였다라고 주장한다. 사실은 1905년 이전의 한국의 역사적 권원에 대해서는 일본의 사료에도 수없이 등장한다.

다섯째로, 塚本가 제시한 실효적 지배의 근거자료는 일본이 독도를 침략했다는 증거자료로서 일본정부가 독도를 실효적으로 지배했다고 하는 자료가 될 수 없다.

쯔카모도 다카시의 「샌프란시스코 평화조약에서 나타난 다케시마에 대한 취급」에 대한 비판적 연구

-2007년 日本 竹島硏究會 最終報告書에 대한 비판-

정 갑 용

1. 서론

일본에서 「竹島問題に關する調査硏究 最終報告書」[1]가 2007년 3월에 발간되었다. 이 보고서는 2005년 2월 시마네현이 '다케시마의 날'을 만들고 독도문제와 관련하여 허무맹랑한 논리를 펴온 시모조 마사오(下條正男)를 소장으로 하는 '竹島問題硏究會'를 설립하여 독도문제를 연구한 성과물의 일부로,[2] '竹島問題硏究會'가 그 동안 13차례에

---

1) 日本 竹島問題硏究會,『竹島問題に關する調査硏究 最終報告書』, 2007.3.
2)『한국일보』, 2008. 7. 18.

걸쳐 독도문제에 관해 발표한 자료를 최종적으로 정리한 것이다.[3]

본 논문은 위 보고서에서 쯔카모도 다카시(塚本 孝)가 쓴 「샌프란시스코 평화조약에서 나타난 독도에 대한 취급(サン・フランシスユ平和條約における竹島の取り扱い)」[4]을 분석한 것인데, 그 주장의 요점은 1951년에 미국과 체결한 샌프란시스코 조약에서 독도를 한국에 명확하게 반환한다고 규정하고 있지 않으므로 당연히 독도는 일본의 영토에 귀속된다는 종래에 일본정부가 주장하는 바를 되풀이 하고 있다. 즉, 쯔카모도 다카시(塚本 孝)의 주장은 일본정부가 17세기 초부터 일본 幕府의 공인 하에 독도 인근해역을 어장으로 사용함으로써 독도에 대한 원시적 권원을 취득하였으며, 1905년 2월 22일 島根縣 고시 제40호를 통하여 독도를 일본의 영토로 편입하였고, 1951년 샌프란시스코 조약에서도 독도에 대한 자국의 주권을 포기한 바가 없다는[5] 주장과 거의 유사하다.

이에, 본 글은 1951년 샌프란시스코 조약을 국제법에 의거하여 분석, 비판함으로써 쯔카모도 다카시(塚本 孝)가 주장하는 논거의 허구성을 밝히고 우리의 독도영유권을 공고히 할 수 있는 대안을 모색하고자 한다.

---

3) 주요내용은, 일본 에도막부 및 명치 시대의 독도자료, 독도관련 사료 및 고지도, 島取懸박물관 소장자료, 1951년 샌프란시스코 조약과 독도문제, 일본의 학교교재에서 다루고 있는 독도관련 현황과 문제 등을 다루고 있다.
4) 塚本 孝, 「サン・フランシスユ平和條約における竹島の取り扱い」, 日本 竹島問題研究會, 前揭報告書.
5) 유철종, 「동북아시아 국제관계와 한・일 영토분쟁: 독도(獨島) 영유권 분쟁을 중심으로」, 『2006 독도세미나 자료집』, 한국해양수산개발원, 2006, 54쪽.

서 19세기에 시행된 소위 '공도정책'으로 인하여 대한민국이 주권을
포기한 '무주지(terra nullius)'인 독도를 1905년에 일본이 시마네현에 편
입했다는 것과[16] 1951년에 미국과 체결한 샌프란시스코조약(또는 미일
강화조약)에서 독도를 한국에 명확하게 반환한다고 규정하고 있지 않으
므로 당연히 독도는 일본의 영토에 귀속된다는 것이다.[17]

한편, 쯔카모도 다카시(塚本 孝)는, 1951년 샌프란시스코 조약의 체
결과정에서 대한민국이 독도영유권을 주장하였으나 이를 미국이 거
부하였다는 것이다. 즉, 1951년 6월의 '개정 영미 초안'은 "일본은 조
선의 독립을 승인하며 제주도, 거문도 및 울릉도를 포함하는 조선에
대한 모든 권리, 권원 및 청구권을 포기한다"고 되어 있었다. 이에 대
하여 한국정부가 1951년 7월 19일자로 동 초안의 내용을 "일본은 조
선의 독립을 승인하며 조선 및 제주도, 거문도, 울릉도, 독도 및 파랑
도를 포함하는 일본에 의한 조선 합병 전에 조선의 일부였던 섬들에
대한 모든 권리 권원 및 청구권을 1945년 8월 9일에 방기한 것을 확
인한다"로 수정할 것을 요구하였다. 그 당시 덜레스 국무장관고문이
한국관리들에게 독도와 파랑도의 위치에 대해 질문하였는데, 이 섬들
이 일본해에 있는 작은 섬이며 대체적으로 울릉도 근처에 있는 것으
로 생각된다고 대답했다는 것이다.

이와 같은 한국의 수정 요구에 대하여 미국 정부는 1951년 8월 10
일자 문서에서 "1945년 8월 9일 일본에 의한 포츠담 선언 수락이 동
선언에서 취급된 지역에 대한 일본의 정식 내지는 최종적인 주권 방
기를 구성한다는 이론을 조약이 취해야 한다고 생각하지 않는다. 독
도 또는 다케시마 내지는 리앙구르트 락(Liancourt Rocks)으로 알려진 섬
에 대해서는, 통상 무인인 이 바위섬은 우리들의 정보에 의하면 조선

16) 이신성, 「독도 영유권 관련, 일본측 주장에 관한 연구」, 『공군평론』 103,
    1998, 공군대, 141~143쪽.
17) 1954년 2월 10일자, 일본 정부견해 2, 독도관계자료집(1), 51~52쪽.

의 일부로 취급되었던 적이 전혀 없었으며 1905년 무렵부터 일본의
시마네현 오키 지청의 관할 하에 있었던 이 섬은 일찍이 조선에 의해
영토 주장이 있어왔다고 생각되지 않는다"라고 수정 요구를 거부했
다는 것이다.[18]

　이상과 같은 쯔카모도 다카시(塚本 孝)의 주장을 요약하면, 1951년
샌프란시스코 조약은 결코 독도(다케시마)를 대한민국의 영토로 인정한
것이 아니고 독도(다케시마)가 일본의 영토임을 확인한 국제문서이며,
조약체결의 과정과 1951년 샌프란시스코 조약에서도 독도를 일본이
보유한다는 것이 확정되었던 것이다. 한국이 1952년 1월 '평화선(일본
은 이승만 라인이라 칭함)'을 설정하고 독도를 동 라인 안에 포함시킨 것
은 조약으로 독도를 얻지 못했던 것을 한국이 일방적인 행위로 실현
하려고 했다고 주장한다. 이와 같이 1951년 샌프란시스코 조약이 독
도영유권의 귀속문제를 명확하게 처리하지 못하였으므로, 독도(다케
시마)를 포함한 동아시아의 분쟁도서들에 대한 사법적 판단이 내려질
경우에 중요한 하나의 객관화된 근거로서 작용할 수 있음이 중요하다
고 주장한다.

3. 쯔카모도 다카시(塚本 孝)의 주장에 대한 비판

　위에서 본 바와 같이 쯔카모도 다카시(塚本 孝)는 일본의 무조건 항
복 및 그 이전에 일본영토의 처리와 관련된 문서, SCAPIN 제677호
및 제1033호, 1951년 샌프란시스코 조약을 살펴보아 일본이 독도를
대한민국에 반환한 적이 없다고 주장하고 있다.

---

18) 塚本 孝, 前揭論文, 77~78쪽.

1) 무조건 항복 이전의 국제문서

(1) 카이로선언

대한민국이 일본제국주의로부터의 독립을 국제적으로 약속받은 것
은 1943년 11월 27일 "카이로 선언"이다. 이 선언은 미국, 영국, 중국
의 3개국 정상이 이집트의 카이로에서 일본과의 전쟁에 있어서 승리
할 수 있다는 것을 명확히 하고 앞으로 일본의 영토처리에 관한 원칙
을 규정한 선언이다.

1943년 11월 27일 카이로에서 미국, 영국 및 중국의 3개국 수뇌회
담에서 채택된 카이로선언의 내용은 다음과 같다.[19]

> ···일본국으로부터 1914년 제1차 세계대전 개시 이후에 일본국이 장악 또는
> 점령한 태평양의 모든 도서들을 박탈할 것과, 아울러 만주·대만·팽호도 등
> 일본국이 중국인들로부터 절취한 일체의 지역을 중화민국에 반환함에 있다.
> 또한 일본국은 그가 폭력과 탐욕에 의하여 약취한 모든 일체의 지역으로부터
> 도 축출될 것이다. 위의 3대국은 한국 민중의 노예 상태에 유의하여 적당한 시
> 기에 한국이 자유롭게 되고 독립케 할 것을 결정한다.···[20]

이와 같은 카이로선언의 내용은 앞으로의 일본의 영토처리에 있어
서 일본이 1895년 청일전쟁 이래 여러 국가로부터 제국주의적 방법
으로 탈취한 모든 지역을 다시 그 본국에 반환하라는 것이다.

여기서 문제가 되는 것은 두 가지인데, 하나는 위 카이로선언에서
말하는 "폭력과 탐욕에 의하여 약취한 다른 일체의 지역"에 독도가

---

19) 대한민국 국방부 전사편찬위원회, 『국방조약집』 1, 1981, 565쪽.
20) ···Japan will also be expelled from all other territories which she has taken by
   violence and greed. The aforesaid three great powers, mindful of the enslavement
   of the people of Korea, are determined that in due course Korea shall become
   free and independent.)···. 上揭資料集, 565쪽.

해당되는가의 문제이며, 다른 하나는 위의 '선언'이 국제법적으로 구속력을 가지는가이다.

첫째, 카이로선언에서 "폭력과 탐욕에 의하여 약취한 다른 일체의 지역"에 독도가 해당되는가에 관한 것이다. 쯔카모도 다카시(塚本孝)의 논리나 그 동안 일본이 독도영유권을 주장하는 근거는 1905년 島根縣 告示 제40호에 의하여 무주지인 독도를 일본의 영토로 편입하였고 1951년 샌프란시스코 조약에서 독도를 반환한다는 명문의 규정이 없는 이상 독도는 일본의 영토라는 것이다.

이와 같은 논리는 그 자체가 많은 문제점을 지니고 있다. 일본의 '선점'행위는 그 대상이 '무주지'라야 하는데, 독도는 역사적으로 보아 그 동안 줄곧 대한민국의 영토이므로 '무주지'에 해당되지 않으며, '선점'행위는 독도가 "역사적으로" 일본의 영토라는 주장과 모순되는 것이다. 1905년의 전후에는 당시의 대한제국이 일본에 실질적으로 예속되어 정상적인 대외활동을 전혀 할 수 없었다는 것은 누구나 알 수 있는 것이며, 그러한 사정을 기화로 1905년에야 비로소 일본이 독도를 '선점'하였다는 행위 자체가 "폭력과 탐욕에 의하여 약취한" 지역에 해당된다고 보는 것이 합리적이고 객관적일 것이다.

둘째, 카이로선언이 국제법적으로 구속력을 가지는가의 문제이다. 일반적으로, '선언'은 그것이 조약을 의미하는 경우(파리선언, 런던선언 등), 타국에 대한 권리의무관계를 창설하는 선언(개전선언, 중립선언 등), 상대국과의 어떠한 권리의무관계도 창설하지 않는 선언(정책선언, 해석선언 등)이 있다.21) 위 카이로선언은 소위 '정책선언'에 해당되는 것이어서 그 자체가 국제법적인 구속력을 가지는 것은 아니고 앞으로 위의 지역들을 그 본국으로 반환시키겠다는 3대국의 공동정책에 해당된다.22)

---

21) 이병조·이중범, 『국제법신강』, 일조각, 2007, 51쪽.

그러나, 카이로선언이 그 자체는 법적 구속력을 가지는 것은 아니
라 할지라도 이후 1945년 9월 2일에 일본이 항복문서23)에 서명하였
고 그 항복문서에서 "포츠담선언(1945년 8월 14일)의 조항을 성실히 이행
할 것"을 약속하였고. 이는 다시 포츠담선언(1945년 8월 14일) 제8항의
내용을 이행할 것을 약속한 것이므로, 이와 같은 일련의 과정을 거쳐
위 카이로선언은 일본이 무조건 항복을 한 1945년 9월 2일부터 법적
구속력을 가진다고 보아야 한다.

(2) 포츠담선언

1945년 7월 26일에 미국, 영국, 중화민국 등 3개국에 의하여 포츠
담 선언이 발표되었는데, 이 선언 제8항에서는 다음과 같이 규정하고
있다.24)

> 8. 카이로 선언의 조항은 이행될 것이며, 또 일본국의 주권은 本州, 北海島,
> 九州, 四國과 우리가 결정하는 諸小島에 국한된다.25)

독도문제는 카이로선언, 포츠담선언 및 일본의 항복문서26)를 종합
적으로 고찰해야 할 것인 바, 1945년 8월 14일 일본은 포츠담선언을
무조건으로 수락하였고 동년 9월 2일 항복문서에 서명함으로써 포츠

---

22) 박관숙, 『독도의 법적지위에 관한 연구』, 박사학위논문, 연세대학교 대학원,
    1968, 52쪽.
23) 대한민국 국방부 전사편찬위원회, 前揭書, 571~572쪽.
24) 박관숙, 前揭論文, 52~53쪽.
25) The terms of the Cairo Declaration shall be carried out and Japanese sovereignty
    shall be limited to the islands of Honshu, Hokkaido, Kyushu, Shikoku and such
    minor islands as we determine. 上揭論文, 같은 곳.
26) 신용하 편저, 『독도영유권 자료의 탐구』 3, 독도연구보전협회, 2000, 245~
    246쪽.

담 선언은 일본에 대하여 구속력을 가지게 되었으며, 또 포츠담 선언 제8항에 의하여 카이로 선언도 일본에 대하여 구속력을 가지게 되었다.

생각건대, 일본이 1985년 청일전쟁 이후에 島根縣이라는 지방현의 고시로서 독도를 일본의 영토로 편입한 조치는 누가 보아도 그 영토 취득방법이 전형적인 제국주의적 "폭력과 탐욕에 의한 것"이라고 볼 수 밖에 없을 것이다. 일본으로서는 1905년의 선점이 국제법에 의해 합법적으로 독도를 자국 영토로 취득한 것에 해당되는지와 그러한 방법이 "폭력과 탐욕에 의해" 취득한 것이 아니라는 점을 증명해야 할 것이며, 우리로서는 이 문제에 대하여 보다 실증적이고 구체적인 연구작업이 지속되어야 하리라고 본다.

2) SCAPIN 제677호 및 제1033호

연합군 최고사령부는 1946년 1월 29일, "약간의 주변지역을 정치상 행정상 일본으로부터 분리하는 지침"[27]을 일본에 통지하였는데, 그 내용은 일본의 종래 식민통치 영역에 대한 주권적 관할을 분리하는 조치이다.

그 제3항은 다음과 같다.

> 3. …일본의 영역은 일본의 4개 本島, 즉 北海島, 本州, 九州, 및 四國과 對馬島를 포함한 1000여 개의 인접한 諸小島로 제한하고", "울릉도, 독도, 거문도 및 제주도를 일본의 영역 범위에서 제외…[28]

---

27) SCAPIN 677(1946. 1. 29) : Governmental and Administrative Separation of Certain Outlying Areas from Japan. 신용하, 上揭書, 248~256쪽.

28) …Japan is defined to include the four main islands of Japan(Hokkaido, Honshu, Kyushu and Shinkoku) and the approximately 1,000 smaller adjacent islands, including the Tsushima Islands and the Ryukyu (Nansei) Islands north of 30°North Latitude (excluding Kuchinoshima Island), and excluding (a) Utsuryo

그 제6항은 다음과 같다.

6. 이 지침의 어떠한 규정도 Potsdam선언의 제8항에 언급된 諸小島의 궁극적인 결정에 관한 연합국의 정책으로 해석되어서는 안 된다.[29]

SCAPIN 제1033호[30]는 1945년 9월 27일에 선포된 것으로, 일본 본주와 북해도 및 대마도만을 포함하는 극히 제한된 범위를 일본의 外洋 활동을 허용하는 수역으로 지정하는 것으로 독도를 일본의 활동 허용 구역에서 제외하고 있다.

즉, 동 지침은 일본인의 어업 및 포경업의 허가구역을 설정하여, 일본인의 선박 및 승무원에 대한 제3항 (b)을 통하여 독도가 한국영토이고, 일본의 어부와 선박들은 접근하지 못한다고 선포하고 있다.

3. b. 일본인의 선박 및 승무원은 금후 북위 37도 15분, 동경 131도 53분에 있는 다케시마(Takeshima)의 12해리 이내에 접근하지 못하며 또한 동도에 어떠한 접근도 하지 못한다.

그런데 이 지침의 제5조 역시 SCAPIN 제677호와 동일하게 이 지령이 최종적인 것이 아님을 명시하고 있다.

5. 이러한 허가가 관련 구역 혹은 다른 구역에 있어서의 국가통치권, 국경선 혹은 어업권의 최종적인 결정과 관련된 연합국의 정책을 표현하는 것은 아니다.

(Ullung) Island, Liancourt Rocks (Take Island) and Quelpart (Saishu or Cheju Island,⋯. 上揭書, 248쪽.

29) Nothing in this directive shall be construed as an indication of Allied policy relating to the ultimate determination of the minor islands referred to in Article 8 of the Postdam Declaration. 上揭書, 250쪽.

30) 上揭書, 257～261쪽.

SCAPIN 제677호에 대하여, 일본 측은 동 지침의 제6항을 들어 이 지침이 일본의 독도에 대한 영유권을 궁극적으로 배제하는 것으로 해석될 수 없다고 반박한다. 즉, SCAPIN에 의하여 독도에 대해 통치권 또는 행정권의 행사 또는 행사의 시도를 중지할 것을 지시받았을 뿐이며, 동 지침이 일본 영토로부터 독도를 배제한 것은 아니라고 주장한다.[31]

국내학자들의 대부분은 SCAPIN 제677호에 의하여 독도를 일본의 영토주권으로부터 명시적으로 배제하였다고 주장하는 견해와 이를 부정하는 견해로 나뉘는데, 이를 요약하면 다음과 같다.

첫째, 연합국 최고사령부의 SCAPIN 677호는 일본의 항복문서를 집행하기 위하여 '일본의 영토의 주권 행사 범위를 정의'한 것이며 그 제3항에 의하여 독도는 일본영토로부터 완전히 제외되었으며, 그 제6항은 복잡미묘한 연합국들의 이해관계 속에서 다른 연합국들이 이의 제기를 할 경우에 대비해서 '최종적 결정'이 아니라 필요하면 수정할 수 있다는 가능성을 열어둔 것에 불과하다는 견해이다.[32]

둘째, SCAPIN 제677호의 제6항에서 이 지침이 영토귀속의 최종적인 결정을 의미하는 것은 아니라고 유보조항을 달았어도 이는 연합국에 의하여 별도의 지침에 의하여 수정이 되지 않는 한, 그 효력은 그대로 유지가 되는 것이다. 이러한 취지가 그대로 대일강화조약에 흡수됨으로써 연합국이 이미 취해놓은 결정은 기정사실로 응고되어 더 이상 변경할 수 없게 된다는 견해이다.[33]

셋째, SCAPIN은 일본의 영토를 최종적인 것으로 결정하는 것이 아

---

31) 김석현, 「독도 영유권과 SCAPIN 677」, 『2006 독도세미나 자료집』, 한국해양수산개발원, 2006, 40쪽.
32) 신용하, 『한국의 독도영유권 연구』, 경인문화사, 2006, 217쪽.
33) 이상면, 「독도 영유권의 증명」, 독도학회 편, 『한국의 독도영유권 연구 사』, 독도연구보전협회, 2003, 308~309쪽.

니라는 견해이다. 즉, SCAPIN 677호 및 SCAPIN 1033호는 당시 일본
을 점령하고 있던 연합군사령부의 점령지인 일본을 통치할 목적으로
행한 일시적인 행정조치이며, 동 지침에 의하여 일본 영토의 범위가
최종적으로 결정된 것으로 아니라고 보아야 한다. 따라서, SCAPIN을
일본과의 영토문제에 있어서 원용하는 것은 적절치 못한 것으로 생각
되며, 오히려 우리 측 주장의 부당성이 문제되어 우리의 정당한 주장
을 의심케하는 부정적인 결과를 초래할 수도 있다는 견해이다.[34]

생각건대, SCAPIN은 그 자체만으로는 일본의 영토를 최종적으로
결정하는 법적 구속력을 갖는 문서라고는 생각되지 않는다. 다만,
SCAPIN 제677호 및 제1033호에서 독도를 일본의 영토에서 배제시키
고 그 후에 이들의 효력을 변경하거나 부인하는 별도의 지침이나 조
치가 없었다는 사실, 전후 영토문제를 처리하는 1951년 샌프란시스코
조약에서 조차도 명시적으로 독도가 일본의 영토임을 나타내는 규정
이 없다는 점 등을 미루어 볼 때에, 앞으로 있을지 모르는 독도영유
권에 관한 국제재판에서 독도가 일본의 영토가 아닌 대한민국의 영토
임을 나타내는 유력한 증거가 될 수 있다고 본다.

3) 1951년 샌프란시스코 조약

일반적으로, 강화조약은 전쟁당사국의 전쟁종료를 위한 명시적 합
의로 교전국 사이에 존재하는 전쟁상태를 끝내고 교전국 사이의 평화
관계를 회복하는 조건을 정하는 것을 목적으로 하며, 그 내용은 적대
행위의 중지, 점령군 철수, 징발재산의 반환, 포로송환, 조약관계의
부활 등이 포함된다.[35] 1951년 샌프란시스코 조약은 연합국과 일본

---

34) 上揭論文, 50~51쪽.
35) 이병조·이중범, 前揭書, 1023쪽.

간에 체결된 강화조약으로 그 내용에 대한민국에 관한 중요한 조항이 있으므로 독도 영유권의 귀속을 판단함에 있어 중요한 문서가 될 수 있다.

1951년 샌프란시스코 조약의 작성과정에서 1947년 3월 20일자의 제1차 초안 제4조, 1947년 8월 5일자의 제2차 초안 제4조, 1948년 1월 2일자의 제3차 초안 제4조, 1949년 10월 13일자의 제4차 초안 제4조 등은 다음과 같이 규정하고 있었다.[36]

> 일본은 한국 및 퀠파트, 포트 헤밀튼, 다즈레(으츠료) 섬과 리앙쿠르암(다께시마)을 포함하여 한국 연안의 모든 보다 작은 섬에 대한 권리 및 권원을 포기한다.

그러나, 1949년 11월 2일자의 제5차 초안 제6조, 1949년 12월 29일자의 제6차 초안 제3조에서는,

> 일본의 영토는 … 다케시마(리앙쿠르암) … 등을 포함하는 모든 인접 소도서로 한다. …

라고 하여 독도가 일본의 영토로 규정하였으나, 1950년 8월 7일자의 제7차 초안 및 1950년 9월 11일자의 제8차 초안에서는 제6차 초안과 같은 일본의 영토에 관한 조항은 삭제되었다.[37]

결국, 최종적으로 채택된 1951년 샌프란시스코 조약 제2조 (a)는 다음과 같이 규정하고 있다.

> 일본은 한국의 독립을 승인하고, 제주도, 거문도, 울릉도 등을 포함한 한국

---

36) 김병렬, 「대일강화조약에서 독도가 누락된 전말」, 『독도영유권과 영해와 해양주권』, 독도연구보전협회, 1998, 173~177쪽.
37) 上揭論文, 178~181쪽.

편입, 1905~1945년 사이의 점유, 1952년 이후로 지금까지 한국의 독
도 점유에 계속 항의해왔다는 사실에 근거하고 있는데, 1905년 무주
지 주장은 그 이전 시기에는 독도에 대한 영유권을 확립하지 못하였
다는 것을 일본이 스스로 시인한 것으로 볼 수 있다.[47]

국내 일부 학자는, 일본정부가 독도가 한국의 영토라는 것을 잘 알
고 있었으면서도, 군사상의 필요가 발생한 시점에 이해당사국인 한국
에는 전혀 사전 협의나 적절한 사후 통고도 없이 중앙정부의 지휘 하
에 일본영토로 편입하고 도근현 내에만 이를 고지케 하였으며[48] 독
도편입에 가담한 일본 정부의 관리들은 독도가 한국의 영토였다는 것
을 잘 알고 있었다는 것이 역사적 자료에 의해서 입증되었으므로,
1905년 일본의 독도 편입행위는 한국의 영토를 절취하여 강탈한 범
죄행위에 해당된다는 견해를 주장하고 있다.[49]

생각건대, 일본이 주장하는 국제법상 영토취득이론인 선점은 그 대
상이 無主地(terra nullius)이어야 하나 역사적으로 이미 일본의 영토를 다
시 무주지로 선점한다는 것은 이론상 명백히 모순되므로,[50] 이와 같
은 선점이론은 앞으로 독도문제에 있어서 일본의 법적 권리뿐만 아니
라 자국의 다른 법적 근거에 대한 정당성을 한층 약화시키는 원인으
로 작용할 것이라고 본다.

---

47) John M. Van Dyke, 『독도영유권에 관한 법적 쟁점과 해양경계선』, 한국해
　　양수산개발원, 2008, 92쪽.
48) 이상면, 前揭論文, 297쪽.
49) 上揭論文, 300쪽.
50) 박배근, 「독도에 대한 일본의 영역권원주장에 관한 일고－고유영토론과 선
　　점론」, 『국제법학회논총』 50-3, 2005. 12, 99~100쪽.

2) Critical Date에 대한 재검토

국제재판에 있어서 Critical Date는 그 일자 이후의 당사국의 행위가 쟁점에 영향을 줄 수 없는 일자를 확정하는 것을 말하는 데,[51] 이는 Critical Date가 분명하지 않는 경우에 그 시점을 정하는 것은 타방당 사국에게 유리한 사실을 가능한 한 봉쇄하면서 자국에게 유리한 사실 을 가능한 한 많이 용납해 주는 일자의 선택을 확보한다는 측면에서 국제재판에서 매우 중요한 법제도이다.[52]

그러나, 우리나라의 경우에 독도문제에 있어서 '결정적 기일(Critical Date)'에 관한 학술적 논의가 거의 없는 것이 현실이며, 독도문제에 관 한 선행연구논문들이 있다 하더라도 대부분의 학자들이 한국과 일본 간에 독도문제가 본격적으로 양국간의 현안문제로 등장한 것이 평화 선 선포로 인하여 일본이 처음으로 외교적 항의를 한 1952년 2월 28 일이라고 함으로써 의식적으로든 무의식적으로든 독도문제의 Critical Date가 마치 일본의 항의한 시점인 1952년 2월 28일이라고 설명하고 있다. 즉, 대한민국 정부가 1952년 1월 18일 '인접 해양의 주권에 대 한 대통령선언'(평화선 선포)을 발포했는데, 그 범위 안에 독도와 그 영 해가 포함되자, 일본이 열흘 뒤인 1952년 1월 28일 평화선 선포에 항 의함과 동시에 독도의 한국영유를 인정할 수 없다는 외교문서를 한국 정부에 보내옴으로써, 한국과 일본 사이의 독도영유권 논쟁은 1952년 1월부터 시작되었는다는 주장이 그 대표적인 것이다.[53]

---

51) Malcolm N. Show, *Intenrnational Law*, 5th ed., Cambridge University Press, 2003, p.431.
52) 박배근 · 박성욱, 『독도영유권과 '결정적 기일'에 관한 연구』, 한국해양수산 개발원, 2006, 11.
53) 노영돈, 上揭論文, 103쪽 ; 신용하, 『한국과 일본의 독도영유권 논쟁』, 한양 대학교 출판부, 2005년, 15 · 263쪽.

그러나, 독도문제에 있어서 '결정적 기일'이 맹목적으로 1952년부
터 시작되었다는 것은 매우 위험한 발상이 아닐 수 없다. 왜냐하면,
국가 간의 영토분쟁에 대한 국제재판에 있어서 '결정적 기일'은 그
시점 이후에 형성된 권리의무관계를 무시하고 그 시점 이전에 형성된
권리의무 관계만을 따져서 영토권의 귀속여부를 결정하는 것이므로,
타방당사국에게 유리한 사실을 가능한 한 봉쇄하면서 자국에게 유리
한 사실을 가능한 한 많이 용납해 주는 일자의 선택을 확보하는 것이
중요한데, 자칫 우리가 해방 이후에 독도에 대하여 실효적 지배를 행
하여온 노력이 무시되어 결과적으로 우리에게 불리하게 작용할 수도
있기 때문이다.

그러므로, 독도문제가 혹시라도 국제재판에 회부되는 경우에
Critical Date는 독도에 대한 우리의 영유권행사가 확연하게 나타난 시
기별로 시나리오를 설정하여야 할 것이다.

3) 신한일어업협정과 금반언(Estoppel)[54]

신한일 어업협정의 체결에 대하여 우리나라의 국내에는 독도문제
와 관련하여 찬성론과 반대론이 서로 심각하게 대립한 적이 있었고,
현재까지도 간헐적으로 그 여진이 가시지 않고 있는 듯하다.

신한일 어업협정을 긍정적으로 평가하고 있는 논자들의 주장은 신
한일 어업협정은 독도의 영유권 문제를 근본적으로 해결하지는 못하
였지만 기존의 독도의 지위에 대하여 아무런 부정적인 영향도 주지
않는다고 할 수 있으며, 단순히 독도가 공동자원조사수역보다도 공동

---

54) *Estoppel*은 일방당사자가 동의하였거나 일정한 주장을 한 경우에 이에 의거
하여 일련의 행위를 한 타방당사자에게 불이익이 되는 태도의 변경을 할
수 없다는 원칙이다(Malcolm N. Show, *op. cit.*, p.437).

관리의 개념이 더 희석된 중간수역 내에 위치한다고 하여 그 법적 지위가 훼손된다고 주장하는 것은 단지 기우에 지나지 않는다고 본다는 것이다. 또한, 어업협정이 아니더라도 독도문제는 양국간의 현안이었으며, 또 동북아의 안보체제 내지 질서에 근본적인 변경이 있을 경우 독도로 인하여 한일 양국이 무력충돌을 일으킬 가능성을 완전히 배제할 수는 없기 때문이다. 따라서 이번 협정의 결과로 인해 독도와 관련된 우리의 입장은 과거에 비해 나아진 것도 후퇴하는 것도 없다고 보는 것이 타당하다는 것이다.[55]

이에 대하여, 한·일 어업협정을 부정적으로 보는 논자들의 주장은, 어업권이란 결국 주권적 영유권에서 연유되는 것이기 때문에 어업문제와 영유권 문제는 본질적으로 연결되어 분리될 수 없다는 것이며,[56] 독도에 대한 영유권 분쟁은 이 협정을 공식적으로 합의함으로서 양국에 의하여 公認된 셈이 되는 것이고, 獨島주변 12해리는 일본의 眼目으로 보면 다케시마(竹島)의 領海인 12해리가 되어, 동 어업협정에 의하여 우리의 독도영유권이 훼손되었다는 것이다.[57] 1969년의 조약법에 관한 비엔나협약(Vienna Convention on the Law of Treaties)에 비추어 "조약체결시의 사정"을 고려할 때 한국은 중간수역내에 독도를 위치시키는 "신한일어업협정"의 체결로 독도의 영유권문제가 한일간의 영유권분쟁의 존재를 묵인한 것이라는 해석을 가능하게 했다는 것이다.[58] 또 어업협정에서 어업수역을 설정하는 것은 독도의 경우와 같

---

55) 김찬규·노명준·이창위, 「한일어업협정 및 한중어업협정 체결 이후 동북아의 어업질서 운영방안」, 『국제법학회논총』 44-1, 1999. 6, 79쪽.
56) 김영구, 『한일·한중어업협정의 비교와 우리의 당면과제』, 국회해양포럼, 2001. 6. 20, 54쪽.
57) 김영구, 「국제법에서 본 동해 중간수역과 독도」, 『독도영유권 대토론회』, 독도연구보존협회, 1999. 10. 22, 10쪽.
58) 김명기, 「독도영유권과 신한일어업협정 개정의 필요성」, 『독도영유권과 한·일어업협정 개정의 방향』, 독도연구보전학회, 2001. 9. 20, 22쪽.

이 그 영토적 귀속이 문제된 경우에는 관련 영토문제와 무관할 수가
없다는 견해,[59] 신한일어업협정을 파기하고 그 대안으로 동해를 기하
학적으로 동서 반분한 중간선, 독도와 오끼섬의 중간선, 울릉도와 오
끼섬의 중간선, 또는 이들 중간선을 평균한 선 등 여러 개의 가상선
을 절충·종합하여 경계선을 설정하는 방법이 항상 독도를 어느 선
에 의해서도 대한민국에 속하게 된다는 견해[60] 등이 그것이다.

생각건대, 한·일 어업협정을 부정적으로 보는 견해는 일응 우리나
라의 대외교섭력의 제고, 독도문제에 대한 국민적 여론의 확산, 독도
관련 정부기관의 설립 및 연구활동의 강화 등에서 긍정적으로 기여한
바가 있다고 평가할 수 있다. 그러나, 이들의 견해는 그 구체적인 대
안을 제시하지 못하고 있다는 약점을 지니고 있다. 그리고 보다 중요
한 것은, 이들의 견해가 자칫 일본에 대하여 대한민국의 독도영유권
에 대한 이른바 "금반언(Estoppel)"에 해당될 수 있다는 점에서 매우 우
려하지 않을 수 없다는 점이다. 즉, 일본에서도 주장하지 않는 모순된
논리를 가지고 신한일어업협정에 의하여 대한민국의 독도영유권이
훼손되었다는 주장은, 혹시 독도문제가 국제재판에 상정되는 경우에
우리에게 매우 불리하게 작용할 수도 있기 때문이다.

4) 독도문제의 국제재판에 대한 대비

일본정부는 1954년 9월 25일자 일본측 구상서(No. 158/AS)[61]에서 나
타난 바와 같이, 독도문제는 국제법의 기초적 원리의 해석을 포함한
소유권분쟁에 관한 것이므로 유일하고 공정한 문제해결은 동 분쟁을

---

59) 노영돈, 前揭論文, 107쪽.
60) 김명기, 前揭論文, 255~256쪽.
61) 신용하 편저, 『독도영유권 자료의 탐구』 4, 독도연구보전협회, 2001, 301쪽.

국제재판소의 결정에 맡겨야 한다고 주장하고 있다. 이에 반하여, 대한민국은 1954년 10월 28일자 한국 측 구상서(No. 158/ AS)[62]에서와 같이, 분쟁을 국제사법재판소에 제출해야 한다는 일본정부의 제안은 법률적 위장을 하여 허구의 주장을 하려는 또 하나의 시도에 불과하며, 한국은 처음부터 독도에 대한 고유의 영유권을 가지고 있으므로, 어떠한 국제재판에서도 독도에 대한 한국의 영유권을 증명해야 할 이유도 발견할 수 없다고 주장하고 있다.

국제사법재판소에서 재판이 성립되는 경우는 분쟁당사국간에 해당 분쟁을 국제사법재판소에 제소한다는 약속을 의미하는 '특별합의(special agreement, compromise)'와 '확대관할권(forum prolongatum)'이 있으며, 국제사법재판소규정의 선택조항에 의한 강제관할권의 수락, 안보리의 권고에 의해 재판이 성립되는 경우 및 제3국의 소송참가에 의해 재판관할권이 성립되는 경우가 있다.

그 외에도, 일본과의 관계에 있어서 다른 현안문제가 소송으로 가면서 독도문제가 선결적 문제로 취급될 수 있는 가능성도 있는데, 일본이 대한민국과의 해양관련 현안문제(해양환경, 해양과학조사, 해양자원의 개발, 핵물질의 운반 등)를 국제재판에 제소하면서 동시에 독도영유권의 귀속에 관한 문제를 선결문제로 청구하는 경우를 생각할 수 있을 것이다.

생각건대, 독도분쟁에 대하여 우리가 이를 국제재판에 제소하여 해결하기로 하는 합의가 없는 한 국제재판이 성립하지 못하지만, 독도문제에 대한 궁극적인 정책방향은 "국제재판소에 가서도 우리가 이길 수 있도록" 만반의 준비를 해야 할 것이다. 즉, 앞으로 있을지도 모르는 국제재판을 상정하여 구체적인 국제재판절차 및 국제동향의 분석, 연구, 국제분쟁에 관한 전문가의 양성이 필요하며, 독도문제가

---

62) 上揭書, 304~306쪽.

국제재판소에서 다루어지는 경우에 대한 시나리오를 상정하여 우리
의 주장을 객관적으로 확인할 수 있고 일본 주장의 허구성 및 불법성
을 밝힐 수 있는 사료, 자료를 확보하고 이를 기초로 한 대응논리를
개발하는 것이 필요할 것이다.

5) 일본의 전쟁책임 추급

패전 직후, 일본의 전쟁책임이 객관적인 증거에 의하여 발굴된 것
은 1946년 5월에 시작하여 1948년 11월에 종료한 극동군사재판인데,
전쟁의 과정에 있어서의 전쟁개시에 대한 책임의 소재, 일본군이 행
한 전쟁범죄로서 남경사건, 일본군이 행한 인류적 범죄인 731부대사
건의 은폐, 강제징집[63], 종군위안부[64] 등에 대한 구체적인 책임을 회
피하고 있다.

특히, 일본정부는 1989년 한국의 여성단체들에 의해 일본군위안부
문제가 처음 제기되었을 때에, 그것은 민간의 업자가 한 일이고 일본
국이나 일본군과는 관계없는 일이라고 자국의 책임을 전면적으로 부
인한 바 있다. 그 후 1993년에 이르러 일본정부는 일본군이나 관헌의
관여와 위안부의 징집·사역에 강제가 있었다는 점을 인정하고 그것
이 중대한 인권침해였다는 것을 인정하였으나, 결과적으로 불법행위
의 구체적인 주체, 증거, 위안부의 총수 및 명단, 범죄행위의 공식적
승인과 사죄, 배상, 재발방지 약속 등에 대해서는 전혀 언급하지 않음

---

63) 강제징집이란 일본 제국주의가 침략전쟁으로 야기된 일본의 인적 소모를
보충하기 위하여 일본군의 병력 일부를 조선인으로 대체하기 위하여 강제
연행한 것이다(한형건, 「일제하 조선인 강제징용에 대한 일본의 전후보상
에 관한 국제법적 문제」, 『국제법학회논총』 40-1, 1995. 6, 330쪽).
64) 종군위안부는 일본군의 성적 욕구를 충족시키기 위해 조선인 여성을 일본
제국주의가 그들의 의사에 반하여 강제연행한 것이다(한형건, 上揭論文,
335쪽).

로써 자국의 불법행위에 대한 부분적인 책임을 인정하면서도 법적 책임은 지지 않으려는 태도를 보이고 있는 것이다.[65]

생각건대, 일본은 강제노역이나 종군위안부 문제는 해당 기업들이 행한 일이며 강제징집이나 종군위안부는 자국 군대가 한 일이 아니라 조선인들이 자발적으로 또는 자국 군대 지휘관의 책임으로 전가하고 있는 것은, 일본이 1965년 한일기본조약 등 일련의 조약에 의해 과거 청산 문제는 종결된 것이라는 입장을 스스로 전면적으로 부인하는 결과가 된다고 본다. 왜냐하면, 일본이 1965년 한일기본조약의 체결 시에 일본국 및 일본의 전쟁책임, 강제노역, 강제징집, 종군위안부 등에 대한 일본국가의 책임을 인정하였더라면 그 당시에 대한민국과 일본 간에 존재하였던 모든 책임과 의무가 모두 해소할 수 있었으나, 일본이 그 당시에 그러한 책임에 대한 사실관례의 존재 자체를 인정하지 않았으므로 동 조약에 의해 일본국 및 일본의 전쟁책임, 강제노역, 강제징집, 종군위안부에 대한 국가책임은 아직 해소되지 않은 것이다.

5. 결론

이상에서, 쯔카모도 다카시(塚本 孝)의 주장과 그 문제점을 다음과 같이 요약할 수 있다.

첫째, 쯔카모도 다카시(塚本 孝)는 1943년 카이로선언 및 1945년 포츠담선언이 영토처분에 관한 효력을 갖지 아니하며, 더구나 독도의 경우 "폭력 및 탐욕"에 의해 취득한 지역이 아니라고 주장한다. 그러나 1905년 島根縣 告示 제40호에 의한 일본의 '선점' 주장은 전형적

---

65) 하재환·최광준·김창록, 「한국 및 한국인에 대한 일본의 법적 책임」, 『법학연구』 37-1, 부산대학교, 1996. 12, 95~96쪽.

인 제국주의적 "폭력과 탐욕에 의한 것"이다.

둘째, 쯔카모도 다카시(塚本 孝)는, SCAPIN 제677호 및 제1033호의 경우 일본의 영토처분에 관한 구속력 있는 문서가 아니어서, 독도의 영유권귀속과는 아무 관계가 없다고 주장한다. 그러나 SCAPIN 제677호 및 제1033호에서 독도를 일본의 영토에서 배제시키고 그 후에 이들의 효력을 변경하거나 부인하는 별도의 지침이나 조치가 없었다는 것은 독도가 일본의 영토가 아닌 대한민국의 영토임을 나타내는 유력한 증거가 될 수 있다고 본다.

셋째, 1951년 샌프란스시코 조약의 성립 과정에서 한국의 주장이 미국에 의해 거부되어 최종 문안에 독도가 빠져 있어 일본의 영토로 되었다는 주장은 일본이 동 조약의 성립 과정에서 모든 노력을 다하고도 일본의 영토로 규정하지 못한 사실을 일부러 외면하는 것이다.

넷째, 1951년 샌프란스시코 조약에서 독도문제가 규정되어 있지 않으므로 일본의 영토로 확정되었다는 주장은 동 조약의 성립 이전에 독도가 일본의 영토라는 것을 전제로 하는 것인데, 쯔카모도 다카시(塚本 孝)가 그 근거로 내세우는 "선점"은 그 자체가 불법이며 국제법의 영토취득이론에도 모순되는 것이다.

다섯째, 1951년 샌프란스시코 조약의 성립 과정에서 '한국의 주장이 미국에 의해 거부'되었다고 주장하는 쯔카모도 다카시(塚本 孝)의 견해는 소위 조약의 해석원칙으로 "당사자의사주의"원칙에 근거한 것이다. 그러나, "당사자의사주의"원칙을 적용하더라도, 동 조약의 제1차 초안부터 제4차 초안까지 독도가 명확하게 일본에서 분리되어 한국의 영토로 규정하였다는 점과 결국 최종 조약문에서 일본의 영토로 명확히 규정하고 있지 못한 점을 설명하지 못하고 있다.

1951년 샌프란시스코 조약에 있어서 독도문제에 대한 대한민국과 일본의 입장이 서로 상반되고 있는데, 무엇보다도 중요한 것은 동 조약이 독도영유권의 귀속을 정하는 결정적이고 유일한 국제문서가 아니라는 점일 것이다. 독도영유권의 귀속은 독도의 영유권과 관련된 역사자료, 고지도, 공문서, 법령, 국제문서 등을 종합적으로 파악하여 판단해야 할 것이다. 특히, 일본이 주장하는 1905년 선점 주장은 그 자체가 허구일 뿐만 아니라 국제법적으로도 심각한 모순점을 가지고 있고, 일본에게 대단히 불리한 주장이다.

독도문제를 대비하는 궁극적인 정책방향은 "국제재판소에 가서도 우리가 이길 수 있도록" 만반의 준비를 해야 할 것이라고 생각하는 바, 독도문제가 국제재판소에서 다루어지는 경우에 대한 시나리오를 상정하여 일본의 '선점'주장에 대한 대응법리 계발, Critical Date에 대한 재검토, 신한일어업협정과 독도문제에 대한 극복논리 및 현실적 대안 등에 대한 철저한 연구가 필요하다. 또한, 우리의 주장을 객관적으로 확인하고 일본 주장의 허구성 및 불법성을 밝힐 수 있는 사료, 자료를 확보하고, 이를 기초로 한 대응논리를 개발하는 것이 시급하다고 본다.

우리 국내적으로 보면, 신한일어업협정과 관련하여 독도영유권이 훼손되었다는 근거없는 개인의 주장을 되풀이하는 경우가 있는데, 독도문제는 국가적 문제이므로 특히 그것이 일본에 의하여 악용될 소지도 염두에 두어야 한다면 법이론에 맞지 않는 주장이나 개인적 의견은 상당히 신중을 기하여야 할 것이다.

무엇보다도, 독도문제는 제2차 세계대전을 일으킨 장본인인 일본에 대한 전쟁책임을 철저히 추급하지 않은데서 기인한다고 보며, 앞으로 우리나라와 중국 및 관련 국가들이 연대하여 일본국의 전쟁책임, 일본왕의 전쟁책임, 강제징집, 집단학살, 생체실험 및 종군위안부에 대한 책임을 추급하는 것에서 그 해결방안이 모색되어야 하리라고 보며, 일본 또한 과거 일본 제국주의가 저질렀던 온갖 만행을 솔직하

게 인정하고 그 부끄러운 과거를 행동으로 속죄하는 자세의 변화가
필요하다고 본다.

독도에 관한 다학문적 연구

독도문제와 국제재판의
Mixed Case에 관한 고찰

정 갑 용

1. 서언

최근에 일본의 1951년 '總理府令 제24호'와 '大藏省令 제4호'는 독도를 울릉도·제주도와 함께 '일본의 부속 島嶼'에서 제외한다고 하였다. 이 법령이 발견되어[1] 독도가 대한민국의 영토임을 다시 한번 더 확인하는 계기가 되었다.

일본은 독도를 역사적으로나 국제법적으로 명백한 자국의 영토라고 주장하고 있고, 대외적으로도 독도가 자국의 영토임을 지속적으로 주장하고 있을 뿐만 아니라 1954년 9월 25일자 일본측 구상서(No. 158/AS)[2]에서 독도문제를 국제재판에 의해 해결할 것을 주장한 이래로

---

1) 조선일보 2008. 6. 10.
2) 신용하 편저, 『독도영유권 자료의 탐구』 4, 독도연구보전협회, 2001, 301쪽.

독도문제를 국제재판에 의해 해결한다는 입장에는 변함이 없는 것처럼 보인다.

이에, 본 논문은 우리나라와 일본 사이에서 해양관련 분쟁으로 인하여 그것이 국제재판에 회부되어 일본이 선결문제로 독도영유권의 귀속에 관한 문제를 우선적으로 해결할 것을 요구하는 혼합재판(Mixed Case[3])이 성립될 가능성이 있겠는가를 분석하여 우리의 독도정책을 수립하는 데에 일조하고자 한다.

2. 국제분쟁의 법개념

1) 의의

국제분쟁이란 "법률상의 문제점이나 사실상의 문제점에 관한 의견의 불일치, 다시 말하면 두 인격자간의 법적 견해 또는 이익의 충돌"을 의미한다. 국제분쟁에는 정치적 분쟁(사실적 분쟁)과 법률적 분쟁이 있는데, 정치적 분쟁이란 기존 법질서의 타당성에 도전하는 측과 그것을 수호하려는 측의 의견의 불일치, 즉 적용할 국제법규가 존재하지 않는 분쟁, 국가의 주권 또는 독립에 중요한 영향을 주는 분쟁, 국제법을 떠나서 다투는 분쟁을 말하고, 법률적 분쟁이란 기존 법질서 자체의 타당성은 인정하면서도 그 해석을 둘러싸고 일어난 의견의 불일치, 즉 적용할 국제법규가 존재하는 분쟁, 정치적 중요성을 가지지 않는 분쟁, 국제법에 의거하여 다투는 분쟁을 말한다.[4]

---

3) Mixed Case는 '혼합재판'이라고 번역할 수 있는데, 본 논문에서는 대한민국과 일본 간에 해양관련 분쟁에 대하여 국제재판이 성립되는 경우에 일본이 국제재판소에 대하여 독도영유권의 귀속문제를 선결적으로 해결할 것을 요구하는 경우를 의미하는 것으로 한정하고자 한다.

국제연맹규약[5]이나 국제사법재판소규정[6]은 법률분쟁에 해당되는 것으로, 조약의 해석, 국제법상의 문제, 국제의무의 위반의 사실의 존부 및 이러한 위반에 대한 배상의 범위 및 성질에 관한 분쟁을 열거하고 있다.

<국제사법재판소규정 제36조 제2항>[7]

「재판소규정의 당사국은 다음 사항에 관한 모든 법률적 분쟁에 대하여 재판소의 관할을, 동일한 의무를 수락하는 모든 다른 국가와의 관계에 있어서 당연히 또한 특별한 합의없어도, 강제적인 것으로 인정한다는 것을 언제든지 선언할 수 있다.

　가. 조약의 해석

　나. 국제법상의 문제

　다. 확인되는 경우, 국제의무의 위반에 해당하는 사실의 존재

　라. 국제의무의 위반에 대하여 이루어지는 배상의 성질 또는 범위」

위와 같이 법률적 분쟁과 정치적 분쟁을 구분하는 것은, 법률분쟁은 해당 분쟁을 국제재판에 의해 해결할 수 있으나, 정치적 분쟁은 국제재판에 의한 해결은 가능하지 않고 분쟁당사국 간의 합의, 조정,

---

4) 김찬규, 「국제분쟁의 조정과 유엔의 기능」, 『북한』, 제41호, 북한연구소, 1975. 5, 169~170쪽.

5) 국제연맹규약 제13조 2항.

6) 국제사법재판소규정 제36조 2항.

7) The states parties to the present Statute may at any time declare that they recognize as compulsory ipso facto and without special agreement, in relation to any other state accepting the same obligation, the jurisdiction of the Court in all legal disputes concerning:

a. the interpretation of a treaty:

b. any question of international law:

c. the existence of any fact which, if established, would constitute a breach of an international obligation:

d. the nature or extent of the reparation to be made for the breach of an international obligation

심사, 중재 등의 정치적 해결방법 만이 가능하다는 점에 있다.

한편, 국제분쟁의 유형과 성격의 측면에서 21세기 최초의 새로운 종류의 구체적인 모습을 제4세대전쟁(The Fourth Generation Warfare), 네트전(Netwar), 그리고 비대칭전쟁(The Asymmetric Warfare) 등으로 규정하는 경우도 있으며, 8)어느 국가와 다른 국가 사이에 국가영토를 둘러싼 분쟁을 '영유권분쟁'과 '국경분쟁'으로 구분하기도 한다.9)

해양도서 분쟁의 경우 釣魚島(일본 명칭 '센카쿠제도')와 南沙群島(Spratly Islands) 두 지역에서 도서 영유권 및 해역 개발권을 둘러싼 분쟁이 진행되고 있는데, 대만과 일본 오끼나와 섬의 중간에 위치한 조어도의 경우 현재는 일본이 실효적 지배를 하고 있으며, 중국이 주로 역사적 권원을 근거로 무력을 동원하여 1974년 서사군도를 시작으로 1988년 남사군도 점령에 이르기까지 자국령으로 편입시킴으로써 중국(및 대만) 대 동남아 4개국 간의 영유권 분쟁이 진행되고 있다.10)

2) 평화적 해결원칙

오늘날, 국제분쟁을 무력에 의하여 해결하는 것은 일반적으로 금지되어 있으며, 국제분쟁은 항상 평화적으로 해결할 것이 요구된다.11)

---

8) 이수형, 「9·11 뉴욕 테러와 21세기 국제분쟁의 새로운 유형」, 『사회과학논총』, 제19집, 명지대학교 사회과학연구소, 2003. 2, 136쪽.

9) '영유권분쟁'은 영토의 귀속과 배분에 관한 정치적 결정을 둘러싼 분쟁으로서 '내륙 영유권분쟁'과 '해양 도서영유권분쟁' 등이 포함되며, '국경분쟁'은 이미 정치적 결정이 이루어진 국경지역의 경계선 획정을 둘러싼 분쟁으로서 '국경하천 분쟁'과 '해양 경계선획정 분쟁' 등이 포함된다고 한다(배진수, 「독도문제의 국제분쟁론적 분석 : 국제분쟁사례 측정지표의 적용을 중심으로」 『분쟁해결연구』, 제4권 제1호, 단국대학교 분쟁해결 연구소, 2006. 6, 27쪽).

10) 이문기, 「중국의 해양도서 분쟁 대응전략: 조어도와 남사군도 사례를 중심으로」, 『아시아연구』, 제10권 제3호, 한국아시아 학회, 2008, 30쪽.

국제분쟁의 평화적 해결방법은 "국제법상 위법행위를 행한 국가에 대해 정치적, 사법적 수사에 의하여 국제법을 실현시켜 분쟁을 해결 하는 것"을 말한다.[12] 평화적 해결방법은 다시 정치적 해결방법과 법 적 해결방법으로 구분되며, 정치적 해결방법은 외교적 해결방법과 국 제조직을 통한 해결방법으로 나뉘고, 사법적 해결방법은 중재재판, 사법재판, 지역적 사법재판에 의한 해결이 있다.[13]

국제분쟁의 정치적 해결방법으로, 교섭과 협의(Negotiations and Consulta- tions), 주선(Good Offices), 중개(Mediation), 심사(Inquiry), 조정(Conciliation)이 있고, 법적 해결방법으로 중재(Arbitration), 사법적 해결(Judical settlement) 방법이 있다.[14] 여기서, 주선(Good Offices)이란 분쟁의 평화적 해결을 위하여 제 3국이 분쟁당사국 간의 직접교섭에 사무적 편의를 제공하는 것을 말 하고, 중개(Mediation)란 제3국이 분쟁해결을 위해 사무적 편의를 제공 할 뿐만 아니라 분쟁내용에까지 관여하여 분쟁해결에 노력하는 것을 말한다.[15] 심사(Inquiry)는 제3자가 분쟁의 원인이 된 사실을 공평하게 심사하여 사실관계를 명확히 함으로써 분쟁해결을 용이하게 하는 제

---

11) <유엔헌장 제2조>
   3. 모든 회원국은 그들의 국제분쟁을 국제평화와 안전 그리고 정의를 위태 롭게 하지 아니하는 방식으로 평화적 수단에 의하여 해결한다.
   4. 모든 회원국은 그 국제관계에 있어서 다른 국가의 영토보전이나 정치적 독립에 대하여 또는 국제연합의 목적과 양립하지 아니하는 어떠한 기타 방식으로도 무력의 위협이나 무력행사를 삼간다.

12) 이병조·이중범, 『국제법신강』, 일조각, 2007, 834쪽.

13) 이병조·이중범, 위의 책, 835쪽. Malcolm N. Shaw, *International Law*, Fifth edition(Cambridge Cambridge Uni. Press, 2003). pp.914~915.

14) United Nations, *Handbook on the Peaceful Settlement of Disputes between States*(New York: United Nations Publication, 1992).

15) 그 예로는, 1905년 일·러 Portsmouth조약의 체결에서 미국 루즈벨트대통령 의 주선, 1904년 영국과 러시아의 The Doggar Bank Case에서 프랑스의 중개 등을 들 수 있다. H. Waldock, *International Disputes: The Legal Aspects*(Europa Publications, 1972), 88~92쪽.

도를 말하는 것이고,16) 조정(Conciliation)은 독립적 지위에 있는 제3자가
분쟁을 심사하고 해결조건을 작성하여 분쟁당사국에 권고함으로써
분쟁을 해결하고자 하는 제도를 말한다.17)

사법적 해결제도로는, 국제사법재판소, 국제해양법재판소, 국제형
사재판소, WTO 분쟁해결기관 등이 있으며, 환경, 인권, 항행안전 등
분야의 국제재판소와 EU재판소 등 지역적 차원의 국제재판소 등이
있다.

3. 독도문제와 국제재판관할권

1) 재판관할권의 의의

국제재판관할권이란 "국가들이 자신의 주권행사의 일환으로 국제
재판소의 사법심사가 가능하도록 동의하는 범위 내에서 그 자신의 권
리를 제한당하는 것을 자발적으로 승낙하는 것",18) 또는 "법원이나
재판소가 그 권한의 범위내에서 그들에게 현실적으로 부탁된 문제를
인지하고 다룰 수 있는 법적 힘"19)을 의미한다.

재판관할권은 인적 관할권과 물적 관할권으로 크게 분류되는데, 국
제사법재판소의 관할권을 기준으로 보면, 인적 관할권으로 재판의 당
사자 적격20)을 갖는 주체는 원칙적으로 국가만이 될 수 있으며,21) 국

---

16) I. Brownlie, *Principles of Public International Law*, Oxford : Oxford Uni. Press, p.552.
17) *Ibid.*, p.858.
18) 이태규, 『국제사법재판소론』, 안양대학교 출판부, 1998, 85쪽.
19) 김정건·조영제, 「재판부탁합의조항'에 의한 ICJ의 관할권 결정시 제소국의 석명범위」, 『법학연구』, 제6권, 연세대학교, 1996. 6, 440쪽.
20) 국내소송법상 소송요건인 '당사자 능력의 문제'는 국제법상 국제사법재판

제사법재판소의 규정당사국인 경우 및 유엔 회원국은 자동적으로 인적 관할권이 인정된다.[22] 다만, 유엔의 안전보장이사회가 정하는 조건에 의하여 비회원국 및 비규정당사국에게도 인적 관할권이 인정될 수 있다.[23] 물적 관할권이란 국제사법재판소가 어떤 분쟁사건에 대하여 재판할 수 있느냐의 문제로서, 당사국들이 재판소에 부탁하는 전 사건 및 국제연합 헌장 또는 실시중의 조약 및 협정에 특히 규정된 전 사항에 대한 재판관할권을 의미한다.

한편, 여하한 종류의 분쟁도 그 성격 여하와 관계없이 그 당사자들이 합의한 경우에 또는 양 당사국이 재판소의 관할권을 수락한 경우에 재판소에 회부될 수 있는데, 이를 물적 관할이라고 한다. 예컨대, 일본, 뉴질랜드 및 호주와의 분쟁인 2000년 남방참다랑어 사건에 관한 중재판결에서, 1999년에 국제해양법재판소가 만장일치로 '일견하여(prima facie)' 동 분쟁에 대한 관할권이 있음을 인정하고 일본의 시험 조업을 중지시키는 잠정조치를 내린 것에 대하여, 중재재판소는 동 분쟁에 대한 해결절차는 1993년 남방참다랑어협약에서 합의한 중재재판[24]에 의해 해결하여야 하고 동 분쟁에 대하여 국제해양법재판소의 물적 관할권이 없음을 이유로 1999년에 국제해양법재판소가 행한 잠정조치결정을 무효로 한 바 있다.

소의 '대인적 관할권' 즉, 당사자에 대한 관할권으로 설명되고 있다(I. Brownlie, *op. cit,,* p.552).
21) 국제사법재판소규정 제34조 1항.
22) 유엔헌장 제93조 1항, 국제사법재판소규정 제35조 1항.
23) 국제사법재판소규정 제35조 2항, 유엔헌장93조 2항.
24) 1995 CCSBT협약 제6조.

2) 관할권의 성립유형

국제사법재판소에 제소하는 방법은 원칙적으로 분쟁당사국의 합의에 의하여 가능한데[25], 이를 '임의관할'이라고 한다. 따라서, 분쟁의 일방당사국이 국제사법재판소에 소송을 제기하여도 분쟁의 타방당사국이 이에 응하지 않으면 재판관할권이 성립되지 않는다.[26] 한편, 분쟁이 발생한 후에 관할권이 성립되는 것으로는, 분쟁당사국간에 해당 분쟁을 국제사법재판소에 제소한다는 약속을 의미하는 '특별합의'(special agreement, compromise), '확대관할권'(forum prolongatum)이 있으며,[27] 그 외에도 소송참가, 유엔의 안전보장이사회의 권고가 있을 수 있다.[28]

국제사법재판소의 규정 및 규칙에 의하면, 재판관할권이 성립하는 유형은 다음과 같이 정리할 수 있다.

첫째, 국제사법재판소의 재판관할 부여에 관한 기본원칙은 '임의관할'이므로, 소송의 제기는 분쟁당사국들이 해당 사건을 재판에 부탁하기 위한 '특별협정'(special agreement: compromise)에 합의하여 이를 재판소의 서기국에 통고함으로써 이루어진다.[29] 여기서, '당사국들이 합의하여'란 의미는 분쟁이 발생한 후에 분쟁당사국간에 이 분쟁을 재판소에 회부하기로 특별합의를 하는 것을 말하며, 국제사례로는 1999년의 카시시 및 세두두섬의 경계획정사건[30], 1953년의 망끼에 및 에끄레오 제도 사건[31] 등이 있다.

---

25) 국제사법재판소규정 제36조 제1항.
26) 이병조·이중범, 전게서, 861쪽.
27) 김재원 역,『국제분쟁의 해결방법』, 교육과학사, 1998, 176~177쪽.
28) 유엔헌장 제36조 3항.
29) ICJ규정 제39조 제1항.
30) *Ibid.*, *para*.1.
31) 김현수,「멩끼에 및 에크레호 도서 영유권 사건」,『국제해양분쟁사례연구 Ⅲ: 국제사법재판소판례』, 해양수산부, 2005, 43~44쪽.

둘째, 분쟁당사국들이 사전에 일정한 조약이나 특정한 조약의 재판 조항에서 그 조약의 해석 또는 적용과 관련하여 분쟁이 발생하는 경우에 일방분쟁당사국이 재판소에 제소하는 경우에 재판이 성립하도록 합의하는 경우이다. 이를, 재판조약 또는 재판조항에 의한 재판관할권의 성립이라고 하며, 그 본질은 분쟁당사국들의 합의에 의한 것이므로 역시 '임의관할'에 속한다.

셋째, 국제사법재판소의 당사국들이 재판소규정에 의하여 선택조항을 수락하는 경우에 그 수락한 국가들 간의 분쟁에, 분쟁당사국들이 수락한 내용의 범위 내에서 재판관할권이 성립하는 경우, 즉 조약의 해석, 국제법상의 제문제, 국제의무의 위반을 구성하는 사실의 존재, 국제의무의 위반에 대하여 주어져야 할 손해배상의 성질 또는 범위에 관한 분쟁들은 재판소규정의 선택조항에 의하여 강제관할권을 수락선언하는 경우에 재판이 성립될 수 있다.[32] 2009년 1월말 현재, 66개국이 선택조항에 근거하여 관할권을 수락하고 있는데,[33] 선택조항의 수락제도에 근거하여 분쟁이 해결된 대표적인 사례로는 1955년의 The Nottebohm case, 1985년의 The Nicaragua v. U.S. case를 들 수 있다.[34]

넷째, 일방분쟁당사국이 일방적으로 제소하는 경우에 그 상대국은 관할권에 대한 선결적 항변(preliminary objection)을 제기할 수 있는데, 이 경우 해당 분쟁에 대하여 재판소가 관할권을 가지는가의 문제는 재판소의 결정에 따라 해결된다.[35] 피제소국가가 해당 사건에 관한 재판소의 관할권에 대하여 이의를 제기하고자 하는 경우에 준비서면이 제출된 후 3개월 이내에 항변서를 제출하여야 하며,[36] 이러한 항변이

---

32) 동조 제2항.
33) 국제사법재판소, 홈페이지 참조.
34) 이태규, 앞의 논문, 96~100쪽.
35) 동 제36조 제6항.

제기되는 경우 재판소는 본안절차를 일단 중단하고 선결적 항변과 관련하여 판결의 형식으로 결정한다.[37]

다섯째, 일정한 분쟁에 대하여 분쟁당사국들이 재판관할권을 수락하지 않았음에도 불구하고 일방분쟁당사국이 재판소에 제소하는 경우에 타방분쟁당사국이 일정한 행위를 취하여 관할권에 동의한 것으로 간주되는 확대관할권(forum prorongatum)의 경우, 즉 재판관할권에 대한 당사자들의 사전의 합의 또는 쌍방의 수락 없이 일방 당사자가 제소한 후 타방 당사자의 관할권 수락에 의하여 성립되는 경우를 들 수 있다. 확대관할권의 국제사례는, 1951년 토레사건, 2003년 프랑스에서의 형사절차에 관한 분쟁사건을 들 수 있다.

여섯째, 소송참가에 의하여 재판관할권이 성립하는 경우이다. 소송참가는 해당 소송사건에 대하여 이해관계를 가지는 제3국이 자국의 이익을 보호받기 위하여 해당 재판에 자신의 이름으로 소송에 참가하는 것으로,[38] 국제사법재판소 규정 제62조와 제63조에서 소송참가를 인정하고 있다. 이 경우에, 소송참가를 신청하는 국가가 적극적으로 자국의 법적 이해관계를 입증할 필요는 없고 소송참가에 반대하는 국가가 이러한 이해관계가 없다는 것을 반증할 수 있다.[39]

소송참가에 관한 국제사례로는, 1985년의 리비아와 말타 대륙붕 분쟁사건, 1982년의 튀니지와 리비아의 대륙붕사건(1982)[40] 등이 있다.

---

36) ICJ 재판소규칙 제79조 제1항.
37) 동조 제3항 및 제7항.
38) 김상균, 「판결의 효력과 소송참가」, 『법학연구』, 제8권 제1호, 연세대학교 법학연구소, 2001, 291쪽.
39) 서철원, 「국제사법재판소에서의 소송참가」, 『법학논총』, 제12집, 숭실대학교 법학연구소, 2000, 168쪽.
40) ICJ, Case concerning the *Continental Shelf*(Tunisia v. Libyan Arab Jamahiriya), Special Agreement between The Republic of Tunisia and The Socialist People's Libyan Arab Jamahiriya(14 February 1979).

일곱째, 안보리 권고에 의하여 재판관할권이 성립될 수도 있다. 즉, 유엔 헌장 제36조 제3항은 안전보장이사회의 권고가 있는 경우에는 안전보장이사회의 주의를 환기한 분쟁당사국이 국제사법재판소 규정에 따라 다시 국제사법재판소에 제소할 수 있으며,[41] 안보리가 국제사법재판소에 부탁하여 해결하도록 권고한 사례는, 1949년 코류푸사건, 1975년 에게해사건이 있다.[42]

마지막으로, 일정한 분쟁에 있어서 재판관할권이 성립되었으나 일방분쟁당사국이 그러한 분쟁의 선결문제로 다른 사항에 대한 판단을 요구하는 경우이다. 예컨대, 일본이 독도 인근해역에 대하여 해양과학조사를 실시하는 것에 대하여 대한민국과 일본 간에 해양과학조사에 관한 분쟁이 발생하여 이를 국제재판에 의해 해결하는 과정에서 일본이 해양과학조사수역의 범위를 정하는 것에 대하여 독도가 일본영토이므로 독도 인근해역에서 대한민국의 동의없이 해양과학조사를 실시할 수 있다고 주장하면서, 독도영유권의 귀속여부를 선결문제로 해결해 줄 것을 재판소에 청구하는 경우를 생각할 수 있다. 이에 대하여는 아래에서 보다 구체적으로 설명하기로 한다.

---

41) ICJ, *The Corfu Channel Case -Preliminary Objection-*(March 25th, 1948), I.C.J, General List No.2, p.3.
42) M. N. *Shaw, International Law*, the Fifth ed.(Cambridge: Cambridge Univ. Press, 2003), p.1104.

4. 독도문제와 Mixed Case 성립 가능성

1) 해양과학조사

(1) 현황

해양과학조사란, "해양의 자연현상을 구명하기 위하여 해저면·하층토·상부수역 및 인접대기를 대상으로 하는 조사 또는 탐사 등의 행위"를 말한다.[43] 1982년 유엔해양법은 해양과학조사에 대한 정의를 하지 않고 있는데, 일반적으로 해양과학조사는 "해양물리학, 해양화학, 해양생물학, 해양지질학 및 지구물리학 등을 통하여 해양환경에 대한 인간의 지식을 증진시키기 위하여 이루어지는 실험적인 작업"[44]이라고도 한다.

해양과학조사와 관련하여, 지난 2006년 4월 14일에 일본은 해상보안청 고시[45]를 통하여 4월 20일부터 5월 10일(20일간)까지 독도를 포함한 울릉도 동남방 약 30~40해리 해역에서 해양수로측량을 실시한다고 공표하였다. 이에, 우리 정부는 일본의 행위에 강력 대응하여 먼저 퇴거를 명하되 불응하는 경우에는 정선, 검색 및 나포한다는 방침을 천명하여,[46] 한동안 동해에서는 우리나라의 해양경찰선과 일본의 조사선이 해상에서 서로 대치하여 양국 간에 긴장관계가 한층 고조된 사건이 발생한 바 있다.

---

43) 해양과학조사법(법률 제8852호, 2008. 2. 29) 제2조 제1호.
44) 이용희·강보석, 「외국관할수역에서의 해양과학조사의 제문제」, 『해사법연구』, 제17권 제1호, 한국해사법학회, 2005.3, 94쪽.
45) 일본 해상보안청 고시 제101호.
46) 조선일보, 2006. 4. 16. 참조.

(2) 문제점

1982년 유엔해양법협약에 의하면, 연안국의 EEZ 및 대륙붕에서 해양과학조사를 실시하는 국가는 그 개시 6월 이전까지 연안국에 대하여 조사계획을 제출하여야 하고, 연안국이 부여하는 조건을 준수하여야 한다.[47] 연안국은 해양과학조사가 연안국의 동의의 기초가 된 정보에 따라 수행되고 있지 아니한 경우, 정해진 조건에 따라 수행되지 아니하고 그 불이행이 조사활동의 주요한 변경에 해당하는 경우, 자국의 EEZ 또는 대륙붕에서 행하여지고 있는 해양과학조사활동의 정지 또는 중지를 요구할 수 있다.[48]

우리나라의 해양과학조사법에 의하면 외국의 조사선박이 우리나라 EEZ에서 해양과학조사를 하는 경우에 조사를 실시하기 6월 전까지 조사계획서를 제출하여 계획서를 제출한지 4월 이내에 우리나라의 동의를 받아야 한다. 만일, 외국의 조사선박이 우리나라의 영해 외측 수역에서 사전 동의를 받지 아니하고 해양과학조사를 수행하는 경우에 그 조사선박에 대하여 정선, 검색, 나포 기타 필요한 명령이나 조치가 가능하다.[49]

그러나, 일본이 조사를 실시하고자 하는 수역은 한국과 일본 간에 해양경계선이 아직 정하여져 있지 않아 양국의 EEZ 경계선이 명확하지 않아서 일본의 입장에서 보면 양국 간의 가상 해양경계선에서 일본 쪽으로의 EEZ에서 행하는 적법한 조사활동이라고 주장할 수 있는 여지가 있다.

---

47) 협약 제249조.
48) 동 제253조.
49) 우리나라의 해양과학조사법 제7조, 제13조.

(3) 평가

이상에서, 유엔해양법협약이나 우리나라의 해양과학조사법에 의거하여 독도 인근 해역에서 대한민국과 일본 간에 해양과학조사와 관련하여 발생할 수 있는 분쟁은, 해양과학조사의 허가 또는 동의 불허, 허가나 동의절차에 대한 위반행위, 해양과학조사활동에 대한 부당한 정지 및 중지행위, 해양과학조사활동으로 인하여 연안국에 피해를 끼치는 경우에 조사국의 손해배상의무, 해양과학조사활동과 관련한 의무위반행위 등을 들 수 있으며, 이에 대한 Mixed Case의 성립 가능성에 관한 문제는 다음과 같이 정리할 수 있다.

첫째, 양국이 자율적으로 협의하여 처리하는 방법이 있을 수 있는데, 그것이 순수한 과학적 목적의 조사로 한정된다면 공동승선 등의 방법으로 상호주의 하에서 원만하게 합의를 볼 수도 있을 것이다.

둘째, 과학조사와 관련된 분쟁에 대하여는 중재재판, 국제사법재판소에 양국이 합의에 의하여 제소를 할 수 있는 것은 물론이지만, 양국이 국제재판에 제소한다는 '특별협정'에서 명시적으로 독도문제를 선결문제로 청구한다는 것에 합의하지 않는 한, 그러한 국제재판에서 독도문제에 관한 물적 관할권이 성립되기는 어려울 것이다.

셋째, 과학조사와 관련된 분쟁을 국제해양법재판소에 제소하는 경우이다.

2) 해양지명

(1) 현황

해양지명이란 "자연적으로 형성된 해양·해협·灣·浦 및 수로 등

은, 국제핵비확산조약, 원자력손해배상에 관한 비엔나협약, 원자력사
고에 대한 조기통보 협약, 원자력사고 및 방사선사고에 관한 상호지
원 협약, 핵물질의 물리적 방호에 관한 협약, 원자력 안전협약, 방사
성폐기물 및 사용 후 연료의 관리안전에 관한 공동협약, 방사성폐물
질의 수출 및 수입에 관한 지침75)과 방사성폐기물의 관리에 관한 기
본원칙 등이 있다.

그러나, 핵물질의 해상운송에 관한 분쟁해결에 관한 문제는 이들
협약들에서 규정하고 있지 않으며, 국제원자력기구가 1994년에 원자
력안전을 위한 국제적 공동노력을 달성하기 위하여 채택한 '원자력안
전협약'76)에서 일반적인 협의의무77)만을 규정하고 있는 형편이다.

이상에서, 일본의 핵물질 해상운송과 관련하여 독도 인근 해역에서
사고가 발생하는 경우에 Mixed Case의 성립 가능성에 관한 문제는 다
음과 같이 정리할 수 있다.

첫째, 양국이 자율적으로 협의하여 처리하는 방법으로, 협의 과정
에서 독도영유권의 문제를 일본이 제기할 가능성을 생각할 수 있으
나, 사고를 신속하게 처리해야 할 필요가 있을 것이므로 양국이 원만
하게 합의에 이르기 위하여 일본이 독도문제를 제기할 가능성은 거의
없다고 보아야 할 것이다.

---

75) IAEA, "Guidance on the Import and Export of Radioactive Sources", GC(47)/Res.7.B (September 2003).
76) 원자력안전협약은 1994년에 채택, 1999년 10월 24일에 발효되었으며, 우리
   나라는 1995년 9월 19일에 기입하여 1996년 10월 24일에 발효하였고, 일본
   은 1995년 5월 12일에 가입하여 1996년 10월24일에 발효하여, 양국이 모두
   협약당사국으로 되어 있다(과학기술부, 『원자력안전협약 4차 검토회의 준
   비를 위한 방향설정 연구』, 2008, 7쪽).
77) 원자력안전협약 제4조: 둘 또는 그 이상의 체약당사국 사이에 협약의 해석
   또는 적용에 관한 분쟁이 발생하는 경우, 당사국은 그 분쟁을 해결하기 위
   하여 체약당사국회의의 테두리 안에서 협의한다(과학기술부, 위의 보고서,
   87쪽).

둘째, 원자력안전협약의 규정과 같이 원자력안전협약당사국회의에서 사고처리 및 분쟁의 원만한 해결을 위하여 양국이 협의하는 가운데서 일본이 독도문제를 제기하는 가능성을 들 수 있다. 이 경우에도 핵사고의 본질상 사고처리를 신속히 해야 할 것이므로, 일본이 독도문제를 제기할 가능성은 거의 없다고 보아야 할 것이다.

셋째, 핵사고 문제를 양국이 합의하여 중재재판, 국제사법재판소, 국제해양법재판소에서 재판하는 가운데서 일본이 독도문제를 제기하는 가능성을 들 수 있다.

5) 기타

(1) 선박충돌

2007년 5월에 중국 근해에서 발생한 골든로즈호의 침몰사건[78]에서 보는 바와 같이 해상에서의 선박충돌사고는 대단히 빈번하게 발생하고 있는데, 독도가 속해 있는 동해 공해에서도 충돌사고의 건수가 해마다 증가하고 있다(<표 2>).

〈표 2〉 동해 공해의 연도별 선박충돌 건수

연도	2002년	2003년	2004년	2005년	2006년
건수	23건	7건	74건	98건	111건

자료: 해양수산부 중앙해양안전심판원, 『해양안전심판사례집』, 2007, 669쪽.

독도 인근해역에서 우리나라 선박과 일본 선박이 충돌하여 발생한

---

78) 문병일, 「골든로즈호 충돌사건에 있어서의 손해배상청구 전반에 관한 법적 고찰」, 『해양정책연구』, 제22권 2호, 한국해양수산개발원, 2007년 겨울호, 57쪽.

피해에 대하여 분쟁이 발생하고, 그 해결과정에서 일본이 독도영유권의 귀속을 선결문제로 제기하는 경우를 들 수 있다.

(2) 독도 영공

방공식별구역(Korea Air Defence Identification Zone; KADIZ)은 영공의 방위를 위해 영공 외곽 일정지역의 상공에 설정되는 공중구역으로서, 한반도 지역으로 접근하는 비행물체에 대한 사전 탐지, 식별 및 적절한 조치를 위해 설정된 구역을 말한다. 우리나라의 경우에 동해에서의 독도 상공은 이 구역에 속해 있기 때문에, 대한민국의 허가 없이는 다른 나라의 항공기가 들어올 수 없다.[79]

미 태평양 공군사령부는 1951년 3월 23일 KADIZ를 동, 서, 남해 8개의 지리상 좌표를 직선으로 연결하여 설정하면서 독도를 이 구역 내에 포함시켰는데, 독도에서 독도 동쪽 KADIZ까지 가장 가까운 거리는 23km이다.[80]

앞으로, 일본이 동해의 방공식별구역의 범위에 대한 이의를 제기하여 우리나라와 분쟁이 발생하고, 그 해결과정에서 일본이 독도영유권의 귀속을 선결문제로 제기하는 경우를 생각할 수 있을 것이다.

(3) 가스하이드레이트

가스하이드레이트는 화석연료를 대체할 수 있는 새로운 에너지로 그 중요성이 날로 부각되고 있는데, 최근 독도 인근해역에서 가스하이드레이트가 매장되어 있음이 발견되었다. 우리나라는 2007년 6월 동해 울릉분지 해역에서 가스하이드레이트 채취에 성공한 데 이어

---

79) *ko.wikipedia.org.*
80) *chosun.com*, 2008. 8. 1.

11월 시추에서는 초대형 가스하이드레이트 구조를 발견한 바 있는데, 동해 심해저에 매장된 가스하이드레이트의 규모는 약 6억t으로 국내에서 30년 동안 사용할 수 있는 양이라고 추정하고 있다.[81]

앞으로, 일본이 독도 인근해역의 가스하이드레이트 개발과 관련하여 이의를 제기하여 우리나라와 분쟁이 발생하고, 그 해결과정에서 일본이 독도영유권의 귀속을 선결문제로 제기하는 경우를 생각할 수 있다.

5. 결 어

이상에서, 우리나라와 일본 간에 발생할 수 있는 독도 인근 해양이용에 관한 기타 분쟁(독도 인근해역에서의 해양과학조사 및 해양지명의 변경 또는 부여, 신한일 어업협정의 해석 및 운용, 독도 인근해에서 핵물질을 운송하는 선박의 사고 또는 일반 선박의 충돌사고, 독도 영공의 대한민국 방공식별구역(KADIZ)의 범위에 관한 분쟁, 독도 인근 해저에서의 가스하이드레이트의 개발 및 이용 등)을 국제재판에 의해 해결하는 과정에서 일본이 선결문제로 독도영유권의 귀속에 관한 문제를 청구할 수 있는 가능성을 살펴보았다.

해양과학조사의 경우에, 이미 우리나라는 "해양법에 관한 국제연합협약 제298조 선언"[82]에서 해양과학조사에 관한 연안국의 재량사항

---

81) *chosun.com*, 2008. 7. 25
82) 조약 제1776호, 2006. 4. 16 선언서 기탁, 2006. 4. 18 발효, 2006. 4. 24 관보 게재.
「1. 대한민국은 협약 제298조 제1항에 따라 협약 제298조 제1항 (a)호, (b)호 및 (c)호에 언급된 모든 범주의 분쟁에 관하여 협약 제15부 제2절에 규정된 모든 절차를 수락하지 아니함을 선언한다.
2. 현재의 선언은 즉시 유효하다.
3. 현재 선언의 어느 부분도 대한민국이 다른 당사국간 분쟁에 대한 결정

에 대하여 타방당사국이 일방적으로 제소를 하는 경우에 협약상의 어떠한 재판관할권도 성립하지 않는다는 선언을 한 바 있으므로, 해양과학조사활동에 관한 일본과의 분쟁에 있어서 양국이 합의하지 않는한 국제해양법재판소의 강제적 관할권이 성립하지 않는다.

독도 인근의 해저지명의 부여 및 변경에 관하여는 국제수로국과 유엔에 등록하는 절차에 의하여야 하며 그러한 절차에 의한 결과로서 해저지명에 관한 분쟁을 국제재판에 제소하는 것은 가능하리라고 본다. 다만, 해저지명의 분쟁에 관한 국제재판에 있어서도, 재판청구의 대상을 명시적으로 독도문제를 선결문제로 청구한다는 것에 양국이 합의하지 않는 한, 해당 국제제소가 독도문제를 선결문제로 다루는 Mixed Case가 성립되기는 어려울 것이다.

신한일 어업협정의 해석 및 운용에 관한 분쟁에 있어서, 독도문제를 선결문제로 청구할 수 있는 국제재판의 형태는 특별중재재판소, 중재재판소, 국제해양법재판소, 국제사법재판소를 생각할 수 있는데, 이들 재판소에서도, 달리 합의하지 않는 한, 해당 국제제소가 독도문제를 선결문제로 다루는 Mixed Case가 성립되기는 어려울 것이다.

핵물질의 해상운송과 관련된 분쟁의 경우도 양국이 국제재판에 제소한다는 '특별협정'에서 재판청구의 대상을 명시적으로 독도문제를 선결문제로 청구한다는 것에 양국이 합의하지 않는 한, 동 사건에 관한 국제재판에서 독도문제에 관한 물적 관할권이 성립되기는 어려울 것이다.

독도문제를 국제재판에 의해 해결해야 한다는 일본의 주장은, 국제재판을 통하여 자국의 법익을 실현하는 것이 궁극적 목표가 아니라 국제재판이라는 법률적 위장을 통하여 독도문제에 대한 국제적 여론

에 의하여 영향을 받을 수 있는 법률적 성질의 이해관계를 가진다고 여기는 경우, 대한민국이 동 협약 제287조에 언급된 재판소에 소송참가 허가를 요청할 권리에 영향을 미치지 아니한다.」

독도를 한국의 영토라고 한다면 고대에서부터 지금에 이르기까지 지방행정체계의 제도사적 측면에서 독도가 어떤 지위에 있었던가를 논해볼 필요가 있다. 현재 독도는 울릉군 독도리에 속해 있고, 역사적으로 독도는 울릉도의 '屬島'로 울릉도민의 삶의 텃밭임을 부각시켜 한국 땅이라고 한다. 그렇다면 울릉도와 독도가 지방행정체계상 어떤 위치에 있었으며, 독도가 행정적으로 울릉도의 관할 지역으로 편제된 시기가 언제였던가를 논할 필요가 있다.

한국의 지방행정단위는 군, 현을 기본 단위로 한 군현제로 일관해 왔다고 하더라도 과언이 아니다. 그러면서도 각 시대의 군현제 운영의 실상은 많은 차이가 있다.

군현제란 원래 秦·漢 이래 중앙집권적인 지방행정제도로서 전국에 동일한 政令을 가지고 행정구획을 정하여 중앙정부에서 선임한 수령으로 하여금 지방행정을 취급하게 하는 제도이다. 군현은 군주가 획일적이고 집중적인 권력을 관료기구를 통해 지방주민을 지배하기 위하여 설정한 행정구획이다. 이러한 중국의 군현제도가 한국에서는 벌써 삼국시대부터 수용되어 형식적인 모방을 해왔으나 그 구체적 실체는 신라·고려·조선왕조에 따라 각기 양상을 조금씩 달리 하고 있었다.

9주 5소경을 중심으로 한 신라의 군현제도는 신라 말 고려 초에 와서 해체·개편되었다. 고려의 군현제는 5도 양계체제를 근간으로 하는 군현제를 실시하였지만 수령이 파견되는 주읍이 130여개인데 반해 수령이 파견되지 않는 속읍이 390개에 달하고, 향·소·부곡·처·장 등의 부곡제 영역이 존재하는 다원적이고 복합적인 군현체계를 갖고 있었다. 그것이 조선조에 들어와 8도체계를 근간으로 하는

한 종합적 연구』, 영남대학교 민족문화연구소, 1998 ; 「조선 초기 울릉도·독도 관리정책」, 『동북아역사논총』 20, 동북아역사재단, 2008.

고려의 지방제도가 완비되는 시점에 오면 내륙은 물론 서남해안의 도
서 가운데, 제주도, 거제도, 진도 등에 군현이 설치되었다. 이들 도서
에 설치된 군현은 인근 유인도들을 屬島로 거느리고 있었다. 울릉도
는 고려사 지리지 울진현의 '속도'로 다음과 같이 기록되어 있다.

C) 蔚珍縣은 원래 고구려의 于珍也縣(고우이군이라고도 한다)이다. 신라 경덕왕이
지금 명칭으로 고쳐서 군으로 만들었다. 고려에 와서 현으로 낮추고 현
령을 두었다. 여기에는 울릉도가 있다[이 현의 정동쪽 바다 가운데 있다.
신라 때에는 우산국, 武陵 또는 羽陵이라고 불렀는데 이 섬의 주위는 100
리이며 지증왕 12년에 항복하여 왔다. 태조 13년에 이 섬 주민들이 백
길·토두를 보내 방물을 바쳤다. 의종 11년에 왕이 울릉도는 면적이 넓
고 땅이 비옥하며 옛날에는 주현을 설치한 일도 있으므로 능히 백성들이
살 수 있다는 말을 듣고 溟州道監倉인 金柔立을 파견하여 시찰하게 하였
다. 유립이 돌아와서 보고하기를 "섬에는 큰 산이 있으며 이 산마루로부
터 바다까지의 거리는 동쪽으로는 1만여 보이며 서쪽으로는 1만 3천여
보, 남쪽으로는 1만 5천여 보, 북쪽으로는 8천여 보인데 마을이 있던 옛
터가 7개소 있고 돌부처, 철로 만든 종, 돌탑 등이 있었으며 柴胡 藁本,
石南草 등이 많이 자라고 있었습니다. 그러나 바위와 돌들이 많아서 사
람이 살 곳이 못 됩니다"라고 하였으므로 이 섬을 개척하여 백성들을 이
주시키자는 여론이 중지되었다. 혹자는 말하기를 우산과 무릉은 원래 두
섬인데 서로 거리가 멀지 않아서 바람 부는 날, 날씨가 맑으면 가히 바라
볼 수 있다고도 한다(『고려사』 권58, 지12 지리3 동계 울진현).

그러나 이 자료에는 고려 태조 때 섬 주민들이 방물을 바쳤다는 기
록 외에 고려의 군현제도가 정비되는 현종 때에 관한 기록이 일체 없
다. 다만 사료 B-1)~3)에서 보는 바와 같이 '우산국'만 등장한다. 그
것은 우산국이 고려의 군현조직 속에 포함되지 않은 독자세력으로 존
재하였기 때문이다. 『고려사』 지리지에 고려 군현제의 획기적 정비
시기인 현종조에 관한 기사가 없는 것은 바로 이 때문이다.

그렇다면 의종 11년 사료에 '옛날에는 군현을 설치한 일도 있다'는
지리지의 기록 C)는 어떻게 해서 나온 것일까? 현종대의 기록 B-1)~

3)을 살펴보면 여진족의 침략을 받아 우산국의 존립기반이 붕괴되고 있음을 알 수 있다. 현종 때 여진족의 피해는 우산국뿐만 아니라 다음 자료에서 보다시피 동해안 일대의 19읍에 걸칠 만큼 광범하였다.

> 당시 삭방도의 등주와 명주 관내의 삼척, 상음, 학포, 파천, 연곡, 우계 등 19현이 외적들의 침해를 받고 주민들의 생활이 대단히 곤란하였다. 그래서 조정에 구제 대책을 청원하여 주민들의 조세를 감면하라는 명령을 받고 그들의 부담을 경감하여 주었다"(『고려사』 권94, 열전7, 이주좌).

이때 해당 군현의 주민들의 조세 감면 등의 조처가 단행되었지만 우산국에 대한 조세 감면의 조처는 보이지 않는다. 이것은 우산국이 고려의 군현체계 속에 포함되어 조세와 역역을 부담하는 군현민이 아니었음을 뜻한다. 그러나 여진족의 침략으로 인해 우산국은 더 이상 자립할 수 없는 상황에 이르렀다. 그 주민의 대다수가 고려에 망명하여 고려 군현에 편적될 정도였다. 이제 우산국은 농기구 지원의 명목이지만 고려의 관리를 받아들이지 않을 수 없는 상황이었다. 그 과정에서 '우산국'이란 명칭은 역사의 무대에서 사라지고 더 이상 등장하지 않음을 다음의 사료들은 보여준다.

> D-1) 羽陵城主가 자기의 아들 夫於仍多郞을 파견하여 토산물을 바쳤다.(『고려사』 권5, 세가 덕종 원년 11월)
>
> D-2) 명주도감창사 李陽實이 울릉도에 사람을 보내 이상한 과실 종자와 나뭇잎을 가져다가 왕에게 바쳤다.(같은 책 권17, 세가 인종 19년 7월 기해일)
>
> D-3) 왕이 동해 가운데 있는 우릉도는 지역이 넓고 땅이 비옥하며 옛날에는 주, 현을 두었던 적이 있어서 백성들이 살 만하다는 말을 듣고 명주도감창 전중내급사 김유립을 시켜 가 보게 하였다. 유립이 돌아와서 그곳에는 암석들이 많아서 백성들이 살 수 없다고 하였으므로 그 의논이 그만 잠잠하여졌다.(같은 책 권18, 세가 의종 11년 5월 병자일)
>
> D-4) 또 동해 중에 울릉도라는 섬이 있는데 땅이 비옥하고 진귀한 나무들과

해산물이 많이 산출되나 수로가 원격하여 왕래하는 사람이 끊어진 지 오래이다. 최이가 사람을 보내서 시찰한즉 과연 집터와 주춧돌이 완연히 있었으므로 동부지방의 군 주민들을 이주시켰다. 그 후 풍랑과 파도가 험악해서 익사자가 많다는 이유로 이민을 중지하였다.(같은 책 권129, 열전42 반역 최충헌전 부 최우 고종 30년)

D-5) 국학학유 權衡允과 급제 史挺純을 울릉도 安撫使로 임명하였다(같은 책 권23, 세가 고종 33년 5월 갑신일).

D-6) 울진 현령 朴淳이 처자와 노비 및 가산을 배에 싣고 울릉도에 가려고 하였다. 성안 사람들이 이것을 알고 마침 성안에 들어 온 박순을 붙잡아 두었는데 뱃사람들이 배에 실은 가산을 가지고 도망하여 갔다.(같은 책 권25, 원종 1년 7월 경오일)

D-7) 첨서 추밀원사 許珙을 울릉도 斫木使로 임명하여 이추와 함께 가게 하였다. 왕이 황제에게 보고하여 울릉도에서 나무를 찍는 일과 홍다구의 부하 5백명의 의복을 마련하는 것을 축감해 달라는 것과, 삼별초를 평정한 후 제주의 주민들은 육지에 나오지 말고 예전대로 자기 생업에 안착하게 하여 줄 것을 요청하였다. 황제가 그 제의를 좇았다.(같은 책 권27, 원종 14년 2월 계축일)

D-8) 얼마 안 지나서 원나라에서 또 이추를 보내서 재목을 요구했다. 이추는 울릉도로 건너가서 재목을 작벌코자 하므로 왕이 대장군 康渭輔를 동행시켰다. 이추는 3품 관질은 낮다 하여 "3품이란 개 같은 것인데 어찌 데리고 다니겠느냐"라고 하였으므로 청서 추밀사 許珙을 대신 보냈다. 왕이 원나라에 청하여 드디어 이추를 파면시켰다.(같은 책 권130, 열전 43 반역 조이 부 이추)

D-9) 東界의 芋陵島 사람이 내조하였다.(같은 책 권37, 세가 충목왕 2년 3월 을사일)

이상에서 보다시피 현종 때를 마지막으로 하여 우산국의 명칭은 보이지 않고 우릉성, 혹은 우릉도 내지 울릉도의 명칭이 보일 뿐이다. 그리고 감창사, 안무사, 혹은 작목사 등의 고려의 관리가 수시로 파견된 기록만이 등장한다. 고려 말년에 이르러서는 울릉도가 유배지로도 이용되기도 하였다.5) 그것은 울릉도가 고려의 지방행정체계의 단위 속에 포함되었음을 뜻한다.

5) 『고려사』 권91, 열전4, 영흥군 환 ; 『고려사절요』 신창 원년 9월.

고려의 군현제는 5도 양계제를 근간으로 하면서 수령이 파견되는 주읍과 수령이 파견되지 않은 속읍의 군현제 영역과 향·소·부곡·장·처 등의 부곡제 영역으로 구성되어 있었고, 양계 지역의 경우 방어군, 진 등이 설치되었다. 『고려사』 지리지의 경우 조선시대에 편찬되는 지리지와는 달리 『삼국사기』 지리지처럼 군현의 연혁과 영속관계를 밝힌 행정적 변경사항만이 언급되고 있다. 그러나 『고려사』 지리지의 경우 읍이 설치된 섬 뿐만이 아니라 읍이 설치되지 않은 섬도 그것의 행정업무를 관장하는 읍에 '속도'로 기록하고 있다. 그것은 섬에 대한 영토의식이 그만큼 증대되었음을 반영하는 것이다. '속도'를 거느리고 있는 해당 읍이 섬에 대한 행정사무를 맡아 보았기 때문이다. 그런 점에서 지리지에 실린 '섬'들은 군현이 설치되지 않은 향·소·부곡·장·처와 같은 반열에 있었다고 보아야 할 것이다. 울진현의 경우 수령이 파견되는 주읍의 위치에 있었지만 그 관할 속읍 및 향·소·부곡·장·처 등을 갖고 있지 못하고 오직 울릉도만 속도로 갖고 있었다. 『고려사』 지리지 동계 울진현조에 '울릉도'가 실린 것은 고려의 영토로서, 그 소관 읍이 울진현이었음을 의미하는 것이고, 울진현과 울릉도 양자의 관계는 주읍과 그 관할 속읍 및 향소부곡과 같은 관계로서, 주읍인 울진현의 '屬島'였다고 볼 수 있다. 수령이 파견되지 않은 속읍 및 향소부곡 등에는 그 지방의 향리들이 다스리면서 주읍의 수령 및 계수관의 관원과 안찰사 등이 수시로 순행하여 통치의 실을 기하고 있었지만 울릉도에는 중앙정부의 지령을 받은 감창사, 안무사, 혹은 작목사가 파견되고 있음으로 보아 울진현의 울릉도에 대한 행정이 올바르게 작동되지 않았음을 알 수 있다. 다만 사료 D-5)에서 보다시피 울진현령 박순이 처자를 거느리고 울릉도에 가려고 한 사건으로 보아 울진현에서 울릉도의 현지상황을 파악하고 있었던 것만은 분명한 듯하다.

산·무릉을 구략하였다'[11]고 한 것은 그것을 단적으로 드러내준다. 중앙정부에서 이처럼 우산도를 자국의 영토로 정확히 인식하였기 때문에 세종 7년에 김인우를 '우산무릉등처안무사'로 임명, 파견하게 되었다.

특히 태종 17년과 세종 18~19년 사이에 울릉도와 독도에 설읍 논의가 활발하게 이루어졌음을 간과해서는 안 된다. 설읍 논의 끝에 결국 울릉도에 들어간 사람들을 쇄환하였지만,[12] 세종이 '현을 신설하고 수령을 두어 백성을 옮겨 채우는 것이 사세로 보아 어려우니, 매년 사람을 보내어 섬 안을 탐색하거나, 혹은 토산물을 채취하고, 혹은 말의 목장을 만들면, 왜노들도 대국의 땅이라고 생각하여 반드시 몰래 점거할 생각을 내지 않을 것이다'[13]라고 한 것에서 울릉도와 독도를 자국의 영토로 분명히 인식하였음을 알 수 있다. 『세종실록지리지』에서 '于山과 武陵 2섬이 현의 정동 쪽 바다 가운데에 있다'고 하고, '2섬이 서로 거리가 멀지 않아 바람 부는 날, 청명하면 가히 바라볼 수 있다'고 하여 강원도 삼척도호부 울진현의 속도로 기록하게 된 것은 설읍 논의의 과정에서 울릉도와 독도를 정확히 인식하였기 때문에 가능한 것이었다.

울릉도 및 독도가 강원도 울진현의 속도로서, 강원감사의 지휘·통제권에 있었지만 끝내 치읍이 되지 못한 채 쇄환조치 내지 순심정책의 틀 속에 있었기 때문에 하나의 군현단위는 결코 아니다. 호적에 등재된 군현민도 없고 土貢도 없으므로 이를 관장할 主帥도 없다. 그렇기 때문에 피역을 위해 이곳으로 들어가는 사람들이 항상 있었다. 육지로부터 울릉도로 도망해 들어간 避役人은 범법자들이기 때문에

---

11) 『태종실록』 태종 17년 8월 6일.
12) 김호동, 「조선 초기 울릉도·독도 관리정책」, 『동북아역사논총』 20, 동북아역사재단, 2008.
13) 「세종실록」 세종 19년 2월 무진.

쇄환의 대상이었다. 이들을 현지에 부적하고 주수를 파견하여 하나의 군현단위로 획정하거나 쇄출, 즉 쇄환하는 것은 울진현령이나 강원도 감사의 소관업무가 아니고 어디까지나 중앙정부의 일이다. 따라서 울릉도 및 독도에 대한 정책 결정권은 중앙정부의 소관업무에 속한다.

중앙정부는 울릉도 설읍의 타당성 조사 및 울릉거민의 쇄환을 위해서 별도의 관리를 파견하였는데, 그것이 안무사, 혹은 순심경차관이다. 안무사는 고려시대와 조선시대에 걸쳐 존재하였다. 조선시대의 경우 전쟁이나 반란 직후 민심수습을 위하여 안무사가 많이 파견되었으며, 당하관일 경우 안무어사로 불렸다. 울릉도·독도에 파견된 '우산무릉등처안무사' 역시 울릉도·독도와 관련된 사안이 있을 때 중앙정부에서 파견된 임시관직으로서, 주로 피역인 쇄환의 임무를 맡아보았음을 우산무릉등처안무사인 김인우의 태종~세종 연간의 활동을 통해서도 확인할 수 있다.

태종 16년 '무릉등처안무사'에 임명되었던 김인우는 울릉도 관할권을 가진 삼척도호부의 사람으로서, 전 만호였다. 『민족문화대백과사전』(한국학중앙연구원)에 의하면 만호는 고려와 조선시대 무관직의 하나이다. 고려후기에 원나라의 영향을 받아 설치된 군사조직인 만호부의 무관직의 하나이다. 조선이 건국되면서 만호부는 모두 폐지된 듯하나 만호만이 그대로 남아 서반의 외관직으로 사용되었다. 만호는 본래 그가 통솔하여 다스리는 민호의 수에 따라 만호·천호·백호 등으로 불렸으나 차차 민호의 수와 관계없이 鎭將의 품계와 직책 등으로 변하였다. 지방의 경우 고려 고종 때 왜구의 침범이 잦아지고 또한 원나라와 함께 일본정벌을 목적으로, 合浦·전라 두 지역에 만호부를 두어 만호·천호 등으로 통솔하게 한 것이 처음이다. 일본 정벌이 실패한 이후에도 탐라·서경 등을 비롯한 외적의 침입이 예상되는 연해와 해도지역에 만호부를 설치하여 만호로 하여금 지휘, 감독하게 하였다. 조선 초기에는 각 도별로 수군절제사에 의해 騎船軍이 통할되고, 營鎭體制가 갖추어지면서 각 도의 要塞守禦處별로 군사조직이 편성됨에 따라 고려 이래로 두어온 만호에게 외침방어의 임무를 수행하도록 하였다. 또한 조선 초기에는 북방족 등을 무마하기 위하여 야인들에게 명예직으로서의 만호직을 수여하기도 하였다. 초기의 만호는 3품관이었으며 부만호는 4품관이었다. 그러나 세조 4년(1458)에 영·진체제가 鎭管體制로 바뀌면서 각 도 연해안의 요해처나 북방내륙의 諸鎭에 동첨절제사동첨절제사·만호·절제도위 등을 두어 그 진을 다스리게 하였다. 동첨절제사와 절제도위 등은 대개 獨鎭이 아닌 경우에는 지방 수령이 겸했으나 만호만은 무장이 별도로 파견되어 사실상 일선 요해처의 전담 무장이 되었다. 「經國大典」에 법제화된 만호를 보면 경기도에 수군만호 5인을 비롯하여 충청도 3인, 경상도 19인, 전라도 15인, 황해도 6인, 강원도 4인, 영안도(함경도) 3인과 평안도에 兵馬萬戶 4인이 있었다. 따라서 삼척인 김인우는 만호로서 왜적의 방비를 위한 임무를 맡아보았기 때문에 울릉도에 관한 사정을 자세히 알 수 있었다.

『민족문화대백과사전』(한국학중앙연구원)에 의하면 경차관은 조선시대 중앙 정부의 필요에 따라 특수 임무를 띠고 지방에 파견된 관직이다. 세종 20년의 무릉도순심경차관에 전 호군 남회와 전 부사직 조민이 임명될 수 있었던 것은 강원도 해변에 거주하는 사람이었기 때문이다. 그런 점에서 조선 전기에 울릉도에 파견된 안무사나 순심경차관, 그리고 그 일행은 울릉도 사정을 익히 아는 동해 바닷가 사람이 자격 요건이었다. 울릉도·독도에 김인우를 안무사를 파견할 때 '(강원)도 내의 수군 만호와 천호 중 유능한 자를 선간하여 같이 같도록 한 조처'는 바로 이러한 이유 때문이었다. 김인우의 경우는 특히 무릉, 즉 울릉도에 들어간 적이 있었던 삼척인 이만을 통해 울릉도에 관한 사

정을 소상하게 파악하였다고 볼 수 있다. 김인우가 우산·무릉등처를
안무하러 갈 때인 태종 16년에는 반인 이만과 더불어 병선 2척, 抄工
2명, 引海 2명, 화통 및 화약, 양식이 지급되었고, 그 이듬해 입도시에
도 강원도관찰사에게 명하여 병선 2척을 주고 도내의 수군 만호와 천
호 중 유능한 자를 가려 뽑아 같이 가도록 하였다. 또 세종 7년의 입
도시에는 반인 김가물, 수군 50명, 군기와 3개월 양식을 배 2척에 싣
고 떠났다. 그런데 이때에 징발된 군인 및 군기, 양식 등의 소요경비
는 울릉도·독도가 강원도에 예속되어 있었기 때문에 강원도의 부담
이었다.14) 성종조 三峰島 搜討에 관한 병조의 절목을 통해서도 울릉
도와 우산도의 순심을 위한 순심경차관이나 안무사의 파견의 경우에
군기·화포는 강원도의 삼척·울진·평해 등의 관소에 소장한 것에
서 충당하였고, 군량은 강원도 관찰사로 하여금 인원수와 갔다 돌아
오는 날짜를 계산하여 울진 창고의 곡식으로 주게 하였음을 알 수 있
다.15)

2) 조선 후기 수토제 하의 울릉도와 독도

이수광이 「芝峰類說」에서 "임진왜란 후 사람들이 (울릉도에) 들어가
본 일이 있으나 역시 왜의 분탕질을 당하여 정착하지 못했다"고 언급
한 바와 같이 임진왜란 이후 조선왕조의 통치력이 극도로 약화되어
울릉도·독도를 돌볼 여력을 갖고 있지 못하였기 때문에 울릉도에
들어간 사람들은 왜의 분탕질을 당해 정착하지 못하였다. 임진왜란
이후 숙종 20년(1694) 삼척첨사 장한상이 울릉도에 수토하러 갔던 시

---

14) 김호동, 「조선 초기 울릉도·독도 관리정책」, 『동북아역사논총』 20, 동북아
    역사재단, 2008.
15) 『성종실록』 성종 3년 2월 경오.

기까지는 『조선왕조실록』을 비롯한 연대기 사서에 울릉도를 안무하거나 순심한 기록이 나타나지 않고 있다. 하지만 『松湖實蹟』(의성김씨 송호공파 종친회, 1998)에는 삼척영장 金鍊成이 광해군 5년(1613) 3월 갑사 180명과 포수 80명을 거느리고 정세를 살피러 간 것으로 기록되어 있다. 그리고 그가 울릉도에 간 이유에 대해서는 "임진왜란 이후 일본으로 돌아가지 못한 무리들이 海島에 잠복해 약탈을 일삼았다. 조선에서 죄를 짓고 달아난 유민들이 그들과 함께 어울려 울릉도를 소굴로 삼았다. 이에 조선정부는 김연성과 군사 260명을 울릉도에 보내 정세를 살피도록 명하였다"라고 기록되어 있다. 이에 "왜노들이 이 사실을 먼저 알고 모두 달아나 버려 뱃길을 돌려 돌아오는 도중 거친 풍랑을 만나 상관과 군졸이 탄 배가 전복되어 대부분 익사하고 배 한 척만 평해에 도착하니 생존자는 몇 사람에 불과하였다"고 한다. 그러나 이 자료에 의하면 김연성이 울릉도에 입도하여 본격적인 쇄출을 행한 것 같지는 않다. 그러나 관찬사서의 기록은 아니지만 간헐적으로 울릉도에 대한 중앙정부의 순심정책이 강원도를 통해 삼척영장에 의해 이루어지고 있었음을 전하는 중요한 자료이다.

임진왜란 이후 울릉도에 대한 왜구의 분탕질과 정부의 간헐적인 순심 속에서 울릉도에 대한 입도가 끊임없이 계속되었다. 이맹휴의 『춘관지』'울릉도쟁계'의 기록에 의하면, 예조가 대마태수에 보낸 답서에 '때로 공차를 보내어 내왕하여 수색케 하였다'고 한 것에서 간헐적 수토가 이루어졌음을 알 수 있다. 정부의 수토와 왜구의 분탕질 속에서도 불구하고 울릉도에 사람들이 끊임없이 들어간 이유는 "동해 바닷가는 토질이 모래와 자갈이 많아 경작할 수 없어 바닷가 백성들은 오직 고기잡이, 벌채로 생활해 나가고 있는데, 울릉도에는 큰 대와 전복이 나므로 연해 고기잡이하는 사람들은 금함을 무릅쓰고 이익을 탐하여 무상으로 출입하였던" 것이다. 그것은 조선정부의 순심정책이 옳게 시행되지 않았기 때문이다.

순심정책은 울릉도에 입도한 동해안 어민들의 쇄환에 주목적이 있기 보다는 일본으로 하여금 울릉도가 우리 땅임을 확인시키고자 하는데 주된 목적이 있었던 것이고, 부차적으로 울릉도에 들어간 어민들로부터 조세수취와 역역 동원을 제대로 할 수 없었기 때문에 다시 그들을 육지로 데려오는 정책이었다.16) 그러나 어민들의 생활방편에 관계되는 것이기 때문에 간헐적이고 소극적이고 형식적인 쇄출이 행해졌고, 그것으로 인해 임진왜란 이후 숙종조를 전후한 시기에 이르기까지 일본인의 울릉도 밀입과 출어가 증가하게 되었다. 이때부터 일본인들은 울릉도를 다케시마(竹島), 또는 이소다케시마(磯竹島, 礒竹島)라고 부르기 시작하였다.17) 조선왕조의 간헐적인 순심정책의 틈을 비집고서 일본은 對馬島藩主가 중심이 되어 이때부터 울릉도 침탈을 시도했다. 대마도번주는 광해군 6년(1614) 6월에 조선 동래부에 서계를 보내오면서 도쿠가와이에야스(德川家康)의 분부로 이소다케시마를 탐견하려고 하는데 큰 바람을 만날까 두려우니 길 안내를 해달라고 했다. 이에 대해 조선왕조는 예조에서 이를 거절하는 회유문을 주어 돌려보낸 적이 있음에도 불구하고18) 대마도번주와 長崎島藩主는 울릉도를 다케시마(竹島)라고 부르면서 울릉도의 점탈을 집요하게 시도했다.

그 와중에 숙종 19년(1693) 울릉도에서 고기잡이를 하고 있던 안용복 등의 동래·울산 어부 40명과 울릉도에 출어한 일본 어부가 충돌한 것을 계기로 '울릉도쟁계', 즉 '竹島一件'이 조선과 일본 사이에 일어나게 되었다. 안용복 사건을 계기로 울릉도 형편을 살펴 鎭을 설치

---

16) 김호동,「조선 초기 울릉도·독도에 대한 '공도정책' 재검토」,『민족문화논총』32, 영남대학교 민족문화연구소, 2005 ;『독도·울릉도의 역사』, 경인출판사, 2007.

17) 신용하,『독도의 민족영토사 연구』, 지식산업사, 1996.

18)『변례집요』권17, '울릉도'.

하여 지키게 할 것인가를 살피기 위해 숙종 20년 장한상을 삼척첨사로 삼아 울릉도에 파견하였다. 이때 울릉도를 속도로 갖고 있는 울진현령을 파견하지 않고 삼척첨사를 파견한 것은 三陟浦鎭이 이곳에 있으며, 삼척에 水軍僉節制使營이 있기 때문이다. 이곳의 수군첨절제사는 우영장을 겸하고 있었다.[19]

숙종 20년 9월 19일 6척의 배에 150여 명을 거느리고 삼척을 출발한 장한상 일행은 9월 20일부터 10월 3일까지 13일 동안 울릉도에 체류하여 조사활동을 펼친 후 10월 6일 삼척으로 돌아왔다. 「숙종실록」과 장한상의 「鬱陵島事蹟」에 의하면 울릉도 심찰 결과를 산천·道里를 적어 넣은 지도와 함께 정부에 보고하였다. 그 요지는 왜인이 왕래한 흔적은 있으나 살고 있지는 않다는 것, 해로가 순탄하지 않아 일본이 횡점한다 하더라도 막기 어렵다는 것, 堡를 설치하려 하여도 땅이 좁고 큰 나무들이 많아 인민을 주접시키기 어렵다는 것, 토질을 알아보려고 麰麥을 심고 왔다는 것 등이다.

당초 남구만은 울릉도에 鎭의 설치를 염두에 두었지만 장한상이 돌아와 보고한 바를 바탕으로 하여 백성들을 들어가 살게 할 수 없고, 한두 해 간격을 두고 수토하게 하는 것이 마땅하다고 건의함으로써 수토정책이 세워지게 되었다. 삼척첨사 장한상을 울릉도에 파견한 것을 계기로 하여 정기적인 수토정책이 확립되었다.

울릉도의 수토는 2년 간격, 즉 3년마다 월송만호와 삼척영장이 교대로 한번 씩 하는 것이 정식이었지만[20] 흉년 등의 이유로 실제 2년, 혹은 3년, 4년 마다 행하였다.[21] 이때 울릉도를 속도로 거느리고 있

---

19) 『신증동국여지승람』 권44, 삼척도호부.
20) 유미림, 「'울릉도'와 '울릉도사적' 역주 및 관련기록의 비교연구」, 한국해양수산개발원, 2007.12.
21) 김호동, 「독도영유권 공고화를 위한 조선시대 수토제도의 향후 연구방향 모색」, 『독도연구』 5, 영남대 독도연구소, 2008.12.

는 울진현령을 파견하지 않고 삼척첨사와 월송만호를 파견한 것은 아마 울릉도 수토에 수군의 동원이 필요하였기 때문일 것이다. 수군첨절제사가 있는 삼척과 함께 울릉도에 파견된 월송만호는 평해군의 동쪽 7리에 있는 越松浦營을 말함인데, 여기에는 수군만호 1명이 있었다. 세조대 지방군제가 진관체제로 정비되면서 삼척에는 浦鎭, 울진 지역에는 울진포영과 월송포영이 설치되었다. 임진왜란 후 왜구의 침입이 없어졌음에도 불구하고, 삼척과 월송에는 포진과 포영이 남아 있었던 반면에, 울진포영은 언제부터인가 그 기능이 약화되면서 폐쇄되었다. 따라서 울진포영의 만호도 없어졌기 때문에 당시의 울릉도 수토는 월송포영에 주둔하고 있던 만호와 삼척첨사가 번갈아 수행할 수밖에 없었다.[22]

수토정책이 어떤 의미를 갖고 있는가는 다음의 자료에 잘 드러나 있다.

> 당초 갑술년에 무신 장한상을 파견하여 울릉도의 지세를 살펴보게 하고, 왜인으로 하여금 그 곳이 우리나라의 땅임을 알도록 하였다. 그리고 이내 2년 간격으로 邊將을 보내어 수색하여 토벌하기로 했는데, 이에 이르러 유상운이 아뢰기를, "금년이 마땅히 가야 하는 해이기는 하지만, 영동 지방에 흉년이 들어 행장을 차려 보내기 어려운 형편이니, 내년 봄에 가서 살펴보게 하는 것이 좋겠습니다" 하니, 임금이 그대로 따랐다(「숙종실록」 숙종 24년 4월 갑자).

수토정책은 울릉도에 입도한 동해안 어민들의 쇄환에 주목적이 있기 보다는 일본으로 하여금 울릉도가 우리 땅임을 확인시키고자 하는데 주된 목적이 있었던 것이고, 부차적으로 울릉도에 들어간 어민들로부터 조세수취와 역역 동원을 제대로 할 수 없었기 때문에 다시 그들을 육지로 데려오는 정책이었다.[23] 이들은 피역의 무리들로서 본토

---

22) 김호동, 『독도·울릉도의 역사』, 경인출판사, 2007.
23) 김호동, 「조선 초기 울릉도·독도에 대한 '공도정책' 재검토」, 『민족문화논

로부터 조세수취와 역역동원을 피해 울릉도에 들어갔기 때문에 이들을 수토하기 위한 정책이다. 따라서 이들은 국내법의 적용 대상자였다. 반면 울릉도와 독도로 벌목이나 출어를 하는 일본인들은 '越境罪人'으로서 국제법 위반을 한 자이다. 이러한 관계는 1882년의 이규원 검찰 이후, 그리고 1899년 우용정의 울릉도 시찰 이후의 일본인의 철환에서도 일관되는 것이다. 안용복을 위시한 우리나라 어부들의 울릉도와 독도의 출어에 대한 처벌은 일본국이 할 수도 없었고, 또 처벌당한 사례도 없다. 반면 일본인들의 처벌에 대해 우리 정부에서는 일본과의 외교경로를 통해 그들의 철수와 처벌을 원하였고, 일본정부는 이에 따라 사후 대책에 나섰다. 수토정책은 우리정부의 공권력 강제의 확인이고, 울릉도가 국내법 적용의 대상지역 이었음을 말해주는 것이다. 그런 점에서 울릉도와 독도는 조선시대 지방행정 체계상 강원도 삼척도호부 울진현의 속도였고, 그에 대한 수토는 강원도의 소관업무였고, 그것의 실행은 삼척도호부에서 이루어졌다고 할 수 있다. 그에 반해 독도와 울릉도에 출어와 벌목을 위해 들어온 일본인들은 국경선을 넘어선 국제법상의 처벌대상이었다. 그리고 일본의 통치구역의 대상도 아니었다.[24]

4. 1883년 울릉도 개척령 이후의 독도

울릉도에 대한 우리 정부의 수토가 옳게 행해지지 못하는 상황 하에서 개항이후 울릉도에는 일본인의 벌목이 성행하였다. 1881년 울릉

총』 32, 영남대학교 민족문화연구소, 2005 ;『독도·울릉도의 역사』, 경인출판사, 2007.
24) 김호동, 「1883년 울릉도 재개척령 전후의 독도」, 『독도연구』 2, 영남대학교 독도연구소, 2006.

도에서 일본인들이 나무를 찍어내어 원산과 부산으로 보내려하는 것을 울릉도 수토관이 적발하였다. 강원감사 임한수는 이러한 보고에 접하여 근래 일본 선박의 울릉도 왕래가 많고 이 섬에 눈독을 들이고 있다고 판단하고 통리기무아문으로 하여금 품의하여 처리하도록 요청하였다. 일본인들이 벌목한 나무를 부산과 원산으로 보낸다는 것으로 보아 일본인의 울릉도 벌목은 1876년 개항에 따른 개항장의 개설과 짝하여 증가하였다고 볼 수 있을 것이다. 이러한 사태에 직면하여 통리기무아문은 국경침범의 사실로 간주하고 동래부의 왜관을 통해 일본 외무성에 항의 문서를 보내고, 망망한 바다 가운데 있는 울릉도를 비워두는 것은 대단히 허술한 일이니 부호군 이규원을 울릉도 검찰사로 임명하여 그 형세가 요충지로 될 만한가 방어를 빈틈없이 하고 있는가를 살펴 대책을 강구하자고 제안하였다. 이것을 고종이 승인함으로써 오랜 울릉도 수토정책에 일대변화가 일어나게 되었다.

1882년 8월 20일, 영의정 홍순목은 울릉도검찰사 이규원의 건의에 바탕을 두어 募民 개간을 권장하여 5년간 면세하고, 영·호남의 조운선을 울릉도에서 조선토록 하면 사람이 모여 개척이 이루어질 수 있을 것이라고 하였다. 그리고 만약 관리인이 없으면 잡폐를 방지하기 어려우니 검찰사에게 문의하여 도장을 임명해 파견토록 하였다.[25] 이에 의거해 8월 말 島長에 울릉도에 근 10년간 살았던 全錫奎가 임명되었고, 울릉도는 지방관제상 울진현에서 平海縣으로 이속되었다.[26]

1883년 3월 16일 조선조정은 평소에 울릉도 개척과 임업 및 어업 개발을 주장해온 개화파의 영수인 김옥균을 東南諸道開拓使兼管浦鯨等事에 임명하고, 백춘배를 종사관으로 임명하여 울릉도 개척사업을 적극적으로 추진하였다.[27] 울릉도 개척을 위해 동남제도개척사겸관

25)『승정원일기』고종 19년 8월 20일.
26)『강원감영관첩』제6책, 임오 10월 도부.
27)『승정원일기』고종 20년 3월 16일.

포경등사-강원도관찰사-평해군수-도장의 라인에 의해 울릉도 개척이 추진되었다.

울릉도 개척을 주관하기 위한 도장이 임명되었지만 도장은 강원도 관찰사의 발령이었고 里正이나 保甲과 같은 것이어서 官守의 권한을 갖고 있지 못하였다.[28] 도장에 임명된 전석규에게는 도장이란 감투는 씌어졌지만 직책을 수행할 수 있는 수하인은 물론 경비조차 배정되지 않았다. 그 때문에 그는 개척을 독려하고 울릉도에 들어온 일본인을 구축하기 보다는 도장이란 직책을 이용하여 부정을 저질렀다. 1884년(고종 21) 1월, 도장 전석규는 정부의 허락도 없이 米穀을 받고 일본 天壽丸 선장에게 삼림 벌채를 허가해주는 증표를 써줌으로써 파면되고 처벌을 받게 되었다.[29] 당초 정부는 그 후임을 즉시 선발하여 보내고자 하였으나 적절한 후임자를 찾지 못하였다. 그리하여 삼척영장으로 하여금 직접 울릉도에 들어가서 실지 형편을 관찰하면서 백성들의 이주와 개척 사무를 관리하여 처리하도록 하되 관리들의 배치 문제는 강원감사에게 위임하고, 관직명은 '울릉도첨사겸삼척영장'으로 하도록 하여, 병조의 발령을 받아 울릉도 행정을 담당 관리하게 하였다.[30] 이로 인해 현지인 도장제는 폐지되고 말았다. 그로부터 3개월 후 평해군수로 하여금 울릉도첨사를 겸하게 하고 발령은 이조에서 발급하도록 변경하였다.[31]

그 후 1888년(고종 25) 2월에 울릉도는 바닷길의 요충이므로 평해군 안에 있는 월송진에 만호의 관직을 신설하여 울릉도 도장을 겸임케 하였다.[32] 비록 겸직이지만 삼척영장이나 평해군수가 겸직하는 종래

---

28) 『구한국외교문서』일안 1, 문서번호 204.
29) 『고종실록』고종 21년 1월 11일.
30) 『고종실록』고종 21년 3월 15일.
31) 『고종실록』고종 21년 6월 30일.
32) 『고종실록』고종 25년 2월 6일.

의 울릉도첨사와는 달리 울릉도 개척과 행정을 담당하기 위해 신설된 직책으로서, 종4품의 정부관원으로 임명하였다. 그 첫 도장에 서경수를 임명하였다.

울릉도 도장을 월송만호가 겸하게 됨에 따라 도장은 대개 3월에 들어와 7·8월에 나가는 것이 상례였다. 그것은 全羅船이 3월에 들어와 하기 영업을 마치고 7·8월에 나가기 때문이다. 도장이 나갈 때는 현지민 가운데에서 監之人을 추천하여 島守라 하고, 다음 해 3월까지 代任토록 하였다.[33]

1894년 갑오개혁이 단행된 직후 개화파정부는 12월 월송만호의 울릉도 수토제도를 폐지하고 경상좌수영에서 동해안 각 고을에다 월송만호의 울릉도 수토를 위한 배군과 집물을 바치도록 배정하는 것을 폐지하였다.[34] 이에 따라 이듬해인 1895년 정월 월송만호겸울릉도첨사의 겸직제도를 폐지하고 전임 도장을 두어 조정 또는 강원도에서 해마다 두 차례씩 배를 보내어 도민의 질고를 물을 것을 결정하였다.[35] 그 후 8월에 접어들어 도장의 명칭을 島監으로 고치고, 判任官의 직급으로 하였다.[36]

수토제도 폐지와 전임도감제 실시는 조선정부의 울릉도 경영의 획기적 전환을 뜻하지만 도감은 지방관제에 편입된 것이 아니었다. 도감은 울릉도인으로 임명되었으며 비록 판임관 대우라고 하지만 정부에서 지급하는 월봉도 없었고, 그 수하에는 단 한 사람의 수하도 없었다.[37] 그런 점에서 판임관 대우라는 것 외에 개척 초기의 도장 전석규의 위치와 별반 다를 바 없는 것이었다. 울릉도 도감 배계주는

---

33) 김호동, 『독도·울릉도의 역사』, 경인출판사, 2007.
34) 『고종실록』 고종 31년 12월 27일.
35) 『구한국관보』 개국 504년(1895) 정월 29일.
36) 『고종실록』 고종 31년 8월 16일.
37) 『독립신문』 광무 원년 10월 12일, 외방통신.

1896년 9월에 발령을 받고 부산항에 도착했으나 배편이 없어 기다리다가 1897년 5월에 울릉도에 도착 부임하였다.

　1897년 10월 대한제국이 성립하자 1898년 5월 26일에 황제의 칙령 제12호로 지방관제를 개정하며 울릉도에 도감을 설치하는 칙령을 발했지만38) 그 이전의 도감과 별반 다름없이 일본인들의 침어를 막아 내지 못하였다.

5. 지방행정체계의 관점에서 본 '칙령 제41호'의 의미

　청일전쟁기를 전후한 시기부터 1904년의 러일전쟁 직전까지의 기간에 일본은 원양어업법의 장려제정(1897), 조선해통어조합연합회의 결성(1900) 등을 통하여 일본정부가 어민의 조선해 통어를 적극적으로 보호·장려하였다. 이 시기의 일본의 원양어업자 중 대자본은 남양방면의 어장으로 진출하고, 조선어장으로 출어하는 어민은 영세어민이었다. 이들 영세어민들의 조선해 통어가 청일전쟁 후 급격히 증가하여 1898년도에 1,223척, 1899년도에 1,157척, 1900년도에 1,654척, 1901년도에 1,411척, 1902년도에 1,394척, 1903년도에 1,589척으로 전기에 비해 약 2배의 증가를 보이고 있다. 그리고 실제 조사에 의한 조선해 통어선수는 3,415척에 달하였다고 한다. 이러한 영세 통어 어민의 급격한 증가로 조선어민과의 사이에 분쟁이 많이 발생하였으며, 통어민 보호와 분쟁방지를 위해 조선해 어업조사를 일본정부나 각 부현에서 실시하였다.39) 1895년 이후 일본인들이 불법으로 울릉도에 들

---

38) 『고종실록』 고종 35년 5월 26일.
39) 여박동, 『일제의 조선어업지배와 이주어촌 형성』, 보고사, 2002.

어와 벌목과 어로활동에 종사할 수 있었던 것도 이와 관련된 것이었다. 1899년 9월 15일자의 기록에 의하면 "울릉도는 개척된 지 몇 해 되지 않아서 인구가 희소한데 일본인 무뢰자들이 떼를 지어 이거해서 居民을 능욕 침학하며 삼림을 베어가고 … 곡식과 물화를 밀무역한다. 조금이라도 말리는 바가 있으면 칼을 빼어들고 휘둘러대면서 멋대로 폭동하여 꺼리는 바가 조금도 없으므로 거민들이 모두 놀라고 두려워하여 안도하지 못하는 실정"이었다.[40] 이러한 상황에서 무장력이 갖추어지지 않은 도감의 파견은 울릉도의 개척에 전혀 실효성이 없는 대응이었을 뿐이다.

일본인들의 울릉도 침어와 삼림채벌에 대한 항의는 전혀 다른 곳, 러시아로부터 제기되었다. 1896년 2월의 아관파천을 계기로 조선정부가 러시아에 몇 가지 이권을 넘겨주었는데 그 가운데 하나가 압록강·두만강 유역 및 울릉도 삼림벌채권을 블라디보스토크 상인 브린너(Brynner.Y.I)에게 특허한 바가 있었기 때문이다. 울릉도에 대한 일본인의 犯斫과 偸運에 대해 러시아는 그 이권에 대한 침해로 간주하고 1899년 8월에 일본에 항의하고, 한국정부에도 8월 3일·15일, 10월 11일 등 세 차례에 걸쳐 일본인의 벌목을 강력히 항의해왔다. 러시아가 이와 같이 강경한 입장을 취한 것은 남하정책상 울릉도가 갖는 전략적 가치를 높게 평가하게 된 때문일 것이다. 이 무렵 러시아 군함이 울릉도에 자주 왕래한 것도 이와 관련하여 이해되어야 할 것이다.[41]

러시아의 항의를 받은 일본 측은 즉시 한국정부에 벌채권을 양여한 사실이 있는지를 문의하였고, 그것을 확인하자 한국정부에 대해 러시아의 기득권은 존중하되 울릉도에 대한 일본의 권리를 유보할 것

---

40) 『내부거래안』 3, 조회 제13호, 광무 3년 9월 15일.
41) 송병기, 『개정판 울릉도와 독도』, 단국대학교 출판부, 2007, 129쪽

임을 성명하였다(1899.8). 울릉도는 이제 일본과 러시아의 각축장이 되었다.[42] 일본은 러시아의 벌목금지 요청을 받아들이기로 결정하고 (1899.8) 원산영사관 외무서기생을 울릉도로 파견하여(1899.9) 현지 일본 인들에게 11월 말까지 철수할 것을 지시하였다. 이때 한국정부가 일 본 측에 울릉도 재류 일본인들의 철수를 요구하자 일본 측은 ① 한국 영토 내에서 일본인의 조약 위반한 범죄에 대한 처리의 일은 한·일 조약에 명백히 기재된 바이므로, 울릉도에서 일본인의 행위가 조약을 위반했다면 가장 가까운 일본영사에게 교부해서 조처를 구함은 한국 정부의 권능이요, ② 일본공사가 한국정부에게 호의상 편의의 조치를 행하려고 일찍이 원산에 정박한 경비정에 영사관원을 탑승시켜 정황 을 조사하여 일본인을 설득해서 데려오려고 울릉도에 파견했더니 기 후가 흉악하여 풍랑 때문에 하륙하지 못하고 돌아왔으며, ③ 개항장 이 아닌 항구에 외국인이 토지와 가옥을 사고 상업을 함은 조약에서 금지하는 바이니 그러한 위반자가 있으면 부근의 그 나라 영사에게 체포 이관해서 징벌함이 바로 지방관의 직권이니 한국 정부에서 한국 지방관에게 훈칙하여 일본관원의 조사를 기다리지 말고 먼저 일본인 을 단속해서 일제히 돌려보낼 뜻으로 기한을 정해주어 문자로 고시하 는 것이 타당하다는 회답공문을 보내 왔다.[43] 이것은 조선의 지방행 정 체계상 울릉도가 온전한 지위를 갖지 못한 맹점을 정확히 파악하 고, 그 허를 찔러 답한 것이다. 이로 인해 울릉도에 파견된 우용정이 울릉도를 조사하고 난후 울릉도의 관제 개편을 건의하게 된 것이다.

어쨌든 한국정부는 일본공사로부터 울릉도 재류 일본인의 철수를 약속받자 차제에 내륙에 있는 일본인들도 철수시킬 것을 요구하였다 (1899.10.4). 한국정부의 이러한 요구는 일본 측의 태도를 경화시켰다.

---

42) 송병기, 『개정판 울릉도와 독도』, 단국대학교 출판부, 2007, 128~129쪽.
43) 『내부거래안』 4, 조회 제20호, 광무 3년 9월 22일.

일본 공사 하야시 겐스케(林權助)는 울릉도의 일본인을 철수시키는 것은 벌목을 금지하기 위해서일 뿐, 주거권의 유무와는 아무런 관계가 없는 것이라 하고, 한국 내지에는 다른 외국인도 많이 있으므로 일본인만이 퇴거할 이유가 없음을 들어 한국 측 요구를 거절하였다. 일본은 이처럼 울릉도 일본인의 쇄환이 주거권과 관계가 없음을 지적함으로써 오히려 울릉도에서의 일본인의 주거권을 주장하고 나섰다.[44]

한국정부는 일본인의 철수를 요구하는 한편 이 해 9월에 내부시찰관을 울릉도조사위원으로 임명 파견하여 그 정형을 살피도록 할 것을 결정하고, 12월 15일 禹用鼎을 시찰위원에 임명하였다.[45] 그 사이에 1900년 초에 도감 배계주로부터 일본인의 작폐에 대한 보고가 있었다. 그 요지는 ① 현지 일본인들은 퇴거할 뜻이 없을 뿐 아니라 전 도감 오성일이 발급한 문서를 빙자하여 1899년 8·9월 사이에 1천여 판을 베었고, 도감이 서울로 올라가 고소하려 하자 일본인들이 나루를 지키어 통섭할 수 없었다. ② 도감이 일본에 건너가 재판한 것은 수년 전의 일인데 일본인들이 당시의 비용을 강요하여 도민들이 변상하였다. ③ 규목의 작벌을 금하자 일본인들은 查檢과 벌목 계약을 맺었다 하고 계약금의 반환을 요청하여 도민들이 3,000여 량을 갚아주었다는 보고였다.[46] 이것은 당시 도감이나 울릉도민이 개척을 주도하고 울릉도를 경영해가는 것이 아니라 울릉도에 들어온 일본인에게 휘둘리고 있음을 단적으로 보여주는 것이다.

한국정부는 일본공사관에 조회하여 이것을 항의하고 일본인들의 조속한 철수와 錢貨의 상환을 요청하였다.[47] 일본공사는 회답조회에서 양 측에서 공동 조사할 것을 요구하면서 울릉도 일본인들이 도감

---

44) 『외아문일기』 광무 3년 10월 26일 '일안'.
45) 「관보」 광무 3년 12월 19일.
46) 『내부거래안』 8(광무 4년), 조회 제6호 ; 『교섭국일기』 광무 4년 3월 15일.
47) 『교섭국일기』 광무 4년 3월 16일 ; 『일안』 4, 문서번호 5566.

에게 상당한 대가를 지불, 그 허가를 받아 벌목에 종사하였다는 진정이 있었다 하고, 일본인들은 도감과의 묵계 하에 부지불식간에 왕래 거류하는 것이 관례가 되었다고 주장하였다.

양국의 공동조사에 관한 논의가 전개되는 동안 일본공사는 부산영사에게 공동조사에 대비하는 각서 4개항을 훈령하였다. 그 가운데에는 비밀리에 러시아인과 벌목권 양수를 교섭하기 시작하였으며, 이 교섭은 상당히 진전되고 있음을 밝히고 있다.[48] 이 훈령에 이어 '鬱陵島在留日本人調査要領'을 시달하면서 일본정부는 일본인들이 울릉도에 잔류하도록 승인받는 것이 필요하므로 조사에 임하여서는 도감이 일본인들의 재류를 승인하였거나, 벌목을 승인 혹은 묵인한 상황에 대하여 주안을 두라고 강조하였다.[49] 일본 측이 공동조사를 제의한 의도가 일본인들의 재류에 있었으므로 공동조사는 결국 양 측의 입장 차이를 좁힐 수 없었다. 공동 조사가 끝난 후 정부는 현지 일본인들의 철수를 여러 차례에 걸쳐 요청하였다. 일본 측은 조약 규정 외의 일임을 인정하면서도 일본인들의 주거권을 주장하고, 그것이 관습화된 책임이 우리정부에 있음을 내세워 철수를 거부하였다.[50]

시찰위원 우용정은 도감이 수하에 단 한사람의 서기나 사환이 없이 일본인들은 물론, 도민들의 비행 불법을 지휘 행령할 길이 없음을 깨닫고 상경하자 울릉도의 관제개편을 건의하였다. 우용정은 울릉도 관제를 개편하되, 이에 따라 늘어나는 관원·서기·사환의 월봉은 도내 400여 호로부터 걷는 콩·보리 80석으로 충당할 수 있으며, 도의 경비는 전라남도 민으로부터 징수하는 藿稅를 100분의 5에서 10으로 올리면 그 액수가 연간 1,000여 원이 됨으로 적지 않은 도움이 될 것이라고 하였다.[51]

---

48) 『주한일본공사관기록』 각영사기밀래신(명치 33) 기밀 제5호.
49) 『주한일본공사관기록』 각영사기밀래신(명치 33) 기밀 제6호.
50) 송병기, 앞의 택, 1999, 99~109·112~116쪽.

우용정의 보고에 따라 內部에서 1900년 10월 22일자로 의정부에 設郡請議書를 제출하였다. 대한제국 내부는 종래 監務를 두기로 했던 관제개정안을 수정하여 '郡'을 설치하기로 하고, 10월 22일 「鬱陵島 를 鬱島로 개칭하고 島監을 郡守로 개정하는 것에 관한 청의서」를 내 각회의에 제출하였다.

내부대신 이건하의 설군청의서는 1900년 10월 24일의 의정부회의 에서 만장일치로 통과되었다. 이에 대한제국정부는 10월 25일자 '칙 령 제41호'를 『관보』에 게재하여 전국에 반포하였다.

칙령 제 41호에 의해 울릉도는 鬱島郡으로 승격되었다. 이제 울릉 도는 울진군수(때로는 평해군)의 행정관할에서 벗어나 강원도 독립군현 27개중의 하나로 자리 잡게 되었다. 11월에 울릉도의 초대 군수에 도 감으로 있던 배계주가 奏任官 6등으로 임명되었고, 뒤이어 사무관으 로 崔聖麟이 임명 파송되었다.

칙령 제41호 제2조에는 '군청의 위치는 태하리로 정하고 구역은 鬱 陵全島와 竹島, 石島를 관할할 사'라고 하여 울릉도의 관할구역에 죽 도와 석도가 명시되었다. 여기서의 죽도는 이규원의 검찰일기에 나오 는 울릉도 바로 옆의 죽서도이고 현재도 죽도로 불린다. 그리고 석도 는 독도를 가리키는 것이다. 이에 대해 일본은 '석도'가 독도라는 증 거가 없다고 비판하면서 관음도를 석도라고 하기까지 한다. 그러나 19세기말 관음도는 島頂이라는 이름을 갖고 있었다. 울릉도 주민과 이곳에 출어한 어민들은 전라도 사람들이 많았는데, 전라도 방언에는 '돌'을 '독'이라 하고 '돌섬'을 '독섬'이라고 한다. 대한제국 정부는 '독섬'을 의역하여 '석도'라고 한 것이다.[52] 전라도에서 울릉도로 들 어온 어민들은 우산도가 두 개의 큰 돌바위로 구성된 岩嶼임을 주목

---

51) 우용정, 『울도기』.
52) 송병기, 『개정판 울릉도와 독도』, 단국대학교 출판부, 2007.

하여 그들의 관습대로 '독섬(돌섬)'이라고 부른 것이고, 칙령은 국한문 혼용으로 되어 있는데 고유명사 등은 한자로 표기된다. 그래서 칙령 에서는 '독섬(돌섬)'의 뜻을 취하여 '石島'라고 하였던 것이다.

최근 '獨島'와 '石島'가 한국의 전통적인 한자차용표기법에서 동일 한 형태를 달리 표기한 것, 그리고 문서의 양식에 따라 그 표기도 다 를 수 있음을 밝힌 연구가 있다. 그에 의하면 '石'과 '獨'은 한국에서 오래 전부터 사용되어 온 전통적인 借字로서, '石'은 돌, 독'(돍<돍) 을 표기하는 데 사용된 훈차자이고, '獨'은 '독'을 표기하는 데 이용 된 음차자이다. 그리고 '梁'과 '督'도 오래 전부터 사용된 전통적인 차자로서, '梁'은 '돌, 독'(돍<돍)을 표기하는 데 사용된 훈차자이고, '督'은 '독'을 표기하는 데 이용된 음차자이다. '獨'이나 '梁'이 표기될 자리에 한자 '道'가 사용되기도 한다. 따라서 '돌', '독'을 훈차자로 이 용하여 표기하면 '石, 梁'이 되고, 음차자를 이용하여 표기하면 '獨, 督'이 되는 것이다. 石島가 표기된 칙령은 고문서의 교서에 해당하는 문서인데, 교서는 한문으로 기록하는 것이 전통이었다. 따라서 '돌섬, 독섬'을 표기하려면 이를 훈차한 '石島'를 이용하는 것이 자연스러운 관례였다. '獨島'가 기록된 심흥택의 보고서는 고문서의 牒呈에 해당 하는 문서인데, 첩정은 이두로 기록하는 것이 하나의 전통이었다. 따 라서 '돌섬, 독섬'을 표기하려면 이를 음차하여 '獨島'라 기록하는 것 이 자연스러운 관례였던 것이다. 따라서 '獨島'와 '石島'는 동일한 지 물을 가리키는 異表記인 것이다.[53] 한자 차자표기법과 문서의 양식에 따른 표기법의 차이에 관한 연구가 더 진행되고, 그 속에 위 연구성 과를 담아 고등학교 국어교과서에서 이것을 실어둔다면 향후 국제사 회와 일본에게 '獨島=石島' 임을 이해시키는데 보다 무게가 실리지

---

53) 徐鍾學, 「'獨島'·'石島'의 地名 表記에 관한 硏究」, 『어문연구』 139, 한국어 문교육연구회, 2008.9, 57쪽.

않을까 한다. 그리고 고문서 등에서 '독도'를 '석도'로 표기한 기록을 찾아내는데 좀 더 노력을 기울일 필요가 있다.

'독도'라는 명칭은 일제가 1905년 '독도'를 침탈한 사실을 알게 된 제2대 울도군수 심흥택이 1906년 3월 중앙정부에 보고서를 낼 때 "본 군소속 독도가 본부 외양 백여리허에 이옵드니…"라는 서두의 보고 서에서 처음 사용된 것으로 알려져 있으나 이전부터 울릉도 주민들은 독도라고 표기하고 있었다. 그 증거로는 일본 해군이 군함 新高號를 울릉도에 파견해서 처음으로 독도에 대한 탐문조사를 했을 때인 1904년 9월 25일 보고에 "리앙코르도암을 한인은 독도라고 쓰고 본 방(일본) 어부들은 리앙꼬도라고 칭한다"(『군함신고행동일지』, 일본방위청전사 부소장, 1904년 9월 25일조)고 한 것에서 알 수 있다.[54]

이상에서 보다시피 칙령 제41호 제2조에 실린 '석도'는 '독도'임이 분명하다. 따라서 대한제국 칙령 제41호는 일본의 시마네현이 1905년 에 독도를 불법으로 일본에 편입시키기 5년 전에 이미 독도를 조선영 토로 행정구획에 편입하고 있음을 대내외에 천명한 문서라고 볼 수 있다.

칙령 제41호의 반포로 울릉도는 울도군으로 승격되어 울릉도는 울 진군수(때로는 평해군)의 행정관할에서 벗어나 강원도 독립군현 27개중 의 하나로 자리 잡고, 그 관할 구역에 석도, 즉 독도를 포함시켰다. 이 조처로 인해 독도는 지방행정체계상 공식적으로 울릉도의 관할 섬으 로 자리매김을 하게 되었다. 이 조처는 일본의 1905년 시마네현 고시 제40호와는 차이가 있다. 영토의 범위와 그 행정체계의 변화에 대한 조처는 일개 지방정부가 할 수 있는 것은 아니다. 그것은 어디까지나 국가적 통치행위의 하나이다.

---

54) 신용하, 『독도의 민족영토사 연구』, 지식산업사, 1996, 291~292쪽.

6. 맺음말

독도가 한국의 영토이고, 울릉도의 '屬島'라고 한다면 독도와 울릉도가 고대에서부터 지금에 이르기까지 지방행정체계상에서 역사적으로 어떤 지위에 있었던가를 논할 필요가 있다. 우산국이 신라에 항복하였다는 자료가 나오는 512년부터 11세기 초엽인 고려 현종조까지는 우산국은 신라 및 고려에 비록 복속하였지만 지방행정단위에 포함된 것이 아니라 독자성을 지닌 하나의 국가였다. 현종조 여진족의 침입 이후 우산국은 붕괴되었고, 이후 고려의 관리 파견과, 사민의 대상이 되면서 울릉도는 지방행정체계의 범주에 포함되었다. 그러나 독도가 지방행정체계에 속하게 된 것은 조선 태종 대에 우산무릉등처안무사가 파견되면서부터이다. 그 결과 『세종실록지리지』에 오면 강원도 삼척도호부 울진현의 속도로서 울릉도와 우산도(독도)가 나란히 나오게 된다.

울릉도 및 독도가 강원도 울진현의 속도로서, 강원감사의 지휘·통제권에 있었지만 끝내 치읍이 되지 못한 채 쇄환조치 내지 순심정책의 틀 속에 있었기 때문에 하나의 군현단위는 결코 아니다. 호적에 등재된 군현민도 없고 토공도 없으므로 이를 관장할 주수도 없다. 그렇기 때문에 피역을 위해 이곳으로 들어가는 사람들이 항상 있었다. 육지로부터 울릉도로 도망해 들어간 피역인은 범법자들이기 때문에 쇄환의 대상이었다. 이들을 현지에 부적하고 주수를 파견하여 하나의 군현단위로 획정하거나 쇄출, 즉 쇄환하는 것은 울진현령이나 강원도 감사의 소관업무가 아니고 어디까지나 중앙정부의 일이다.

17세기 중엽 숙종조 수토제도가 확립되면서 울릉도는 삼척첨사와 월송만호가 3년마다 수토하게 되었지만 울릉도에 들어간 수토관들이 독도에 가서 심찰한 흔적은 지금까지 발견되지 않는다.

1883년 울릉도의 개척이 이루어져 사민이 되었지만 울릉도는 강원도의 울진현, 혹은 평해군에 소속되어 있었기 때문에 하나의 군현단위는 아니었다.

1900년 10월 15일 칙령 제41호의 반포로 인해 울릉도가 울도군으로 승격되어 강원도 독립군현 27개중의 하나로 자리 잡게 되었고, 석도, 즉 독도를 관할하게 됨으로써 독도는 울릉도의 속도로 자리잡게 되었다.

그에 반해 일본의 경우 독도는 1905년 시마네현 고시에 의해 시마네현의 소속이 되었다고 한다. 그러나 군현의 설치와 영속 관계의 변화에 대한 결정권은 중앙정부의 권한의 업무이지 지방정부의 권한이 아니라는 점을 유념하여야 한다.

『竹島考證』의 사료 왜곡

-'한국 측 인용서'를 중심으로-

김 호 동

1. 머리말

2008년 3월 8일, 일본 외무성은 홈페이지(http://www.mofa.go.ip/)를 통해 '竹島 다케시마 문제를 이해하기 위한 10가지 포인트'라는 글을 일어·한국어·영어로 게시하였다. 최근 그것을 10개 국어로 확대 게시하고 있다. 이처럼 일본은 국가 차원에서 외무성이 앞장서서 한국의 독도영유권을 부정하고 자국의 영토임을 내세우고 있다. 그에 반해 일본을 방문한 이명박 대통령은 4월 21일, 후쿠다 야스오 총리와 한일 정상회담 직후 열린 기자회견에서 '독도나 과거사 문제가 다시 불거질 경우 미래지향적 한일관계가 실효성을 거둘 수 있겠냐'라는 기자의 질문을 받았을 때 "그 질문이 안 나왔으면 했는데 나왔다"고 하면서 "과거에 얽매여 미래로 가는 데 지장을 받아서는 안 된다"고 했다고 한다. 이 대통령은 "물론 (일본의) 정치인은 가끔 거북한 발언을 한다"며 "그러나 정치인이 발언하는 것을 일일이 민감하게 대응할 필요는 없다. 어느 나라나 정치인은 개인의 의견을 말할 수 있다"고 했다. 이 대통령은 "21세기 미래를 향해서 한일이 공동으로 함께 나가는 것이 두 나라의 번영에도 도움이 되고, 동북아의 번영에도 도움이 되고, 동북아 평화를 유지하는 데도 양국 협력이 매우 중요하다"면서 "미래에 대한 가치를 인식하고 같이 나가는 것이기 때문에 과거가 되풀이되는 일로 되돌아가는 일은 없고 앞으로 나갈 수 있다고 생각한다"고 말했다. 우리 정부의 이러한 입장 천명에도 불구하고 일본 문부과학성은 7월 14일, 중등학교 사회교과서의 '학습지도 요령 해설서'에 독도문제를 북방영토와 함께 기술하기로 발표하였다. 일본 외무성과 문부과학성의 행위는 개인의 의견이 결코 아니다.

지금으로부터 126년 전인 1881년, 일본 외무성은 기타자와 세이세이(北澤正誠)로 하여금 울릉도 영유권에 대한 조사 연구를 하도록 하였다. 기타자와 세이세이는 당시로서는 광범위한 문헌조사를 하여 『竹島考證』을 서술하고, 이를 간단히 요약한 『竹島版圖所屬考』를 1881년 음력 7월 26일(양력 8월 20일) 일본 외무성에 제출하였다. 그의 『竹島考證』에서 제기된 울릉도에 대한 고유영토설, 17세기 인지론과 '空島制'에 대한 논의는 1905년 '無主地先占論'이란 논리로 구체화되었다고 볼 수 있다.[1] 그런 점에서 섣부른 과거사에 대한 미온적 태도는 훗날 미래의 시점에 우리의 발목잡기로 연결될 수 있다는 점을 분명히 인식할 필요가 있다.

일본 외무성의 홈페이지에 올라 있는 '竹島' 게시 글이 독도가 한국 땅임을 부정하는데 그 목적이 있다는 것을 인식하고, 그 논리의 왜곡을 정확히 따져야 한다는 점을 분명히 하기 위해 1881년의 기타

---

1) 김호동, 『독도·울릉도의 역사』, 경인문화사, 2007, 6~7쪽.

자와 세이세이의 『竹島考證』이 우리의 자료를 어떤 목적에서 어떻게
왜곡하였는가를 검토해보기로 한다. 기타자와 세이세이의 『竹島考證』
은 신용하와 정영미에 의해 각기 번역된 바가 있다.[2] 그렇지만 번역
에만 치중하다보니 그것이 가지는 의미와 인용자료의 정확성에 대한
검토는 없었다. 필자는 『竹島考證』을 읽으면서 머리말 없이 '竹島考
證引用書'를 제일 앞에 내세웠다는 점이 특이하다고 느꼈고, 그래서
'인용서'에 나오는 조선측 인용서가 얼마만큼 정확하게 인용된 것인
가를 살펴보게 되었다. 그 과정에서 '인용서'의 인용이 심히 왜곡되었
음을 확인하게 되었다. 이 글은 그것을 정리한 것이다.

2. 『竹島考證』의 한국 측 인용서 왜곡의
실상과 그 의도

1) 『竹島考證』 저술의 경위

기타자와 세이세이의 『竹島考證』은 1881년에 일본 외무성의 지시
에 의해 저술된 것이다. 왜 일본 외무성은 기타자와 세이세이로 하여
금 『竹島考證』을 만들게 하였는가에 대해서는 『죽도고증』을 번역한
신용하와 정영미는 각기 다른 해석을 하고 있다. 신용하는 "일본인들
이 한국 개항 후 울릉도에 불법 입도하여 삼림 재목들을 도벌하여 가
면서 불법으로 체류하기 시작하자, 조선정부는 1881년 5월 일본 외무
성에 항의문서를 보내어 일본인들의 조선 울릉도에의 도항과 불법입
도 금지 조치를 요구하였다. 일본 외무성은 이에 대한 회답을 조선정

---

2) 신용하 편저, 「竹島考證」, 『독도영유권자료의 탐구』 4, 정영미(2006.5), 「독
  도자료집 Ⅱ [竹島考證]」, 바른역사정립기획단.

부에 즉각 보내지 않고 기타자와 세이세이(北澤正誠)에게 죽도(울릉도)
영유권에 대한 조사를 의뢰했고" 이에 "北澤正誠은 당시로서는 광범
위한 문헌조사를 하여 먼저 연구결과로서 상세한『竹島考證』을 서술
하고, 이를 간단히 요약한『竹島版圖所屬考』라는 보고서를 1881년 8
월 20일에 작성하여 외무성에 제출하였다"고 한다.[3] 또 다른 번역자
인 정영미는 "명치유신 이후 동해상에는 새로운 섬인 '松島'를 발견
하였다면서 일본 외무성으로 개척원이 쇄도하게 되자 외무성의 지시
를 받은 기타자와 세이세이가 6세기부터 19세기 후반(1881)까지의 울
릉도(일본명 竹島)와 독도(일본명 松島)에 관한 기록을 집성하여 분석하고
보고한다"고 하여[4] 서로 다른 입장을 보이고 있다. 그러한 다른 원인
을 내놓게 된 것은 기타자와 세이세이가 '竹島考證'에서 이를 밝히는
서문 등을 쓰지 않고, 바로 '竹島考證引用書'만 쓴 채, 본문으로 넘어
갔기 때문이다.

  일본외교문서 자료에 의하면 일본 외무성은 1881년 10월 7일 조선
국 울릉도에 邦人, 즉 일본인들의 도항을 금지할 것을 상신하였다. 이
문서에는 첨부된 '부속서'가 2개가 있는데, 그 하나는 기타자와 세이
세이의『竹島版圖所屬考』이고, 나머지 하나는 조선정부에 보낼 書翰
案이다.[5] 일본 외무성은 6월 조선의 예조판서 沈舜澤이 울릉도에 일
본인이 들어와 漁採하는 것을 금해달라는 항의문서를 받았다. 심순택
이 일본 외무성에 보내온 외교문서를 보면 울릉도에서 일본인들이 들
어와 나무를 찍어내어 원산과 부산으로 보내려하는 것을 금해달라는

---

3) 신용하, 앞의 책 참조.
4) 정영미, 앞의 책 참조.
5) <161 朝鮮國鬱陵島ノ儀ニ付朝鮮政府ヘ送翰ノ儀上申ノ件>「事項10 朝鮮國鬱
   陵島ニ邦人渡航禁止ノ件」(『日本外交文書(韓國篇)』3(自1881 至1886), 태동
   문화사, 1981, 101~106쪽)
        附屬書 一 朝鮮政府ヘ送書翰案
              二 北澤正誠稿「竹島版圖」所屬

것을 항의하는 문서이다. 당초 울릉도 수토관으로부터 이 사실을 보고받은 강원감사 임한수는 근래 일본 선박의 울릉도 왕래가 많고 이 섬에 눈독을 들이고 있다고 판단하고 이것을 통리기무아문에 보고하였다. 이 보고를 접한 고종은 일본에 항의하고, 이규원을 울릉도 검찰사로 파견하여 울릉도 개척의 여부를 살피게 하였다.6) 이에 따라 예조판서 심순택의 명의로 일본인들의 철수와 嚴禁을 요구하는 서한을 일본 외무성에 보내어 항의하였는데 그 문서가 『日本外交文書(韓國篇)』3「事項10 朝鮮國鬱陵島ニ邦人渡航禁止ノ件」‘160 8월 27일 朝鮮國鬱陵島へ我國民入漁採候儀ニ付上申ノ件’의 ‘부속서’에 실려 있다. 이 부속서에는 일본정부가 들은 바가 없는 사항이므로 사실을 조사해 조처하겠다는 답신을 함께 싣고 있다.7) 그 사실의 조사를 일본

---

6) 『高宗實錄』高宗 18년 5월 21일.

7) <160 8월 27일 朝鮮國鬱陵島へ我國民入漁採候儀ニ付上申ノ件>「事項10 朝鮮國鬱陵島ニ邦人渡航禁止ノ件」(『日本外交文書(韓國篇)』3(自1881 至1886),태동문화사, 1981, 99~100쪽)

　　　　附屬書　　一 辛巳六月沈禮曹判書來翰
　　　　　　　　二 八月二十日付上野外務大輔返翰

　　　朝鮮國鬱陵島へ我國人民往漁採候者有之ニ付別紙甲號ノ通同國禮曹判書ヨリ照會有之候ニ因リ別紙乙號ノ通リ及回復候間則往復書翰寫相添及上申候也
　　　　　　明治14年 8월 27日
　　　　　　　外務卿代理
　　　　　　　外務大輔 上野景範
　　　　　太政大臣 三條實美殿

　　(附屬書 一) 甲號
　　　　　大朝鮮國禮曹判書 沈 舜澤 呈書
　　　　　大日本國外務卿井上馨閣下
　謹玆照會者 即我江原道觀察使所報 則鬱陵島搜討官巡檢之際 有貴國人士名在其島伐木積置 將送于元山釜山港云 蓋此鬱陵島 粵自三韓係在本國土地物産 詳載於本國輿圖 逮我朝 以海路危險 撤其居 空其地 封植長養 而派官審檢

외무성은 北澤正誠에게 맡겼고, 北澤正誠은 『竹島版圖所屬考』를 8월
20일에 일본 외무성에 제출하였고, 일본 외무성은 이에 의거해 1881
년 10월 7일 조선국 울릉도에 邦人, 즉 일본인들의 도항을 금지할 것
을 상신한 문서의 부속서에 『竹島版圖所屬考』를 실었던 것이다. 이로
보아 『竹島考證』이 만들어진 배경은 신용하의 지적처럼 조선정부가

歲以爲常 重舊蔽固疆圍之道 不得不然爾 前此一百八十九年癸酉 以貴國人錯
認島名事屢度往復 竟至歸正而 自貴國飭于海民 永不許入往漁採 其書尙載在
掌故可按也 今此 貴國人之憪然來硏 有缺入境問禁之義 且交隣貴誠信 梁灌
楚菰 晋還吳獵 其非今日之所相勉者乎 玆庸開陳 望貴政府嚴申邊禁 俾還往
船舶更舟得昧例踵誤益篤兩國之孚永久無替 深所幸也岫此前付 順祈臺祉敬具
　　　辛巳 六月 日
　　　　　　禮曹判書 沈舜澤
　　　(附屬書 二) 乙號
　　　無號
以書翰致啓上候陳者貴國鬱陵島二我國人民入往漁採候者有之境二入リ禁フ／問
フ／義ヲ缺ク還往船舶ヲシテ更二昧例誤ヲ踵ク事ヲ得ルヲ勿ラシメ益兩國ノ孚ヲ篤クセ
ン事ヲ欲セテル、旨辛巳六月　日貴函ヲ以テ御申越ノ趣委曲致了悉候然ルニ右ハ
寔二我政府未曾聞ノ事二有之候得者卽チ事實ヲ調査ツ要スルニ兩國ノ厚好二障
碍無之樣致ツ可申候此段回答得貴意候敬具
　　　明治14年 8월 20日
　　　　　日本外務卿代理
　　　　　　　外務大輔 上野景範

　朝鮮
　　　禮曹判書 沈舜澤 閣下
　　　(右漢譯文)
謹玆照覆者 卽接辛巳六月 日貴函 貴國鬱陵島有我民人入往漁採者 缺入境問
禁之義 俾還往船舶 更勿得昧例踵誤 益篤兩國之孚 書意具悉 此寔係我政府
未曾聞之事 卽當調査事實 要俾莫碍於兩國厚好也 謹玆照覆並頌 臺祉 敬具
　　　明治 14년 8月 20日
　　　　　日本外務卿代理
　　　　　　　外務大輔 上野景範
　朝鮮
　　　禮曹判書 沈舜澤 閣下

일본 외무성에 항의문서를 보내어 일본인들의 울릉도에의 도항과 불법입도의 금지 조치를 요구한데 대한[8] 대응에 앞서 일본 외무성이 기타자와 세이세이로 하여금 울릉도 영유권에 대한 조사를 지시하여 만든 서책임이 분명하다.

2) 한국 측 인용서 왜곡의 실상

『竹島考證』은 보통의 다른 책과는 달리 '서론'이 없고, '竹島考證引用書'가 제일 앞에 나온다. 그 내용은 다음과 같다.

竹島考證引用書

朝鮮書: 東國通鑑, 東國輿地勝覽, 高麗史, 通文館志

---

8) 『통문관지』 권11 고종 18년 신사, "예조판서가 일본 외무경에게 글을 보내었는데, 대략 이르기를, 「우리 강원도 관찰사의 보고한 바를 접수하건대, '울릉도 수토관이 섬을 돌아다니며 시찰할 즈음에 귀국 사람 7명이 그 섬에서 벌목을 하였습니다'라고 하였습니다. 대개 이 섬은 옛날 삼한시대부터 토지와 물산이 본국의 여지도에 상세히 실려 있으며, 우리 왕조에 이르러서도 바닷길이 위험하다고 하여 물러 나와서 살게 하고 그 땅을 비워두었으나, 관원을 파견하여 시찰하는 것은 해마다 상례로 되었습니다. 지금으로부터 189년 전인 계유년(1693, 숙종 19)에 귀국 사람들이 섬 이름을 잘못 알고 여러 차례 왕복하였으나 마침내 모든 것이 바른 데로 돌아가기에 이르렀고, 귀국에서도 영구히 어민들에게 물고기를 잡는 것을 허락하지 않았습니다. 지금 이번에 귀국 사람들이 멍청하게 와서 나무를 베었는데, 이것은 국경을 들어올 적에 금령을 물어보는 뜻에 결여된 점이 있을뿐더러, 또 어찌 이것이 교린하는 데에 정상과 신의를 귀중하게 여기는 짓이겠습니까? 바라건대 변방의 금령을 엄하게 단속하여, 연달아 잘못하는 일이 없도록 한다면, 매우 다행하겠습니다.…」 하였는데, 저들이 '이것은 우리 정부에서 일찍이 들어본 적이 없는 사건에 관계되므로, 즉시 마땅히 사실을 조사할 것입니다. 요컨대, 양국의 우호관계를 두텁게 하려는 뜻이 방애가 안되도록 하겠습니다'라고 답변하였다.".

中國書: 武備志, 登壇必究, 圖書篇, 八篇類纂, 朝鮮賦

國書: 大日本史, 竹島雜志, 竹島圖說, 朝鮮通交大記, 善隣通書, 竹島紀事, 竹島考, 磯竹島覺書, 通航一覽

公信類: 竹島書類雜纂, 松島之議, 浦潮斯德來信, 浦潮港日記

明治十四년八月奉命取調 北澤正誠

　　기타자와 세이세이는 조선 및 일본, 그리고 중국의 서책에 이르기까지의 '인용서'를 먼저 밝힘으로써 자료의 광범위한 섭렵을 과시하는 한편 글의 객관적 신뢰성을 드높이고자 하는 의도를 내비치었다고 볼 수 있다.『竹島考證』에 인용된 조선 측 인용서가 얼마만큼 객관적으로 인용되었는가를 논하기에 앞서『竹島考證』의 체제를 우선 살펴보기로 한다.

　　『竹島考證』은 인용서목을 밝힌 뒤 본문에서 먼저 죽도의 명칭의 유래를 밝히고, 조선과 일본 사이에 "이런 저런 말이 분분하여 정설이 없으므로, 지금 우리나라에 전해져오는 말과 조선과 중국에서 전해져 오는 기록을 들어 그 말의 다르고 같음에 대해 논해보고자 한다"고 하여[9] 다케시마(울릉도)가 조선과 일본 사이의 분쟁지역임을 은연중 드러내어 고찰의 필요성을 제기하고, 일본과 조선, 그리고 중국 측의 기록을 통해 그것을 입증하고자 하였다.

　　우선 일본 기록을 인용하여 '다케시마(울릉도)'가 일본의 고유영토임을 분명히 하고자 하였다. 그 내용은 다음과 같다.[10]

───────────────────

9)『竹島考證』上, "竹島[磯竹島라고도 한다]는 본국과 조선 사이에 있는 孤島이다. 둘레가 10리 정도 되는 험하고 높은 산으로 계곡이 깊고 고요하며 나무가 울창하고 대나무가 빽빽이 들어서 있다. 땅은 비옥하고 많은 산물이 난다[이상은『竹島考』에 나오는 말이다]. 단 그 땅이 두 나라 사이에 있어 예로부터 이런 저런 말이 분분하여 정설이 없으므로, 지금 우리나라에 전해져오는 말과 조선과 중국에서 전해져 오는 기록을 들어 그 말의 다르고 같음에 대해 논해보고자 한다."

10) 이 글을 작성하는데 있어서『竹島考證』의 번역은 정영미의 번역(『독도자료집

① 먼저, 우리나라에서 전해져 오는 말에 따라 그 섬에 대해 대략적으로 말해보면, 松浦武四郞의 『竹島雜誌』에는 『日本風土記』를 인용하여 '다케시마(他計甚麼)'라 訓讀되어 있는데, 그 땅의 동쪽 해안에 두 尺이나 되는 大竹이 있으므로 소위 竹島라는 이름이 붙은 연유가 된다고 하였다『竹島圖說』에 의거하여 한 말이다]. 그리고 『北史』 권14 중의 「倭傳」을 인용하여 "수나라가 文林郞과 裴世淸을 사신으로 보냈다. 그들이 백제로 건너가 竹島에 이르렀는데, 남쪽으로 탐라가 보이고 운운"이라 한 것과, 또 "치쿠시국(竹斯國)'의 竹島라고 하였으니 우리나라의 섬에 틀림없다"는 말도 기록하였다『草蘆雜談』을 인용하여 한 말이다]. 元和 2년(1616) 호키 요나고(米子) 주민인 大谷甚吉과 村川市兵衛 두 사람이 竹島에 도해하고 싶다고 官에 청원하였다. 元和 3년 松平光政(=松平新太郞)이 호키의 영주가 되자 두 사람의 청원에 따라 이 건을 강력히 막부에 청원하였다. 元和 4년(1618)이 되자 막부는 두 상인을 에도로 불러 '竹島渡海免許 朱印狀'을 내리셨다. 이때부터 두 상인은 매년 도해하여 어로를 행하였고, 그로부터 74년 째 되는 元祿 5년(1692)에 이르러, 조선인이 竹島에 와서 어렵을 행하게 되자 두 상인의 이윤이 점점 줄어들게 되었다. 元祿 9년(1696) 봄이 되자 조선이 竹島가 자기나라 영역이라는 말을 해서 결국 竹島를 조선에 주었다고 한다. 이것이 그 섬에 대한 대략적인 이야기이다.

그는 위 자료에서 보다시피 『竹島雜誌』에서 인용한 『日本風土記』, 『竹島圖說』, 『北史』, 『草蘆雜談』에 근거하여 죽도가 일본 땅이라는 것을 드러내고, 1618년~1692년 사이 74년간 일본인에 의해 竹島가 독점되었음을 부각시키기 위해 1618년의 '竹島渡海免許 朱印狀'을 그 근거로 제시하였다. 그 후 1692년부터 조선인이 울릉도에 조업하기 시작하였고, 1696년에 조선이 자기네 땅이라 해서 돌려주었다고 하였다.

사료 ①의 문제점을 지적해보면, 첫째, 『北史』 권14 중의 「倭傳」에서 인용한 한반도의 서남해에 있는 '竹島'는 울릉도(竹島)가 될 수 없다.[11] 둘째, 기타자와 세이세이는 1618년~1692년 사이 74년간 일본

Ⅱ 竹島考證』, 바른역사정립기획단, 2006.5)을 주로 따랐고, 인용문에 달린 주석도 주로 정영미의 주석을 그대로 인용하였다. 따라서 이에 대한 전거는 일일이 밝히지 않았음을 밝혀둔다.

인이 竹島를 독점했다고 부각시키지만 광해군 12년(1620)에 쓰시마번이 에도막부의 명을 받아 조선국에 속한 섬 다케시마에서 밀무역을 하고 있던 사기사카 야자에몬(鷺坂彌左衛門)·니우에몬(仁右衛門) 부자를 潛商의 죄로 처벌한 것으로 보아 12) 1618년부터 일본이 울릉도를 독점한 것으로 볼 수 없다. 현재 일본은 호키주(伯耆州) 요나고 항(米子町)의 오오야(大谷)·무라카와(村川) 양 家에서 인조 3년(1625, 寬永 2)에 막부로부터 '竹島渡海免許'를 얻어 울릉도에 출어하였고, 그때부터 일본의 고유의 영토라고 주장하고 있는 것으로 보아도13) 기타자와 세이세이가 1618년부터 죽도를 오로지했다고 한 것은 틀린 것이다.

기타자와 세이세이는 이나바(因幡州)14) 사람인 江石梁이라는 자의『竹島考』에 실려 있는『日本事跡考』를 인용하여 "오키(隱岐國)15) 해상에 竹島가 있는데 그 곳에는 대나무가 많고, 전복이 있는데, 그 맛이 매우 좋으며, 바다짐승이 있는데 이름은 葦鹿이라 한다"라는 말이 있다고 하였다. 또『竹島圖說』에는 "일본인이 오키의 북쪽 바다에 竹島

---

11) 신용하, 앞의 책, 31쪽
12) 『通航一覽』卷129, 朝鮮國部 百五. 『通航一覽』은 嘉永 6년(1853) 막부의 명령에 따라 大學頭인 하야시 아키라(林飛·復齋)가 여러 외국과의 응접을 위한 자료로 편찬한 에도막부의 대외관계 사례집이다. 미카와(三河) 시대부터 文政 8년(1825)의 異國船 격퇴령까지를 포함하고 있다. 본편 350권, 부록 23권으로 구성되었다. 본편은 관계 제국과 나가사키로 부문을 나누어 각각의 항목을 만들어서 편집 연도순으로 관련사료를 제시하였다. 부록은 海防 관계에 관한 내용이다. 인용 사료는 광범위하며 기술은 객관적이고 정확하다는 평을 받고 있다. 일본 근세의 대외관계의 기본 사료이다. 國書刊行會에서 간행되었다. 송병기편, 『독도영유권자료선』(한림대학교 아시아문화연구소, 2004)에 1696년의「竹島渡航禁止令」,「告竹島一件事考」가 번역되어 실려 있다.
13) 일본 외무성 홈페이지(http://www.mofa.go.ip)「竹島−다케시마 문제를 이해하기 위한 10가지 포인트」.
14) 이나바(因幡州) : 지금의 돗토리현 동부
15) 오키(隱岐國) : 지금의 시마네현 오키군

가 있음을 알고 어렵을 하기 시작하였는데 그 일본인은 호키(伯耆)에
사는 한 어부이다. 이 섬은 매우 조선과 가까운 섬이었는데도 옛날에
는 오히려 조선인이 이를 알지 못하였다. 이 섬의 북쪽으로 3리 정도
떨어진 곳에 또 섬 하나가 있는데, 이곳에는 참으로 양질의 전복이
많다. 따라서 조선에서 3년에서 5년에 한번 씩 어부를 보내어 전복을
따게 하였다. 그 나라는 예전엔 이 竹島에 대해 알지 못하였고, 元祿
5년(1692; 숙종18) 봄에 이 섬에 표류한 사람이 처음으로 竹島가 있음을
알게 되었다"라는 말이 있다고 하였다. 그는『竹島考』의 인용에서 竹
島, 즉 울릉도의 산물인 대나무, 전복, 葦鹿을 거론하고 있다. 그에 반
해『竹島圖說』의 인용의 경우 '옛날에 조선인은 거리가 가까움에도
불구하고 竹島를 알지 못하다가 1692년에 이 섬에 표류한 사람으로
인해 竹島가 있음을 알게 되었다는 점에 초점을 두고 있다. 그럼에도
불구하고 그는 다음의 사료 ②에서 보다시피『竹島雜志』·『竹島考』
·『竹島圖說』의 세 책을 통해 竹島를 일본이 발견하였기 때문에 우리
나라 영역 안에 있는 섬 중의 하나라고 강조하고 있다.

② 위의 세 권의 책 〈『竹島雜志』『竹島考』『竹島圖說』〉이 말하고 있는 바에
의하면 竹島는 실로 우리나라 사람이 발견한 곳이기 때문에 우리나라 영역 안
에 있는 섬 중의 하나이다. 그곳에서 해상 이권을 우리가 장악한 후 74년이라
는 긴 시간이 흘렀다. 조선인은 예전에는 전혀 몰랐던 것 같다. 그런데 元祿
5년(1692) 봄부터 조선인이 竹島에 와서 어로를 하게 되었고, 그 다음해에도 또
오게 되었다. 이에 그 나라 사람 둘을 잡아 이 일을 에도(江戶)에 탄원하였다.
막부는 쓰시마(對馬)에 명령하여, 그 나라 정부에 서신을 보내 그 나라 사람이
다시 건너오는 것을 금지하게 하였다. 이에 관한 서신이 몇 차례 오고간 후,
우리가 竹島라고 하는 섬이 그들이 울릉도라고 하는 섬이고 오래전부터 조선
의 영토였음을 알게 되어, 반대로 우리나라 사람이 그 섬에 가는 것을 금하게
되었다. 그때 오고간 서신이『竹島記事』[16] 및『磯竹島覺書』[17]에 실려 있다.

---

16)『竹島記事』는 1726년에 쓰시마 藩士인 고시 쓰네우에몬(越常右衛門)에 의해
    편집된 '竹島一件' 관계 사료집이다. '竹島一件'이란 1693년에 울릉도에서

위 결론에 근거하여 기타자와 세이세이는 "소위 竹島는 예전부터 사람이 살지 않는 거친 섬(無人ノ荒島)으로서 70여 년간 우리나라 사람이 그곳에서의 해상 이익을 독차지해왔다"고 하였다. 그러나 기타자와 세이세이가 인용한 『竹島考』의 경우 사료 ②를 뒷받침하는 자료를 제시한 것은 아니고 단지 대나무와 전복, 그리고 葦鹿이 많이 난다고만 하였을 뿐이다.

기타자와 세이세이는 자국의 땅인 竹島를 "元祿시대에 조선과 서신이 오고간 후 그 섬이 울릉도라는 것을 알고 그 섬을 그들에게 돌려주었다"고 하고 "그 나라의 古史에 의거하여 그 섬에 대한 대략적인 것을 들어, 아주 옛날 그 섬이 조선 땅에 속해 있었을 때의 상황에 대해서 알아본다"고 하였다. 그에 관한 사료를 순차적으로 살펴보기로 한다.

> ③『東國輿地勝覽』의 권두에 있는 「八道總圖」에 "강원도 바다 가운데 섬이 둘 있는데 서쪽에 있는 섬을 干山이라고 하고 동쪽에 있는 섬을 鬱陵이라 한다"는 말이 있다. 이는 우리가 松島와 竹島라고 말하는 두 섬인데 『東國輿地勝覽』의 말에 의하면 "울릉도는 강원도에 있고 武陵 혹은 羽陵이라고 하며, 울울진현 정동 쪽에 있다. 깎아지른 듯한 높은 산이 하늘을 떠받치고 있는데, 남쪽

일어난 안용복 연행사건을 계기로 조선과 쓰시마번의 울릉도 영유권 교섭 관련 사건을 말한다. 이것은 안용복 연행사건과 거의 동시대의 일본 측 교섭 당사자가 정리한 중요한 공적인 기록이다. 서한을 제외한 번각문이 시마네현 'Web 다케시마문제연구소'에서 공개되고 있지만 틀린 부분이 많다. 또한 『竹島紀事』후반을 중심으로 한 번각문은 이케우치 사토시의 『다케시마 일건의 역사적 연구』에 실려 있다.

17) 『磯竹島覺書』는 『磯竹島事略』이라고도 한다. 츠쿠바대학 소장의 도서는 표지가 '磯竹島事略'이며, 본문의 표제는 '磯竹島覺書'로 되어 있다. 일본 국립공문서관 소장의 도서는 표지와 본문의 표제가 '磯竹島覺書'로 되어 있다. 明治 8년(1875)에 太政官正院地誌課 나카무라 겐키(中村元起)가 교정을 한 '竹島一件'에 관한 明治 정부의 자료집이다. 전문의 번각문이 시마네현 'Web 다케시마문제연구소'에서 공개되고 있지만 틀린 부분이 많다. 영남대학교 독도연구소의 저널 『獨島研究』 2집과 3집에 영인, 정서되어 있다.

봉우리가 조금 낮고 작다. 바람 부는 맑은 날이면 산봉우리의 나무와 산 밑의 모래사장이 역력히 보인다. 순풍이면 이틀 만에 도착할 수 있다"고 한다. 이 책은 조선 성종 13년(1482), 우리나라 文明 14년에 편집된 책이므로 지금으로부터 실로 400년 전의 상황인 것이다. 그 당시에는 이 섬이 그들의 屬島였다고 해도 틀리지는 않는 말이다. 그들의 古史를 보면, 그보다 더 예전에는 우산과 울릉이 같은 땅이었다. 『東國通鑑』 권5에는 "신라 지증왕 13년 6월에 우산국이 항복하여 신라에 토산물을 바쳤다. 그 나라는 溟州의 正東쪽 바다에 있으며, 이름하여 울릉이라 한다. 둘레가 백리이고 매우 험한 땅이었으므로 이를 믿고 복종하지 않았다. 이찬[官名] 이사부는 하슬라주의 군주인데 '우산 사람들이 어리석고 미천하여 위엄으로서는 따르게 할 수 없으니 계략을 써서 복종시켜야 한다'고 했다. 이에 나무로 사자의 형상을 만들어 전함에 나누어 싣고, 그 섬에 가서 '너희가 만약 복종하지 않으면 즉시 이 짐승을 풀어놓아 너희를 밟아 죽이게 할 터이다'고 말했다. 그 나라 사람들이 두려워하여 항복했다"고 되어 있다. 이는 우리나라 게이타이(繼體) 천황 6년 임진년(512)의 일로서 지금으로부터 1370년 전의 일이었다. 그 후 오랫동안 신라의 屬島로 있었던 것이다.

기타자와 세이세이는 1482년에 만들어진 『동국여지승람』의 사료의 검토를 통해 400년 전의 당시에는 竹島는 조선의 屬島였다고 해도 틀린 말이 아니라고 하였다. 그런데 위 사료에서 『동국여지승람』의 '팔도총도'의 경우 동해 바다에 두 개의 섬을 그리고, 육지 쪽에 가까운 섬, 즉 서쪽에 있는 섬을 '우산도'라고 그려두었고, 동쪽에 '울릉도'를 그려두었지만 거기에 설명문이 있는 건 아니다. 그러나 기타자와 세이세이는 지도에 마치 설명문이 있는 듯이 논하고 있다. 위 사료 ③에서 주목되는 것은 우산과 울릉이 같은 땅이었다는 점을 강조하고 있다는 점이다. 그것을 입증하기 위해 『東國通鑑』의 사료 검토를 통해 竹島는 512년 이사부의 우산국 정벌로 인해 오랫동안 신라의 속도로 있었다고 하였다. 그는 우산국 정복 사실을 통해 '우산=울릉'이라는 점을 은연중 드러내어 우산도와 울릉도가 옛날 우산국의 영토였다는 점을 흐리고 있다. 이러한 논리에 입각하여 현재 일본의 연구자들은 '우산도=울릉도'라고 하여 '우산도=독도'라는 점을 부정하고 있다.

기타자와 세이세이는 『高麗史』를 인용하여 고려시대 울릉도(竹島)의 실상을 다음과 같이 전하고 있는데, 여기에 사료의 왜곡이 심하다.

④ 『高麗史』에 의하면 "태조 13년에 울릉도 사람인 白吉과 土豆를 사자로 보내어 方物을 바쳤다"고 되어 있는데, 고려 태조 13년(930)은 우리나라 다이고(醍醐) 천황 長興 1년으로 지금으로부터 952년 전이 된다. 세월이 흘러 고려 의종 13년에 이르러서, "왕이 울릉은 땅이 넓고 토지는 비옥하여 가히 사람이 실 수 있는 곳이라는 말을 듣고, 명주도 監倉 김유립을 시켜 보고 오게끔 하였다. 유립은 돌아와서 '섬 안에 큰 산이 있고, 산을 가운데 두고 동쪽으로 일만여보 걸으면 바다에 이르고, 서쪽으로는 일만 삼천여보 걸으면 바다에 이르고, 남쪽으로는 일만 오천여보, 북쪽으로는 팔천여보 걸으면 바다에 이릅니다. 촌락이 있었던 흔적이 일곱 군데 남아 있었고, 간혹 석북과 종, 석탑이 있었습니다. 柴胡와 藁本과 石南草가 많이 자랍니다'라는 말을 하였다. 후에 최충헌이 '武陵의 토양이 비옥하고 진귀한 나무와 해산물(海錯)이 많습니다'라고 말씀드려 사람을 보내 이것을 보고 오게 하였는데, 집터가 있었으나 주춧돌이 완연히 들어나 있어서 사람들이 언제 살았는지는 알 수 없었다. 이에 東郡民을 이곳으로 이주하여 살게 하고 사신이 돌아왔는데, 와서 많은 진귀한 나무와 해산물을 바쳤다. 후에 자주 바람과 파도로 인해 배가 뒤집어져서, 많은 배와 사람을 잃었음으로 백성을 다시 되돌아오게 했다"라고 되어 있다. 의종 13년(1159)은 우리나라 니죠(二條) 천황의 平治 1년으로서 지금으로부터 실로 722년 전의 일이다. 그래서 당시 그 땅에서 백성을 옮긴 후 땅을 비워 두었다.

신용하는 기타자와 세이세이의 위 기록에 대해 "北澤이 『고려사』를 읽어보고 고려가 울릉도를 지배한 사실을 고증한 기록이다. 『고려사』에 의하면, 태조 13년(930)에 울릉도인들이 方物을 바쳤다고 기록되어 있고, 그 후에도 계속 고려의 울릉도 지배가 기록되어 있다는 것이다. 특히 고려 毅宗 13년(1159)에는 김유립을 보내어 물산을 조사하고 사람을 이주시키기도 했는데, 이것은 지금으로부터 722년 전의 일이니, 고려가 울릉도를 통치했다는 것은 틀림없는 일이라는 것이다."라고 해설을 하였다.[18] 그러나 이러한 해석은 기타자와 세이세이

---

18) 신용하, 앞의 책, 37쪽.

의 사료 왜곡을 감지하지 못한 잘못된 해석이다. 사료 ④의 기록과 아래의 『高麗史』의 기록을 서로 비교해보면 그것을 알 수 있다.

⑤ 왕이 동해 가운데 있는 羽陵島는 지역이 넓고 땅이 비옥하며 옛날에는 州, 縣을 두었던 적이 있어서 백성들이 살 만하다는 말을 듣고 溟州道監倉 殿中 內給事 金柔立을 시켜 가 보게 하였더니 유립이 돌아와서 그곳에는 암석들이 많아서 백성들이 살 수 없다고 하였으므로 그 의논이 그만 잠잠하여졌다.(『고려사』 권18 세가 의종 11년 5월 병자일)

⑥ 또 東海 중에 울릉도라는 섬이 있는데 땅이 비옥하고 진귀한 나무들과 해산물이 많이 산출되나 수로가 원격하여 왕래하는 사람이 끊어진 지 오래이다. 최이가 사람을 보내서 시찰한즉 과연 집터와 주춧돌이 완연히 있었으므로 동부지방의 군 주민들을 이주시켰다. 그 후 풍랑과 파도가 험악해서 익사자가 많다는 이유로 이민을 중지하였다. (같은 책 권129 열전42 반역 최충헌전 부 최우 고종 30년)

사료 ⑤는 의종 11년(1157)에 백성들이 살 만하다는 울릉도에 명주도 감창사 김유립을 보내어 살피게 하였지만 백성들이 살 수 없다고 하여 군현 설치의 의논이 잠잠하였다고 한 기록이다. 그리고 사료 ⑥은 무신정권 때인 고종 30년(1243)에 최이가 동부지방의 군 주민들을 이주시켰지만 그 후 풍랑과 파도가 험악해서 익사자가 많다는 이유로 이민을 중지하였다고 기록하였다. 그럼에도 불구하고 기타자와 세이세이는 사료 ④에서 보다시피 1243년 최이가 동부지방의 주민을 울릉도에 이주시킨 사실을 그의 아버지 최충헌으로 잘못 기재함은 물론 그 시간적 선후를 무시한 채 전체를 뭉뚱그려서 "의종 13년은 우리나라 니죠(二條) 천황의 平治 1년으로서 지금으로부터 실로 722년 전의 일이다. 그래서 당시 그 땅에서 백성을 옮긴 후 땅을 비워 두었다"고 하여 의종 13년부터 땅을 비워 두었다고 하였다. 그러나 사료 ⑤에서 보다시피 의종대에 울릉도로 이주정책이 시행된 적도 없었고, 또 울룽도로부터 주민을 육지로 다시 끄집어내온 적도 없다. 사료 ⑥을 보면 고종 30년에 동부지방민을 울릉도로 이주시킨 적이 있지만 그 후 풍랑과 파도가 험악해서 익사자가 많다는 이유로 해서 이민을 중지하였다고 하였지만 기타자와 세이세이가 사료 ④에서 말한 것처럼 그 사람들을 육지로 끄집어내온 것이 아니었다. 그런 점에서 기타자와 세이세이가 언급한 것처럼 땅을 비워둔 것은 아니었다. 기타자와 세이세이는 다음 사료 ⑦에서 그 전 왕조, 즉 고려시대의 경우 '空島制를 행하지 않았기 때문에 바닷가에 살던 사람이 때때로 그 섬으로 이주하기도 하였다'고 하였지만 실제 『고려사』를 교묘하게 왜곡하여 의종 13년 이후 울릉도를 비워두었다고 하였던 것이다. 이처럼 그 자신 스스로 논리 전개에 모순을 드러내고 있는 셈이다.

　　⑦ 또『磯竹島覺書』는『東國輿地勝覽』및『芝峯類設』을 인용하여 "조선 태종 때 그 섬으로 도망하는 유민이 심히 많다고 듣고, 다시 명령하여 삼척 사람 김인우를 안무사로 삼아 그 땅에서 사람을 나오게 하고 땅을 비웠다(刷出空其地). 인우는 '토지가 비옥하고 대나무는 크기가 큰 깃대만하고, 쥐의 크기는 마치 고양이만하며, 복숭아 씨앗의 크기는 마치 됫박만한데, 거의 모든 것이 이와 비슷합니다'라는 말을 하였다"고 적고 있다. 조선 태종 때란 고고마츠(後小松) 천황의 應永 7년에서 19년에 달하는 기간이다(1400~1412). 그런즉 대략 480여 년 전의 일이다. 그 전 왕조에서는 空島制를 행하지 않았기 때문에 바닷가에 살던 사람이 때때로 그 섬으로 이주하기도 하였다. 이와 같았음을 알기에 충분하다.

　　기타자와 세이세이는 "『磯竹島覺書』는『東國輿地勝覽』및『芝峯類設』을 인용하여 조선 태종 때 '김인우를 안무사로 삼아 그 땅에서 사람을 나오게 하고 땅을 비웠다(刷出空其地)'는 것을 부각시키고, '그 전 왕조에서는 空島制를 행하지 않았기 때문에 바닷가에 살던 사람이 때때로 그 섬으로 이주하기도 하였다'고 하였다. 그는 여기에서 처음으로 '空島制'란 용어를 사용하면서 짐짓 그 전 왕조, 즉 고려에서 공도제가 시행되지 않았다고 하였다. 그러면서 앞에서 의종대에 울릉도를 텅비우게 했다는 것을 부각시키고 조선 태종조에 김인우로 하여금 '刷出空其地' 하였음을 부각시켜 조선조에서 '공도제'가 시행되었다고 하였지만 그전에도 빈섬이었음을 넌지시 강조하였다.

기타자와 세이세이는 조선 태종조와 세종조에는 울릉도로 사람들이 끊임없이 들어가 설읍의 논의가 제기된 사실은 숨긴 채 사료 ⑧에서 언급한 태종조에서 세종 20년으로 넘어가 "縣 사람인 만호 南顥가 수백 명을 이끌고 가서 도망간 백성을 모두 잡아 金丸 등 70여 명을 데리고 돌아왔고, 그 땅은 결국 비워졌다(其地遂空)"고 하였다. 남호, 실은 다음 사료 ⑧에서 보다시피 남회를 파견하게 된 동기가 세종 18년과 19년에 강원감사 유계문이 거듭 울릉도에 설읍하자는 주장에 의해 나온 것임을 기타자와 세이세이는 언급하지 않고 있다.

　　⑧ 강원도 감사 柳季聞이 아뢰기를, "무릉도와 우산은 토지가 비옥하고 산물도 많사오며, 동·서·남·북으로 각각 50여 리 연해의 사면에 석벽이 둘러 있고, 또 선척이 정박할 만한 곳도 있사오니, 청컨대, 인민을 모집하여 이를 채우고, 인하여 만호와 수령을 두게 되면 실로 장구지책이 될 것입니다" 하였으나, 윤허하지 아니하였다(『세종실록』 세종 18년 윤6월 갑신)

　　⑨ 강원도 감사 유계문에게 전지하기를, "지난 병진년 가을에 경이 아뢰기를, '무릉도는 토지가 기름져서 곡식의 소출이 육지보다 10배나 되고, 또 산물이 많으니 마땅히 縣을 설치하여 수령을 두어서 영동의 울타리를 삼아야 한다'고 하였으므로, 곧 대신으로 하여금 여러 사람과 의논하게 하였더니, 모두 말하기를, '이 섬은 육지에서 멀고 바람과 파도가 매우 심하여 헤아릴 수 없는 환난을 겪을 것이니, 군현을 설치하지 않는 것이 마땅하다' 하였다. 그러므로 그 일을 정지하였더니 경이 이제 또 아뢰기를, '古老들에게 들으니 옛날에 왜노들이 와서 거주하면서 여러 해를 두고 침략하여, 嶺東이 빈 것 같았다'고 하였다. 내가 또한 생각하건대, 옛날에 왜노들이 날뛰어 대마도에 살면서도 오히려 영동을 침략하여 함길도에까지 이르렀었는데, 무릉도에 사람이 없는 지가 오래니, 이제 만일 왜노들이 먼저 점거한다면 장래의 근심을 또한 알 수 없다. 현을 신설하고 수령을 두어 백성을 옮겨 채우는 것은 사세로 보아 어려우니, 매년 사람을 보내어 섬 안을 탐색하거나, 혹은 토산물을 채취하고, 혹은 말의

목장을 만들면, 왜노들도 대국의 땅이라고 생각하여 반드시 몰래 점거할 생각을 내지 않을 것이다. 옛날에 왜노들이 와서 산 때는 어느 시대이며, 소위 고로라고 하는 사람은 몇 사람이나 되며, 만일 사람을 보내려고 하면 바람과 파도가 순조로운 때가 어느 달이며, 들어갈 때에 장비할 물건과 배의 수효를 자세히 조사하여 아뢰라" 하였다(『세종실록』 세종19년 2월 무진).

⑩ 前 護軍 南薈와 前 副司直 曹敏을 茂陵島巡審敬差官으로 삼았다. 두 사람은 강원도 해변에 거주하는 사람이다. 이때 국가에서는 무릉도가 海中에 있는데, 이상한 물건이 많이 나고 토지도 비옥하여 살기에 좋다고 하므로, 사람을 보내 찾아보려 해도 사람을 얻기가 어려웠던 것이다. 이에 해변에서 이를 모집하니, 이 두 사람이 응모하므로 멀리서 경차관의 임명을 주어 보내고, 이에 도망해 숨은 인구도 탐문하여 조사하도록 한 것이었다(『세종실록』 세종 20년 4월 갑술).

⑪ 호군 남회와 사직 조민이 무릉도로부터 돌아와 복명하고, 포획한 남녀 모두 66명과 거기서 산출되는 沙鐵·石鍾乳·生鮑·大竹 등의 산물을 바치고, 인하여 아뢰기를, "發船한 지 하루 낮과 하루 밤 만에 비로소 도착하여 날이 밝기 전에 인가를 몰래 습격하온즉, 항거하는 자가 없었고, 모두가 본군 사람이었으며, 스스로 말하기를, '이곳 토지가 비옥 풍요하다는 말을 듣고 몇 년 전 봄에 몰래 도망해 왔다'고 합니다. 그리고 그 섬은 사면이 모두 돌로 되어 있고, 잡목과 대나무가 숲을 이루고 있었으며, 서쪽 한 곳에 선박이 정박할 만하였고, 동서는 하루의 노정이고 남북은 하루 반의 노정이었습니다" 하였다(『세종실록』 20년 7월 무술).

세종 18년과 19년의 연이은 설읍 주장에 대한 최종 결론을 세종은 '현을 신설하고 수령을 두어 백성을 옮겨 채우는 것은 사세로 보아 어려우니, 매년 사람을 보내어 섬 안을 탐색하거나, 혹은 토산물을 채취하고, 혹은 말의 목장을 만들면, 왜노들도 대국의 땅이라고 생각하여 반드시 몰래 점거할 생각을 내지 않을 것이다.'라고 하면서 '만일 사람을 보내려고 하면 바람과 파도가 순조로운 때가 어느 달이며, 들어갈 때에 장비할 물건과 배의 수효를 자세히 조사하여 아뢰라'고 하였다. 비록 세종이 치읍을 허용하지 않았지만 '매년 사람을 보내어 섬 안을 탐색하거나, 혹은 토산물을 채취하고, 혹은 말의 목장을 만들어' 일본으로 하여금 우리의 땅임을 인식시키겠다는 뜻을 밝혔다는 점이 주목된다. 이듬해인 세종 20년(1438) 4월에 남회를 '茂陵島巡審敬差官'으로 파견한 것은 그에 따른 후속조처였다.[19]

기타자와 세이세이는 태종·세종 연간에 중앙정부로부터 '안무사', '순심경차관'이 파견된 사실이나 일본으로 하여금 울릉도가 대국의 땅임을 인식시키겠다는데 대한 언급은 애써 눈을 감고 있다. 그에 반해 사료 ⑦에서 '空島制'를 처음 제기하고, 그것을 입증하기 위해 고려와 조선시대에 울릉도가 텅비었다는 것을 부각시키고 있다. 그렇지만 조선 측 사료를 검토해보면 울릉도에 들어간 사람들이 본토로부터 조세 포탈과 피역을 위해 들어간 사람들이기 때문에 그들을 원래의 지역으로 끄집어내어 그들에게 조세 수취와 역역동원을 부과하자는 의도에서 나온 '쇄환' 혹은 '쇄출' 조치에 따른 결과로서 울릉도가 '刷出空其地', '其地遂空'한 것이지 결코 『공도제』란 정책이 시행된 것은 아니다.[20]

'공도제'를 제기한 기타자와 세이세이는 이후의 조선 측 자료에서도 竹島, 즉 울릉도가 사람이 살지 않는 텅 빈 섬이었다는 사료 만을 발췌하여 부각시키고 있다.

⑫ 그로부터 40년이 지나 성종 2년에 이르러, 삼봉도라는 또 다른 섬이 있다고 보고한 사람이 있어서 朴宗元을 보내어 그 섬을 보고 오게 하였으나 바람과 파도로 인해 배를 대지 못하고 돌아왔다. 동행한 두 척의 배가 울릉도에 배를

---

19) 김호동, 「조선 초기 울릉도·독도 관리정책」, 『동북아역사논총』 20호, 2008.6, 342~346쪽.

20) 김호동, 「조선초기 울릉도·독도에 대한 공도정책의 재검토」, 『민족문화논총』 3, 영남대학교 민족문화연구소, 2005 ; 『독도·울릉도의 역사』, 경인문화사, 2007 ; 「조선 초기 울릉도·독도 관리정책」, 『동북아역사논총』 20호 참조.

대어 大竹과 전복을 가지고 돌아와서 아뢰길 '섬에는 사람이 살지 않았습니다'
라고 하였다고 적고 있다. 竹島 외에도 섬이 또 하나 더 있다는 말을 듣고 그
섬을 찾고자 하여 사람을 보내 바다를 탐색하게 하였으나 뜻을 이루지 못하고
돌아온 것이다. 같은 책에 또 『芝峯類設』을 인용하여 "鬱陵島는 武陵이라고도
하고 羽陵이라고도 하는데, 동해에 있으며 울진현과 마주보고 있다. 섬 안에
큰 산이 있으며 둘레는 백리이다. 바람을 잘 타면 이틀 만에 도착한다. 신라
지증왕 때에는 우산국이라 불렀는데 신라에 항복하여 토산물을 바쳤다. 고려
태조 때는 섬사람(島人)이 方物을 바쳤다. 태종 때 안무사를 보내어 유민을 나
오게 하고 그 땅을 비웠다(遣按撫使 刷出流民 空其地). 땅이 비옥하고, 대나무는
크기가 큰 깃대만 하고, 쥐의 크기는 고양이만 하고, 복숭아 씨앗의 크기는 됫
박만하다고 한다. 임진왜란 후 가서 본 자가 있었는데 왜의 약탈을 당하여, 人
家 굴뚝에서 두 번 다시 연기가 나는 일이 없었다고 한다. 최근에 듣기에 왜인
이 磯竹島를 점거했다고 하며, 혹은 말하기를 磯竹島가 즉 울릉도라고 한다"라
고 적고 있다. 이상과 같이 『芝峯類設』(1614; 광해군6)에 실려 있는 '그 땅이 비옥
하고, 대나무 크기는 큰 깃대만하고'라는 말은 우리나라의 『竹島圖說』에도 있
는 말인데, 그 나라와 우리나라의 말이 서로 들어맞으니 신기한 일이다. 임진
왜란이란 文祿 1년(1592)에 있었던 우리나라의 조선 정벌을 가리킨다. 이 책은
亨保 11년(1726) 『竹島紀事』를 편집할 때에 80년 전의 저서의 취지를 기록하고
있으니 필히 寬永(1624~1643) 이전의 저서일 것이다. 그렇다면 당시 우리나라 사
람이 竹島를 점거하고 있었던 것은 명백한 일이다.

사료 ⑫에서 보다시피 성종조에 삼봉도를 찾은 사람들이 울릉도에
들렀는데 '사람이 살지 않았다'는 자료, 그리고 『芝峯類設』(1614; 광해군
6)의 '我太宗朝 遣按撫使 刷出流民 空其地'의 구절의 인용이 그것이다.
특히 『지봉유설』에서 '임진왜란 이후 왜의 약탈을 당해 인가 굴뚝에
연기가 나는 일이 없었다'고 한 기록, 그리고 '최근에 왜인이 기죽도
를 점거했다고 들었다'는 것을 부각함으로써 당시 일본 사람이 竹島
를 점거했다는 것이 명백하다고 하였다. 그것을 입증하기 위해 기타
자와 세이세이는 "『芝峯類設』에 실려 있는 '그 땅이 비옥하고, 대나
무 크기는 큰 깃대만하고'라는 말은 우리나라의 『竹島圖說』에도 있는
말인데, 그 나라와 우리나라의 말이 서로 들어맞으니 신기한 일이다"
라고 하여 짐짓 『지봉유설』의 사료적 가치를 높이 평가하고 있다.

　　다만 1614년 일본이 말하는 죽도, 혹은 기죽도가 조선의 강역임을
주장한 조선 측의 기록을 다음과 같이 열거하고 있다.

　　⑬ 또 慶長 19년(1614; 광해군6)에 宋氏(宗氏의 오류)가 竹島에 관해 요청할 일이
있어 사자를 조선에 보낸 적이 있다. 조선은 동래부사 윤수겸으로 하여금 우리
가 말하는 竹島가 조선의 울릉도라고 대답하게 하였다. 그때의 글이 『善隣通書』
및 『朝鮮通交大紀』에 실려 있다. 대략 "글 속에 磯竹島를 자세히 조사하자는 말
이 있으니 심히 놀랍고도 의아합니다. 이 계획이 과연 누구에게서 나온 것인지
알지 못하겠습니다. 사신이 와서 말하기를, 이 섬이 경상과 강원 두 도의 바다
가운데 있다고 이르니 이는 곧 우리나라에서 말하는 울릉도라는 곳입니다"라
는 말이 적혀 있다. 부사 박경업의 서신에서 보면 "貴島가 磯竹島에 대해 조사
하고자 하는데 아직도 집착하고 있으니 심히 이상합니다. 이 섬이 우리나라에
속한다는 것은 足下가 알지 못하는 바도 아니고 貴島가 가로챌 수 없음을 알지
못하는 바도 아니면서 앞질러 엿보려 하니 이는 실로 무슨 마음에서입니까. 아
마 좋게 끝날 일이 아닌 것 같습니다. 소위 磯竹島라고 하는 것은 실로 우리나
라의 울릉도입니다. 또 명나라의 翰林侍講 董越이 편찬한 『朝鮮賦』[21]의 앞장에
조선팔도 총도가 그려져 있는데, 여기에서 보면 강원도 울진포의 동쪽 바다에
섬 하나가 그려져 있고 陵山이라 적혀 있으니 그것이 즉 울릉도입니다"라고 되
어 있다.

　　기타자와 세이세이는 이상이 조선의 역사에서 보이는 대략적인 竹
島에 대한 기사라고 하면서 본문의 내용은 즉, '더 이상 竹島에 항해
하지 말 것'이라는 말과 같다고 하였다. 『실록』 등의 관찬사서는 아
니지만 『松湖實蹟』(義城金氏 松湖公派 종친회, 1998)에는 삼척영장 金鍊成
이 광해군 5년(1613) 3월 甲士 180명과 포수 80명을 거느리고 울릉도
를 살피러 간 것으로 기록되어 있다. 그리고 그가 울릉도에 간 이유
에 대해서는 "임진왜란 이후 일본으로 돌아가지 못한 무리들이 海島
에 잠복해 약탈을 일삼았다. 조선에서 죄를 짓고 달아난 유민들이 그
들과 함께 어울려 울릉도를 소굴로 삼았다. 이에 조선정부는 김연성

---

21) 『朝鮮賦』: 1488년 명나라 사신 董越이 英宗의 명령으로 조선영토를 견학
　　한 후 작성한 견문록.

과 군사 260명을 울릉도에 보내 정세를 살피도록 명하였다"라고 기록되어 있다. 이에 "倭奴들이 이 사실을 먼저 알고 모두 달아나 버려 뱃길을 돌려 돌아오는 도중 거친 풍랑을 만나 상관과 군졸이 탄 배가 전복되어 대부분 익사하고 배 한 척만 평해에 도착하니 생존자는 몇 사람에 불과하였다"고 하였다. 이것은 이수광의 『지봉유설』의 기록이 잘못되었음을 말해준다. 기타자와 세이세이 역시 1613년의 일을 인지하고 있었기 때문에 1614년의 기록을 『竹島考證』에 남겼다고 볼 수 있다. 1613년 삼척영장 김연성의 파견이 있었기 때문에 그 이듬해인 1614년에 일본의 기죽도 조사에 대하여 조선이 신속하고도 단호한 대처를 할 수 있었을 것이다.

그런데 "元和 4년(1618) 호키의 상인인 大谷과 村川이 竹島에 도해하고자 청원하였으므로 청원을 허락하였고, 그 후 74년이란 긴 세월이 흐르는 동안 조선은 계속 '竹島 영유'라는 명목에서 멀어지고 그 실질에 관여치 않았는데 元祿시대(1688~1703)가 되어 처음으로 우리나라 사람이 그 땅에 있음을 알게 되자 옛적 일을 꺼내 이에 대해 논하고 있는 것처럼 보이니 기괴하다."고 하였다.

기타자와 세이세이는 조선 측의 인용서를 점검한 결과 "1370년 전부터 임진왜란 때까지는 竹島가 조선의 영역이었다고 해도 좋다"고 하였다. 그러나 앞에서 살펴본 바와 같이 곳곳에서 사료의 왜곡과 그것을 입증하기 위한 유리한 사료만을 부각시켜 울릉도가 빈 섬(空島)임을 말하면서 조선의 정책이 '공도제'였음을 입증하고자 하였다. 더욱이 "文祿·慶長이래(1592~1614) 元祿 9년(1696)에 이르기까지는 조선이 兵亂의 재해로 인하여 그곳을 도외시하게 되었고 우리나라 사람들이 점거하도록 내버려두게 되었던 것 같다. 어떻게 그것을 아는가 하면 당시 우리나라 사람의 저서뿐만 아니라 명나라 사람의 저서에도 역시 종종 竹島가 우리나라 영역이라고 나와 있기 때문이다"라고 하면서 그것을 다음과 같이 열거하여 '證左로 삼고자 한다'고 하였다.

⑭ 명나라 茅元儀가 저술한 『武備志』[22] 권231 「日本考島名」에는 사쓰마(薩摩)[23]의 다네가시마(種子ヶ島), 히젠(肥前)[24]의 히라토시마(平戸島), 아키(安藝)[25]의 미야지마(宮島) 등과 같이 호키에 竹島가 속한다고 되어 있고, 그 음을 다케시마(他計什麼)라 훈독하였다. 만일 이 섬이 조선의 땅이라면 '竹島(チクトウ)'라는 음독이 붙었을 터이나 '다케시마'라는 일본 음이 붙은 것은 당시 우리나라 사람들이 그 섬을 점거하고 있었으므로 명나라 사람들 역시 우리의 영역이라고 인정하였기 때문인데, 이것이 竹島가 우리나라의 영역이라고 한 첫 번째 예이다. 그리고 명나라의 章潢이 저술한 『圖書編』[26]의 「日本圖」에는 산인(山陰)지방 호키(伯岐)의 서쪽에 섬 하나가 그려져 있고 竹島[27]라는 두 자가 적혀 있다. 같은 책의 「日本國序」에는 "왼편의 서쪽은 빗츄(備中)[28]이고, 오른편은 역시 이나바(因幡)[29]이며, 오른편의 서쪽은 호키(伯岐)"라고 되어 있다. 그리고 그 아래에 注가 붙어 있는데 "바닷가는 모두 흰 모래로 덮여 있고, 배를 댈 곳이 없으며, 배를 댈 수 있는 포구는 오카사키(阿家殺記), 오코스케(倭子介), 타토구치(他奴賀知)에 있고 그 북쪽이 竹島인데 뱃길로 30리이다"라고 되어 있다. 즉 지금의 지형에서 이를 찾아 증명해보면, 이나바와 호키의 바닷가가 실로 모두 흰 모래로 덮여 있고, 배를 댈 곳이 없음이 『圖書編』이 말하고 있는 바와 같다. 이는 매우 신기한 일인데, '오카사키'는 '아카사키(赤岐)'이고, '오코스케'는 '오쓰카(大塚)'이다. 모두 야바세군(八橋郡)[30]에 속한다. '타토구치'에 대해서는 아직 그곳이 어디인지 상세히 알지 못한다. 『圖書編』의 저자가 우리 땅의 지리를 잘 알고 있는 명나라 사람이었는데, 역시 호키의 바다에 있는 竹島를 우리 영역으로 인정하였으니 이는 竹島가 우리나라 영역이라고 하였던 두 번째 예이다. 그리고 명나라 王鳴鶴의 『登壇必究』[31] 권 22 「日本國圖」에 보면 이와미(石見)[32] 다지마(但

---

22) 『武備志』: 茅元儀가 1619년에 편집, 1621년에 간행한 兵書
23) 사쓰마(薩摩): 지금의 가고시마현 서부
24) 히젠(肥前): 지금의 사가현과 나가사키현의 일부
25) 아키(安藝): 지금의 히로시마현 서부.
26) 『圖書編』: 명 神宗 때의 章潢이 저술하여 1584년에 간행한 類書(백과사전)
27) 竹島: 문맥으로 봐서는 오키(隱岐)를 가리키고 있음(정영미).
28) 빗츄(備中): 지금의 오카야마현의 서부
29) 이나바(因幡): 지금의 돗토리현 서부
30) 야바세군(八橋郡): 지금의 東伯郡, 1899년에 3郡 통합에 의함
31) 『登壇必究』명나라 만력 27년(1599)에 王鳴鶴이 편집, 무관의 승진에 필요한 지식을 집성한 책

馬)33)의 바다에 竹島가 있다고 되어 있다. 이는 명나라 사람이 우리 영역으로 인정한 세 번째 예이다. 『武備志』와 그 외 두 책 모두 임진왜란 이후에 편찬된 것이며 당시의 상황에 따라 모두 竹島를 우리나라 영역이라 하게 된 것이다.

기타자와 세이세이는 『竹島考證』의 첫머리를 머리말 대신에 "竹島考證引用書"를 열거하고 있다. 그 인용서, 즉 일본·조선·중국 책의 내용을 검토한 결과를 다음과 같이 표명하였다.

> ⑮ 이상에서 열거한 세나라의 책의 내용을 아울러 생각해보면 1300년 전부터 임진왜란까지는 竹島가 조선의 땅이었다고 하는 것에 두 말이 필요 없다. 임진왜란이 일어난 때부터 그 이후에는 단지 우리나라 사람들만 竹島를 우리 영역으로 여겼을 뿐 아니라 명나라 사람들의 저서 역시 竹島를 우리의 영역이라고 인정하였던 것이다. 또 명나라 사람들만 그것을 인정한 것이 아니라 조선인 역시 그것을 묵인하고 있었던 같다. 어떻게 알 수 있는가 하면 『芝峯類設』에서 말하기를 "(상략) 壬辰變 후에 가서 본 사람이 있는데['가서 보았다(往見)'는 것은 竹島에 갔다가 왔다는 것을 말함] 역시 왜에 의해 불타고 노략질 당하여 다시 인가에 연기가 오르는 일이 없었다. 근래에 듣기로는 왜인들이 磯竹島를 점거했다고 한다"라고 하였기 때문이다. 이 말에 따르면 조선인 또한 은연중에 우리나라 사람이 竹島를 점거하도록 방임하고 있었던 같다. 따라서 慶長 19년(1614; 광해군 6) 병인년34), 송씨에게 명하여 사람을 부산으로 보내어 竹島에 대해 담판하기에 이르렀으나 조선은 이에 따르지 않았다고 한다. 그래서 더 이상 사람을 竹島에 이주시키지 않았는데, 元和 4년(1618) 호키의 상인이 竹島에 도해하기를 청하여 막부가 이를 허가해 주었다. 그로부터 행상권리를 장악한지 어언 70여 년이 흘러 元祿 9년(1696)에 이르게 된다. 이제 여러 서신을 모아 그간의 年譜를 제시한다.

기타자와 세이세이는 고려 및 조선의 사료의 왜곡과 편향된 자료의 인용을 통해 울릉도가 빈 섬(空島)임을 부각시키면서도 임진왜란 때까지는 竹島가 조선의 땅이었다고 하는 것에 두 말이 필요없다고

---

32) 이와미(石見) : 지금의 시마네현의 서부
33) 다지마(但馬) : 지금의 효고현의 북부
34) 慶長 19년(1614)은 병인년이 아니라 갑인년이다.

하였다. 그러나 임란 이후에는 일본 사람들만이 죽도를 자국의 영토로 여겼을 뿐만 아니라 명나라 사람도 그것을 인정했고, 조선인 역시 묵인하였다고 하면서 그 근거로『芝峯類說』을 인용하여 '往見'을 세주를 통해 부각시키고 있다. 그럼에도 불구하고 왜인들이 기죽도를 점거했다는 이야기를 '근래 들었다(近聞)'고 한 것을 마치 역사적 사실인양 의미를 부여하여 결정적 증거로 들이대고 있다.

北澤正誠은『竹島考證』上卷 끝부분에서 慶長 19년(1614) 이후의 죽도 도해 연보를 들어 죽도 점거 후의 매년의 상황을 제시하고, 원록 9년 막부의 명으로 도해가 금지되기까지의 대략을 열거하였다. 그리고『竹島考證』中卷에서 원록 6년(1693) 조선인 두 명, 즉 안용복 등을 잡아 나카사키에 보낸 것을 기화로 對馬守 宗氏가 동래부윤과 20여 차례 서신을 주고받은 것을 기록한 후 다음과 같이 언급하고 있다.

⑯ 죽도는 元和 이래(1615~1623) 80년 동안 우리 국민이 漁獵을 하던 섬이었기 때문에 우리 영역이라는 것을 믿으며, 저 나라 사람들이 와서 어렵하는 것을 금하고자 하였다. 저들이 처음에는 竹島와 鬱島가 같은 섬임을 몰랐다고 답해 왔으나 그에 대한 논의가 점점 열기를 띠게 되자 죽도와 울도가 같은 섬에 대한 다른 이름이라고 말하고 오히려 우리가 국경을 침범했다고 책망했다. 古史를 보자면 울도가 조선의 섬이라는 것에 대해서는 두 말할 필요가 없다. 그러나 文祿以來(1592~1614) 버려두고 거두지 않았다. 우리나라 사람들이 그 빈 땅[空地]에 가서 살았다. 즉 우리 땅인 것이다. 그 옛날에 두 나라의 경계가 항상 그대로였겠는가. 그 땅을 내가 취하면 내 땅이 되고, 버리면 다른 사람의 땅이 된다. 우리 동양 제국의 3백년간의 예를 들어 논해 보자. 대만은 예로부터 명나라의 땅이었다. 그러나 명나라 사람이 거두어들이지 않고 하루아침에 그 섬을 버리자 네덜란드가 갑자기 점거하여 네덜란드의 땅이 되었다. 그리고 鄭氏가 무력으로 그것을 빼앗았으니 또 鄭氏의 땅이 되었던 것이다. 興安嶺 남쪽은 예로부터 청나라 땅이었다. 청나라 사람들이 거두어들이지 않고 하루아침에 그 섬을 버리자 러시아족이 즉시 그곳을 점거하게 되었다. 영국과 인도, 프랑스와 베트남, 네덜란드와 아시아 남양군도에 있어서도 그렇지 않은 것이 하나도 없다. 그런데 조선만이 홀로 80년간 버려두고 거두지 않던 땅을 가지고 오히려 우리가 국경을 침범했다고 책망하고 있다. 아무런 논리도 없이 옛날 땅을

회복하고자 한 것이 아니었던가. 그런데 당시 정부는 80년 동안 우리나라 사람들이 漁獵을 해올 수 있었던 그 이익을 포기하고 하루아침에 그 청을 받아들였으니 竹島에 鬱島란 옛날 이름을 부여해 준 것은 당시의 정부인 것이다. 실로 당시는 항해를 금하는 정책을 썼다. 외국과의 관계를 끊기 위해서였다. 동시에 그로 인해 오가사와라섬을 개척하자는 말이 나왔으나 실행되지 않았던 점에 비추어 보면 왜 죽도를 돌려주었는지 충분히 알 수 있다. 당시의 정책은 편한 것만을 추구하였을 뿐 개혁하여 강성해지고자 하는 것이 아니었기 때문이다. 만약 외국에 대한 이야기를 하고 외국의 종교를 받드는 자가 있으면 그를 나라의 적으로 보아 엄한 형벌을 가했다. 각 나라에서 내항하는 것을 금하고, 중국, 조선, 네덜란드 이외에는 항구로 들어오는 것을 허락하지 않았다. 사면이 바다로 둘러싸여 천혜의 항구를 가지고 있었는데도 쇄국정책을 취하고 이용하지 않았다. 혹 큰 계획을 세우고 외국으로 나가고자 하는 지사가 있어도 자기집 봉당에서 허무하게 늙어 죽을 수밖에 없었다. 어찌 통탄하지 않을 수 있겠는가. 무릇 죽도는 매우 협소한 땅으로 아직 우리에게 있어도 되고 없어도 되는 땅이나 당시의 일을 생각하면 홀로 큰 한숨이 나온다.

北澤正誠은 위 자료에서 보다시피 "鬱島가 조선의 섬이라는 것에 대해서는 두말할 필요가 없다. 그러나 文祿以來(1592~1614) 버려두고 거두지 않았다. 우리나라 사람들이 그 빈 땅[空地]에 가서 살았다. 즉 우리 땅인 것이다. 그 옛날에 두 나라의 경계가 항상 그대로였겠는가. 그 땅을 내가 취하면 내 땅이 되고, 버리면 다른 사람의 땅이 된다"고 하였다. 따라서 울릉도를 조선이 80년간 버려두고 거두지 않아서 일본의 땅이 되었다고 하였다. 그것을 안용복 사건 직후 한국의 땅이라고 돌려준 것은 당시 일본정부가 쇄국정책을 취한 탓이라고 하면서 당시의 정책을 비판하면서 한숨을 지었다.

3. 맺음말

北澤正誠의 『竹島考證』은 일본 외무성의 지시에 의해 1881년(명치

14) 8월에 쓰여진 것이다. 조선정부가 그 해 5월 22일 일본의 울릉도 침탈에 대해 영토침략으로 간주하여 일본 외무성에 항의함과 동시에 이규원을 울릉도에 파견하여 조사를 하기로 결정한 상황[35]에서 이루 어진 조사보고서이기 때문에 "오늘날의 松島는 元祿 12년에 竹島라고 불렀던 섬으로 옛날부터 우리나라 영역 밖에 있었던 땅"이라고 하여 울릉도를 조선의 영토로 못 박았다. 그렇지만 그는 당시 조선의 수토 정책을 '空島制'라 명명하고 빈 섬, 버려진 섬임을 『竹島考證』의 곳곳 에서 부각하고자 한국 측 사료의 왜곡을 가하고자 하였다.

기타자와 세이세이는 죽도를 조선의 땅임을 결론으로 내세우면서 도 『竹島考證』의 곳곳에서 '버려진 땅을 내가 취하면 내 땅이 된다' 는 논리를 전개하였다. 일본 외무성은 그의 논리를 받아들여 1905년 독도를 '무주지'라는 논리를 내세워 자국의 영토로 편입하였다. 그런 점에서 독도의 '무주지'론이나 고유영토설은 기타자와 세이세이의

---

35) 『高宗實錄』 高宗 18년 5월 21일, 「統理機務衙門에서 보고하였다. "지금 江 原監司 林翰洙의 狀啓를 보니, '鬱陵島搜討官의 보고를 하나하나 들면서 말 하기를, 순찰할 때에 어떤 사람이 나무를 찍어 해안에 쌓고 있었는데 머리 를 깎고 검은 옷을 입은 사람 7명이 그 곁에 앉아있기에 글을 써서 물어보 니 일본 사람이 나무를 찍어 元山과 釜山으로 보내려고 한다고 대답하였답 니다. 일본 선박의 왕래가 근래 대중없어서 이 섬에 눈독을 들이고 있으니 폐단이 없을 수 없습니다. 청컨대 통리기무아문으로 하여금 稟處토록 하기 바랍니다'라고 하였습니다. 나라에서 채벌을 금하는 산은 원래 중요한 곳 이고 조사하여 지키는 것도 역시 정식이 있습니다. 그런데 저 사람들이 남 몰래 나무를 찍어서 가만히 실어가는 것은 邊禁에 관계되므로 엄격하게 막 지 않을 수 없습니다. 장차 이 사실을 문건으로 작성하여 東萊府 倭館에 내 려 보내서 일본 外務省에 전달하게 할 것입니다. 생각하건대 이 섬은 망망 한 바다 가운데 있는데 그대로 텅 비워두는 것은 대단히 허술한 일입니다. 그 형세가 요충지로 될 만한가 방어를 빈틈없이 하고 있는가를 두루 살펴 서 처리하여야 할 것입니다. 副護軍 李奎遠을 鬱陵島檢察使로 임명하여 가 까운 시일에 빨리 가서 철저히 타산해보고 의견을 갖추어서 보고하여 이로 써 문의해서 처리하게 하는 것이 어떻겠습니까"」.

『竹島考證』에서 제시된 바를 실천에 옮긴 것이라고 볼 수 있다.

당초 메이지 정부는 '죽도(울릉도)'를 자국의 영토로 편입하고자 하는 의도를 갖고 있었음이 분명하다. 이규원이 울릉도 검찰사로 갔을 때 울릉도의 長斫之浦에서 桶丘尾로 향하는 바닷가 돌길 위에 일본인이 세운 標木에 '日本國 松島槻谷 明治二年(1869)二月十三日 岩崎忠照建之'라고 쓰인 푯말을 발견한 것은 그것을 입증시켜 준다. 그럼에도 불구하고 기타자와 세이세이가 울릉도를 조선의 땅이라고 결론을 내려 외무성에 보고할 수밖에 없었던 이유는 어디에 있었을까? 그것은 안용복 때문이었다. 그런 점에서 현재 일본이 주장하는 독도에 대한 17세기 인지설, 혹은 고유영토설 역시 안용복의 활동이 최대의 걸림돌일 수밖에 없다. 왜 일본 측 연구자들이 안용복을 '거짓말쟁이'·'모든 악의 근원'으로 몰아 부칠 수밖에 없는 것일까? 기타자와 세이세이가 죽도(울릉도)를 결국 조선의 땅이라고 한 것처럼 안용복의 활동을 인정하는한 그들의 다케시마(竹島=독도) 고유영토설은 논리적 설득력을 지닐 수 없기 때문이다. 2008년 3월 8일에 일본 외무성 홈페이지에 게재된 「竹島-다케시마 문제를 이해하기 위한 10가지 포인트」 팸플릿 역시 안용복의 주장은 믿을 바 못된다고 한 것도 역시 그것을 잘 알기 때문에 나온 주장이다.

기타자와 세이세이가 제기한 고유영토설의 이론적 근거는 '공도제'에 있다. 그 이론은 일본의 다케시마(竹島=독도) 고유영토설을 끌어내는 필요충분조건에 해당하는 것이다. 그럼에도 불구하고 한국 측 연구자들마저 '공도제' 논리에 매몰되어 도리어 고려 말부터 조선조에 이르기까지 섬에 대한 조선정부의 정책을 '공도정책'이라 명명하여 논리를 전개하고 있는 우를 범하고 있다.

일제시대 도리이 류죠(鳥居龍藏)의
눈에 비친 울릉도

김 호 동

1. 머리말

'知彼知己면 百戰百勝'이란 말이 있듯이 메이지 유신 이후 근대 제국주의의 길을 지향한 일본은 대륙으로의 진출을 도모하면서 그 길목에 있는 한국을 식민지화하기 위해 한국의 역사와 문화, 지리 등 전반에 관한 철저한 조사를 하였다. 그리고 한국을 식민지로 만든 뒤 그것을 영구히 하기 위한 정책개발을 위한 기초자료를 확보하기 위해 보다 철저하고 조직적인 조사를 행하였다.

한일 양국의 바다 한가운데에 있는 울릉도와 독도는 근대 제국주의의 팽창을 꿈꾸는 일본의 입장에서 볼 때, 동해의 제해권의 확보란 측면과 한국침략의 제1보로서의 시험장의 성격을 갖고 있었기 때문에 메이지 유신 초기부터 관심을 갖고 조사를 하였다. 1881년 일본 외무성의 지시를 받고 이루어진 기타자와 세이세이(北澤正誠)의 『竹島

考證』을 비롯하여 일본 측에 의한 울릉도와 독도자료는 그런 입장에
서 조사되었고, 그 결과 한국 측의 자료보다 그 내용이 훨씬 풍부하
였다.[1] 「鬱陵島紀事」를 쓴 이마무라 도모에(今村鞆)가 1908년에 한국
에 입국하여 충청북도 경찰부장을 지낸 자였다는 점,[2] 그리고 「人種,
考古學上에 본 鬱陵島」를 집필한 도리이 류죠가 조선 총독부의 촉탁
을 받아 1911년 9월부터 1918년 1월까지 한반도 전역을 다니면서 고
고, 민속, 인종학적 조사를 실시하였다는 것은 그 조사의 목적이 조선
의 식민지화를 위한 전략마련의 기초자료 수집에 있었음을 잘 드러내

---

1) 기타자와 세이세이(北澤正誠)는 『竹島考證』에서 울릉도에 관해 "죽도는 예전
   부터 사람이 살지 않는 거친 섬(無人ノ荒島)으로서 70여년간 우리나라 사람이
   그곳에서의 이익을 독점해왔는데, 元祿시대에 조선과 서신이 오고간 후 그
   섬이 울릉도라는 것을 알고 그 섬을 그들에게 돌려주었다"고 하고, "고사
   를 보자면 울도가 조선의 섬이라는 것에 대해서는 두말할 필요가 없다. 그
   러나 文祿以來(1592~1614) 버려두고 거두지 않았다. 우리나라 사람들이 그
   빈 땅(空地)에 가서 살았다. 즉 우리 땅인 것이다. 그 옛날에 두 나라의 경계
   가 항상 그대로였겠는가? 그 땅을 내가 취하면 내 땅이 되고, 버리면 다른
   사람의 땅이 된다. (중략) 무릇 죽도는 매우 협소한 땅으로 아직 우리에게
   있어도 되고 없어도 되는 땅이나 당시의 일을 생각하면 홀로 큰 한숨이 나
   온다."고 하였다. 또 『竹島考證』(下)를 살펴보면 田邊太一이 독도에 관해
   "지금 송도를 개척하고자 하나 송도를 개척해서는 절대 안됩니다. 또 송도
   가 아직 무인도인체 있는지도 분명하지 않고 그 소속이 애매하므로 우리가
   조선에 사신을 파견할 때 해군성이 배 한 척을 그곳으로 보내서 측량 제도
   하는 사람, 생산과 개발에 대해 잘 아는 사람을 시켜, 주인 없는 땅(無主地)
   임을 밝혀내고 이익이 있을 것인지 없을 것인지도 고려해본 후, 돌아와서
   점차 기회를 보아 비록 하나의 작은 섬이라도 우리나라 북쪽 관문이 되는
   곳을 그대로 방치해서는 안됨을 보고한 후 그곳을 개척해도 됩니다."라고
   하였다. 이를 통해 일본이 현재 주장하는 독도에 대한 1) 고유영토설, 2) 무
   주지 선점론, 3) 17세기 인지설 등이 『竹島考證』에 그 기초를 두고 있음을
   알 수 있다. 바로 일본의 울릉도 · 독도 자료의 축적은 그들의 침략에 대한
   전략 마련을 위한 기초자료 수집에 목적이 있었던 것이다.
2) 이마무라 도모에(今村鞆), 「鬱陵島紀事」, 『歷史民俗 朝鮮漫談』. 「울릉도기사」
   는 『독도연구』 3(영남대 독도연구소, 2007)에 번역되어 실려 있다.

준다.

현재 일제시대의 울릉도의 존재양태에 관한 문헌자료는 거의 전해 지지 않는다. 그런 점에서 도리이 류죠(鳥居龍藏)의 「인종, 고고학 상에 서 본 울릉도」는 그 문헌 공백을 메꾸어 주는 중요한 자료이다.[3] 더 욱이 그것은 『죽도고증』이나 『울릉도기사』와는 달리, 다양한 필드조 사의 경험을 가진 인류학자의 현지조사에 의해 집필되었다는 점을 주 목할 필요가 있다. 또 이 때 찍은 사진이 유리원판 형태로 현재 국립 중앙박물관에 보관되어 있기 때문에 당시의 울릉도의 사실적 모습을 담고 있다는 점에서 더더욱 자료로서의 가치를 갖고 있는 셈이다. 그 럼에도 불구하고 지금까지 고고학 분야에서 이 자료가 언급될 뿐 별 로 주목받지 못하였다. 1963년 김원룡에 의한 울릉도 고고학 조사의 성과인 『울릉도』[4]에서 도리이 류죠의 고고학적 연구 성과가 소개되 었지만 그 성과가 보잘 것 없는 것으로 치부되었다.[5]

도리이 류죠는 인류학자로, 일본 민족의 기원과 관련되는 많은 연 구를 수행하였다. 그에 더하여 일본의 주위민족에 대한 현지조사, 연 구에도 관심을 기울여 『日本周圍民族의 原始宗教－神話宗教의 人種 學的研究－』(東京, 岡書院, 1923)를 집필하였다. 이 책에 수록된 「인종, 고 고학 상에서 본 울릉도」는 울릉도의 고고학의 연구 성과뿐 만이 아니

---

3) 「人種, 考古學上より觀たる鬱陵島」는 이승진이 「이른바 "울릉도 고고학"과 도리이 류우조(鳥居龍藏)」(『鬱陵文化』 5, 울릉문화원, 2000)란 글에서 번역 게 재한 바 있다. 최근 『獨島研究』 3, 영남대학교 독도연구소, 2007.12에도 그 번역문이 실려 있다.

4) 김원룡, 『울릉도』, 국립박물관 고적조사보고 제4책, 1963.

5) 서울대학교 박물관, 『울릉도 문화유적 지표조사보고서』 1, 서울대학교 박 물관학술총서 6, 1997 및 정영화·이청규, 「울릉도의 고고학적 연구」, 『울 릉도 독도의 종합적 연구』, 영남대학교 민족문화연구소편, 영남대출판부, 1998: 2005 재영인. 최근 이와 달리 이승진은 「이른바 "울릉도 고고학"과 도리이 류우조(鳥居龍藏)」(『울릉문화』 5, 울릉문화원, 2000)를 통해 도리이 류죠의 고고학적 연구성과가 주목할 만한 것이었다는 것을 밝힌 바 있다.

라 울릉도의 역사, 그리고, 지리, 지질, 식물상 및 동물상을 포함하는 자연생태, 당시의 인구관계 및 그들의 생업경제에 관한 현지조사의 내용을 담고 있다. 비록 그의 조사결과가 울릉도, 나아가 조선의 항구적인 지배를 위한 식민정책 수립을 위한 참고자료수집의 의도에서 작성된 것이지만, 이를 통해 제대로 밝혀지지 않은 일제시대 울릉도의 모습을 재구해낼 수 있다. 독도가 울릉도민의 삶의 터전이었다고 할 때 일제시대 울릉도민의 삶의 존재양태를 살펴보는 작업은 중요한 의미를 가진다. 그러나 도리이 류죠의 울릉도 현지조사에는 독도에 관한 기록이 없다는 점이 아쉽다.

2. 도리이 류죠가 본 울릉도

1) 울릉도 현지조사의 목적

도리이 류죠(鳥居龍藏; 1870~1953)는 조선 총독부의 촉탁을 받아 1911년 9월부터 1918년 1월까지 한반도 전역을 다니면서 고고, 민속, 인종학적 조사를 실시하였다. 그는 자신을 고고학자가 아니라 원시시대와 유사이전을 인류학적 방법에 의하여 연구하는 인류학자로 규정하였다.[6] 왜 인류학자인 도리이 류죠가 한반도, 그리고 울릉도에까지 와서 현지조사를 하였을까? 그것은 제국주의시대 식민지 개척의 기초자료 조사를 위해 인류학자들이 대거 동원된 것에 기인하는 것이다.

19세기 제국주의가 출현하면서 제국들은 경쟁적으로 식민지를 개척해나갔다. 제국주의 시대를 풍미한 키워드의 하나가 '인류학'이었

---

6) 영남대학교박물관 독도박물관 교환전 팜프렛, 『울릉도 독도 아리랑』, 2003. 5.1~5. 31, 10쪽 참조.

다. 인류학은 블레이크가 말한 제국의 기초를 이루는 과학 중 첫 번째였다. 인류학자들은 제국주의 국가들이 식민지로 진출하는데 필요한 사전 조사를 도맡아 했다. 인류학자들은 식민지에 대한 각종 정보를 수집하고 연구해 보고서를 만들었다. 그것은 곧 식민지 정책을 수립하는 토대가 되었다. 이러한 초기 인류학자들의 활동은 제국의 영광을 위한 브레인 역할을 했다. 식민지를 간접 통치했던 영국의 경우 식민지 관료들에게 인류학을 교육하기도 했는데, 이러한 경험이 나중에 인류학 발전의 기초가 되었다. 서구는 새로 발견한 세계를 지배하기 위해 먼저 그곳의 지리와 풍속, 인종에 관해 알아야 했다. 인류학은 이것을 가능케 하는 도구였다. 그들은 타 인종의 신체와 풍속을 관찰하고 기록했으며, 그 자료를 토대로 그들의 문화를 자신들의 문화와 비교했다. 초기 이들의 연구는 제국주의를 지지하는 진화론과 우생학에 근거한 연구가 주를 이루었다.[7)]

후발 제국주의로 발돋움한 일본은 한국을 식민지로 만들어가는 과정에서 서구 제국주의로부터 배운 인류학의 방법론을 적극 원용하였다. 인류학자들을 동원해 조사 사업을 대대적으로 추진했다. 이러한 사업은 조선을 문화적으로 철저히 동화시키기 위해 벌인 것으로, 조선 총독부의 주관 하에 매우 광범위하게 진행되었다. 일본은 조선을 식민지로 만드는 순간 식민지 통치의 명분으로 주창해 왔던 '日鮮同祖論'을 역사학적, 신화학적 뿐만 아니라 우생학적으로 뒷받침하려고 하였다. 일본 우생학을 개척한 사람 가운데 한 사람으로 평가되는 우노(海野幸德)는 1910년 12월 「日本人種과 朝鮮人種과의 雜婚에 대하여」(『太陽』)에서 우등인종인 일본인이 순혈을 유지하기 위해서는 다른 민족과의 적절한 잡혼이 필요한데 일본인과 차이가 큰 흑인이나 백인보다는 유사인종과의 혼혈이 요구되며 동시에 우수 인종의 형질이 열등

---

7) 권혁희, 『조선에서 온 사진엽서』, 민음사, 2005, 49~51쪽.

인종의 형질을 壓服하는 것이라서 조선인은 일본인과 혼혈로 일본에
흡수되어 버릴 것이라고 주장하였다.[8] 이것은 일본의 조선강점을 우
생학적으로 정당화하면서 동시에 열등한 조선인의 이미지를 드러내
고자 하였다.[9]

일본은 대한제국을 식민지로 만들자말자 전국에 걸쳐 '史料調査'를
실시하였다. 1977년에 국립중앙박물관에서 발간한『유리원판목록집』
에 의하면 조선총독부는 1909년부터 패전 전까지 한반도뿐만 아니라
중국 요령성, 길림성 일대의 유적과 유물, 발굴현장, 민속 문화 등을
대판, 중판, 소판 규격의 흑백유리원판에 촬영하여 유물로 등록하여
남겼다. 현재 국립중앙박물관이 미등록된 유리원판까지를 포함한
38,000여장을 목록집 6권으로 발간하였다. 그 가운데에는 도리이 류
죠의 울릉도 현지조사 때 찍은 사진도 포함되어 있다.

도리이 류죠(鳥居龍藏; 1870~1953)는 일본의 인류학자였다. 그의 공식
적인 학력은 소학교 중퇴이지만, 1921년 문학박사학위를 받고, 이듬
해인 1922년에 동경제국대학 교수로 취임하였다. 1939년 이후에는
중국 북경의 연경대학 객원교수로 초빙되어, 1951년에 퇴직하였다.
그는 '일본신화', '북아시아민족학', '일본문화 형성론' 등에 대한 뛰
어난 업적을 내어 일본 민족학의 선각자로 추앙받는 인물이다.[10]

도리이 류죠는 1910년 여름, 조선총독부의 촉탁이 되어 한반도에
산재하는 고적을 조사하는 임무를 맡게 되었다. 그는 곧바로 예비조
사를 실시한 후 이듬해인 1911년부터 제1차 본 조사를 시작하여 거

---

8) 小熊英二,『單一民族神話の起源―＜日本人の自畵像の系譜＞』, 新曜社, 1995,
   236~237쪽.
9) 최석영,「일제 식민지 상황과 조선인 체격 측정조사」,『생활문물연구』12,
   국립민속박물관, 2004, 9쪽.
10) 이승진,「이른바 "울릉도 고고학"과 도리이 류우조(鳥居龍藏)」,『울릉문화』5,
   울릉문화원, 2000, 57~58쪽.

의 매년 한반도의 구석구석을 찾아다녔다. 그의 울릉도 현지조사는
제6차 조사시기에 이루어졌다. 그는 1917년 10월 24일 사진사와 함께
서울을 출발, 월성군 각지를 조사하고, 영일만을 통해 울릉도에 들어
가서 조사를 한 후 영남지방을 거쳐 1918년 1월 14일 서울에 귀착하
였다.11) 그는 왜 조선에 건너와 현지조사에 뛰어들었는가? 도리이 류
죠는 인류학이 제국의 기초를 이루는 학문임을 잘 알고 있었다. 그래
서 그는 자신을 굳이 '인류학자'로 자처하였고, 조선총독부의 촉탁이
되어 울릉도 등의 조선을 현지 조사하였다. 그는 일본 제국주의를 지
지하는 진화론과 우생학에 근거하여 문명전파론의 논리를 구사하여
일본의 조선 지배의 당위성을 이끌어내고자 하였다.

　도리이 류죠의 조사지역은 우리나라뿐만 아니라 서남중국, 대만,
중국동북부인 만주와 몽골, 시베리아와 쿠릴열도, 사하린과 아무르강
등에 이르는 광범위한 지역이었다. 그의 저서,『일본주위민족의 원시
종교』는 그러한 현지조사의 과정에서 나온 산물이다. 이 책은 10개의
장(총 320쪽)으로 되어 있는데 전체 목차는 다음과 같다.

『日本周圍民族の原始宗敎-神話宗敎の人種學的硏究-』

(東京, 岡書院, 1923)

　　「朝鮮の巫覡」
　　「西比利亞のツァーマン敎より見たる朝鮮の巫覡」
　　「民族學上より見たる濟州道(耽羅)」
　　「人種,考古學上より觀たる鬱陵島」

---

11) 도리이 류죠(鳥居龍藏),『大正六年度 古蹟調査報告』卷頭,「調査事務槪要」;
　　金元龍,『鬱陵島』, 국립박물관고적조사보고, 제4책 20쪽. 현재 국립중앙박
　　물관에 보관되어 있는 당시의 목록과 사진 건판, 고적 조사 복명서에 의하
　　면 조사지는 경주의 반월성지와 울릉도, 김해패총 등이다. 그 조사개요와
　　사진건판 목록, 실측도 목록, 수집품 목록이 첨부되어 있다(이승진, 앞의 글
　　58~59쪽). 이것을 독도박물관의 이승진 관장이 찾아내어 독도박물관에서
　　'일제시대 울릉도 사진전'을 개최한 바 있다.

「南支那蠻族と其の文化及宗教」
「猓玀の神話」
「吾人祖先の石器時代と國津神」
「吾人祖先有史以前の男根尊拜」
「妣の國」

바로 이 책에 1917년에 울릉도를 조사한 내용을 담았다.

〈사진 1〉 울릉도 조사 때 찍은 도리이 류죠의 일행 사진
(오른쪽 두 번째가 도리이 류죠)

　도리이 류죠는 「인종, 고고학상에서 본 울릉도」에서 울릉도의 지
리, 지질, 식물상 및 동물상을 포함하는 자연생태, 당시의 인구관계
및 그들의 생업경제에 관한 조사를 하고, 그리고 문헌중심의 울릉도
의 역사 및 고고학의 성과를 수록하고 있다. 도리이 류죠의 사진은
일선동조론과 같은 일본의 지배이데올로기를 강화하는 근거가 되었
다는 평가를 받고 있다.12) 그러나 그 주장은 구체적 논증을 통해 얻
어진 결론은 아니다. 그것을 뒷받침하는 문헌적 근거를 「인종, 고고

────────────────────

12) 권혁희는 앞의 책(54쪽)에서, "도리이 류죠의 인체 측정 사진은 일선동조론
　　과 같은 일본의 지배이데올로기를 강화하는 근거가 되었다"고 하였다.

학상에서 본 울릉도」에서 찾아낼 수 있다.

　도리이 류죠는 「인종, 고고학상에서 본 울릉도」의 첫 머리에서,

　　이즈모(出雲)・오키(隱岐)와 조선과의 사이, 日本海 가운데 단지 하나의 섬이
　있다. 이것은 곧 鬱陵島로, 일본신화의 이른바 우사시마(宇佐島)이다. 이 우사시
　마는 인종학상, 또는 고고학 상에서 본다면 원래 어떠한 상태였을까

라고 하여, 울릉도가 일본신화의 三神이 머물렀다고 하는 우사시마라
는 것을 부각하고,13) 거의 가치가 없을 정도의 작은 섬이 인류학과
고대사 등에서 볼 때 대단히 중요한 섬임을 강조하였다.14) 그는 아마
도 '우사시마=울릉도'를 내세움으로써 울릉도 역사의 시원을 일본의
신화에서 끌어내고자 하는 의도를 가진 듯하다. 이런 입각점에서 고
고학상의 울릉도에 대한 조사 성과를 언급한 후, 맺음말에 해당하는
'于山에 있어서'를 통해 다음과 같은 결론을 도출하였다.

　　원래 산인(山陰)과 조선과의 사이, 일본해 가운데의 한 외로운 섬(孤島)에, 于
　山國 時代：原史時代의 문화 유적이, 오늘날에도 남아 있다는 것은 대단히 재미
　있는 것이다. 그들의 무덤 형식이, 내지에 있는 것과 같은 것이라고 하는 것
　등은, 드디어 이 섬이 우리 신화에 나오는 '북쪽 바다 가운데 있는 우사시마'
　라고 해석해도 지장이 없을 것이라고 생각된다. 더욱이 금일 또한 왕성하게 이
　즈모 사람(出雲人)들이 이곳에 작은 배로 왕래하고 있는 것을 보면, 당시의 상태

---

13) 이마무라 도모에(今村鞆)가 쓴 「鬱陵島紀事」, 『歷史民俗 朝鮮漫談』에서는
　　"일본의 상고시대에 소상 三神이 머물렀다고 하는 우사시마(ウサ島)를 가지
　　고 본섬(울릉도; 필자주)에 해당된다고 하는 호사가도 있으나 나는 견강부
　　회의 설이라고 생각한다"고 하였다. 이를 통해 도리이 류죠 이전에 우사시
　　마를 울릉도에 비정하는 설이 일본에서 상당히 유포되고 있었으며, 이를
　　통해 일선동조론을 끄집어내게 되었음을 알 수 있다.
14) 도리이 류죠, 「인류고고학 상에서 본 울릉도」의 총설. "울릉도라고 하는 섬
　　은 지극히 작은 섬이어서, 어떤 사람으로 본다면 거의 가치가 없는 것 같은
　　섬이다. 그렇지만 이것을 인류학과 고대사 등의 위에서 볼 때는 대단히 중
　　요한 섬인 것이다."

가 그리워지는 듯한 기분이 된다.

　역시 말하지 않고 남겨두었으나, 유사 이전의 석기시대로부터, 原史時代의 高塚築造時代에 이르는, 그 진보발달의 상태가, 아무래도 민족인 것 같이 생각 된다. 이렇게 보면, 울릉도의 민중은 최초부터 같은 민중으로 살아오고 있다. 이 사실은 日鮮의 연구 상 중요한 일이라고 생각되기 때문에 여기에 첨언해둔다.

이처럼, 도리이 류죠의 울릉도 현지조사의 목적은 인종학적으로, 고고학상으로 내지인과 울릉도민이 같은 민족을 입증하는데 있었음 을 알 수 있다. 이것을 그 자신의 日鮮 연구의 중요한 일로 간주하였 다. 그것을 통해 일본의 조선 지배의 당위성, 즉 식민지 지배의 합법 성을 홍보하고자 하였을 것이다. 이의 연장선상에서 당시의 울릉도의 미개함과 야만스러움을 드러내줌으로써 내지인들에 의한 조선인의 문명개화에 대한 사명감을 일깨우고자 하였을 것이다. 그것을 그때에 찍은 사진과 현지 조사내용을 통해 확인해보기로 한다.

2) 사진에 비친 울릉도

도리이 류죠는 조선에 관한 현지조사를 하면서 2차 조사에서부터 6차 조사까지 澤俊一이란 사진사 한 명과 함께 다니면서 사진을 찍었 다. 그가 찍은 조선인 사진은 다분히 인종학적인 관점을 보여준다. 그 는 인물의 정면과 측면을 촬영해 인간을 사물화, 객체화시키는 방식 으로, 그 인물이 지닌 골상학적, 관상학적, 인종학적 정보 등 신체적 특징들을 다른 사람들의 것과 비교할 수 있게 했다.15)

---

15) 사진을 발명하고 그 기술을 선점한 제국주의 국가들은 사진을 통치를 위한 도구로 활용해 식민지와 식민지인에 대한 정보를 지속적으로 아카이브화 했다. 카메라는 정복지 곳곳에서 식민지의 풍경과 식민지들의 풍속을 포 획해 갔다. 그들은 마치 물건의 치수를 재듯 식민지인들의 두상이나 그 밖 의 신체치수를 측정하고 이 모습을 사진으로 남기기도 했다. 인체 측정을 통해 밝혀진 인종 간의 차이는 문명과 야만을 구분할 과학적 근거가 되었

그는 전국 120개 지역에서 백정, 해녀, 무녀, 기생, 관노, 피혁 상인 등 특정 계층의 성인 남녀와 아이들의 체위 가운데 머리의 정면과 측면, 뒷면 반신을 유리 원판으로 촬영했으며, 그 숫자는 총 2,980명에 이르렀다. 도리이 류죠가 찍은 사진은 체질 인류학적 연구의 자료로 이용되었다. 조선인 전 국민을 대상으로 지역, 성별, 계층에 따른 표본을 찍어 분석한 이러한 자료의 축적은 조선총독부의 후원아래 면밀하게 진행되었다. 도리이 류죠의 인체 측정 사진은 일선동조론과 같은 일본의 지배 이데올로기를 강화하는 근거가 되었다. 초기 인류학이 제국주의의 시녀로서 봉사했음을 단적으로 알 수 있는 또 하나의 예라 할 수 있을 것이다.16) 「인종, 고고학 상에서 본 울릉도」 역시 그러한 목적을 갖고 현지조사를 한 내용을 담은 것이다. 그는 다음의 자료에서 보다시피,

> 지금의 울릉도 조선인들은 이전 울릉도 사람들과는 사람이 교체되어 있다는 것을 분명히 알고 있어야만 한다. 애초에 나는 이에 대해 인체측정을 할 작정이었지만, 그들은 전라도, 경상도, 강원도에서 이곳으로 이주하였다는 사실을 알게 됐기 때문에, 이들 각 도에서 측정하였던 일과 똑같은 작업이 되기 때문에, 나는 그 일을 하지 않았다.17)

울릉도 사람들에 대해 당초 인체측정을 할 작정이었지만 그들이 전라도, 경상도, 강원도에서 이곳으로 이주한 사실을 알고 각 도에서

다. 서구인들에게 식민지인들은 생생한 인류학적 표본이자 진보에 대한 믿음, 서구 문명의 우월함을 확인해 주는 증거였다. (권혁희, 『조선에서 온 사진엽서』, 민음사, 2005, 52~55쪽). 조선을 식민지한 일본 역시 식민지 조사와 사진을 통해 조선인에 대한 시각적 재현을 하였다. 조선총독부의 주관 하에 진행된 일본의 조사사업은 조선을 문화적으로 철저히 동화시키기 위해 추진된 것이다. 그 핵심인물의 하나가 도리이 류죠였다.
16) 권혁희, 『조선에서 온 사진엽서』, 민음사, 2005, 54쪽.
17) 도리이 류죠(鳥居龍藏), 앞의 글, '현주민의 이주상태'조.

〈사진 2〉 울릉도 민가 앞의 가족

측정한 일을 반복하는 것이기 때문에 그만 두었다고 하였다. 특히 위 자료를 통해 도리이 류죠는 지금의 울릉도 조선인들이 이전 울릉도 사람들과는 사람이 교체되었다는 것을 분명히 하였다. 그걸 통해 그 이전의 울릉도민이 인종학적, 고고학상 일본인과 같은 민족임을 드러 내줌으로써 울릉도에 대한 일본의 원래의 영토 지배를 은연중 내비치 고 있다.

도리이 류죠는 울릉도민에 관해 인체측정은 하지 않았지만 일본 신사나 사당을 제외한 대부분의 사진에 조선인의 모습을 의도적으로 담아내고 있다.

<사진 2>는 다 쓰러져가는 울릉도 너와집 앞에 부부와 9명의 자 녀를 도열시켜 사진을 찍음으로서 생활의 대책 없이 자식을 내갈겨버 린 것을 형상화하고 있다. 이러한 도구는 다분히 의도적이다.

<사진 3~4>의 울릉도 투막집과 남서동 너와집의 경우도 곧 쓰러

〈사진 3〉 울릉도 투막집

〈사진 4〉 남서동 너와집

지기 직전의 모습이고, 예외 없이 볼품없는 가난에 찌든 조선인의 모습을 담고 있다.

특히 <사진 5~6>의 도동의 일본인 가옥과 조선인 가옥 사진은 울릉도의 일본인의 경제력과 조선인의 경제력을 여과없이 대비시켜 보여주고 있다. 도동의 일본인 가옥은 도동항의 항구를 중심으로 해변 쪽의 노른자위 땅에 위치하고 있고, 근대식 일식 건물로 볼 만한데 반해, 도동의 골짜기 상류에 위치한 <사진 6>의 조선인 가옥은 너와로 이어진 볼품없는 가옥이고, 여기에도 예외없이 가난에 찌든 조선인을 함께 담아내고 있다. 도리이 류죠는 일본인의 세력은 매우 왕성한데 반해 조선인의 세력은 전무하다고 하였다. 그 이유로서 조선인이 사는 곳은 골짜기의 상류, 혹은 산의 매우 높은 곳이며 일본인은 해안에 집이 있다고 하였다. <사진 5>의 일본인 가옥과 <사진 6>의 조선인 가옥은 그것을 잘 보여준다.

조선인과 일본인의 상반된 생활 모습은 종교적 제단인 성황당과 일본인 신사와 사당의 비교에도 확연히 드러난다.

〈사진 5〉도동 일본인 가옥

고래나 오징어, 다랑어, 돔, 문어를 비롯하여 그 밖에 여러 어종이 있다. 이곳에 있는 일본 이주민은 대개 오징어잡이를 직업으로 하는데 오징어잡이로 안락한 생활이 가능할 정도이다. 어종은 매우 많고, 해삼이나 패류도 제법 많다. 미역은 이곳에서 옛날부터 명성이 있다. 이 섬의 바다에서 나는 것과 산에서 나는 것은 대체적으로 이상과 같다.

위 기록에서 주목되는 것은 메이지초 울릉도에 일본인들이 들어와 느티나무 등을 벌목하여 일본으로 밀반출해서 교오토 본원사 등의 거대한 건축물의 대부분을 지었다는 것이다. 메이지 시대 일본인들이 울릉도에 들어오는 이유가 벌목에 있었음을 보여주는 대목이다. 1881년 울릉도에서 일본인들이 나무를 찍어내어 원산과 부산으로 보낸것이 문제가 되어[23] 개척령이 내려진 것, 그리고 1901년 당시에 "일본인구 약 550인이 모두 造船代木者"[24]라고 한 기록을 통해 일본의 울릉도에서의 벌목은 장기간에 지속적으로 이루어져 밀반출되었음을 알 수 있다.

도리이 류죠는 울릉도에 개척령이 내리기 이전의 조선 정부의 울릉도 정책은 '어느 누구라도 거주하는 것이 엄격히 금지되어 있었다'고 하였다. 그리고 그 이유는 '종종 육지에서 도둑 등이 이곳으로 도망 와서, 각 도의 연안을 위협하는 근거지로 삼았기 때문'이라고 하였다. 조선정부가 이곳에 사람을 일절 두지 않는 정책을 위해 강원도 평해 부사와 강원도 삼척 만호가 3년마다 교대로 한번 씩 이곳을 순시하러 왔다고 한다. 이로 인해 울릉도는 '무인도' 였다고 하였다.[25]

---

23) 『高宗實錄』高宗 18년 5월 21일.
24) 『皇哉新聞』 1902년 4월 29일.
25) 도리이 류죠(鳥居龍藏), 「人種考古學上より觀たる鬱陵島」, 『日本周圍民族の原始宗敎-神話宗敎の人種學的硏究-』(東京, 岡書院, 1923) "구전으로 전하는 바에 의하면, 지금부터 42년 전에 처음으로 조선 정부가 이곳에 관리를 파견하였다. 이것은 당시 이 섬이 어떠한 상태에 처해 있는지를 살피러 온 것이었다. 이것이 가장 최초의 일이었다. 이 41년 전은 어떠하였는가 하면, 관리

조선정부의 이러한 정책을 현재 한일 양국에서 '공도정책'이라고 한
다. 그러나 실상 공도정책이 아니라 수토정책이라고 하여야 한다. 그
리고 그것은 '종종 육지에서 도둑 등이 이곳으로 도망 와서, 각 도의
연안을 위협하는 근거로 삼았기 때문'이 아니라 일본으로 하여금
울릉도가 우리 땅임을 확인시키고자 하는데 주된 목적이 있었던 것이
고, 부차적으로 육지의 주민들이 조세포탈과 피역을 위해 울릉도로
들어갔기 때문에 그들로부터 조세수취와 역역 동원을 하기 위해 그들
을 육지로 데려오는 정책이었다.[26]

울릉도에 대한 우리 정부의 수토가 옳게 행해지지 못하는 상황 하
에서 도리이 류죠가 앞에서 언급한 바와 같이 일본인들의 울릉도에서
의 벌목이 울릉도의 산을 황폐화시킬 정도로 성행하였다.[27] 1881년

인 강원도 평해 부사와 강원도 삼척 만호가 3년마다 교대로 한번 씩 이곳
을 순시하러 왔다. 이때는 하여간 무인도였다. 그리고 이 섬은 조선의 정책
으로서 어느 누구라도 거주하는 것이 엄격히 금지되어 있었다. 왜냐하면
종종 육지에서 도둑 등이 이곳으로 도망 와서, 각 도의 연안을 위협하는 근
거지로 삼았기 때문에, 조선정부는 이곳에 사람을 일절 두지 않는 정책을
취하고 있었다. 그래서 강원도 평해부사, 삼척만호가 시종 이곳으로 와서,
사람이 있는지 없는지를 조사하게 된 것이었다. 그런데, 지금부터 대략 42
년 전 이규원이라는 사람을 이곳으로 파견하였다. 이때 파견되었던 이규원
의 보고에 의하면, 이 섬은 매우 풍족해서 살기 좋은 섬이며, 이 섬을 식민
해야 한다고 해서, 울릉개척사라는 자가 생겼으며, 이윽고 이곳의 개척은
시작되었다. 혹은 사람을 이주시키기 시작한 것이었다." 여기에서 도리이
류죠는 1917년의 42년전, 즉 1875년에 이규원이 울릉도에 파견되었다고 하
였지만 실상 이규원이 울릉도 검찰사로 임명되어 울릉도에 들어온 시기는
1882년이다.

26) 김호동,「조선 초기 울릉도 · 독도에 대한 '공도정책' 재검토」,『민족문화논
총』32, 영남대학교민족문화연구소, 2005 ; 영남대학교 민족문화연구소편,
『독도를 보는 한 눈금 차이』, 선출판사, 2006 ;『독도 · 울릉도의 역사』경
인문화사, 2007.
27) 도리이 류죠는 '현주민의 이주 상태'에서도 "22년 전에는 울릉군이 이곳에
생겼다. 이때는 조선인의 집이 600호, 일본인의 집이 40호쯤 ― 일본인도
오게 되었다. 이 때 이 섬은 전체적으로 삼림으로 덮여 있었으며, 머리에

울릉도에서 일본인들이 나무를 찍어내어 원산과 부산으로 보내려하
는 것을 울릉도 수토관이 적발하여 강원감사 임한수를 통해 중앙정부
에 보고한 것은 일본인들의 벌목이 도를 넘을 지경으로 전개되었기
때문이었다. 통리기무아문은 이러한 행위를 국경침범의 사실로 간주
하고 동래부의 왜관을 통해 일본 외무성에 항의 문서를 보내고, 망망
한 바다 가운데 있는 울릉도를 비워두는 것은 대단히 허술한 일이니
부호군 이규원을 울릉도 검찰사로 임명하여 그 형세가 요충지로 될
만한 것인지 방어를 빈틈없이 하고 있는가를 살펴 대책을 강구하자고
하였다.[28] 결국 일본인의 도를 넘은 규목 반출이 울릉도 개척의 결과
를 가져오게 되었던 것이다. 1882년 울릉도에 파견된 이규원의 『鬱陵
島檢察日記』에 의하면 그간 정기적인 수토정책에도 불구하고 울릉도
에 체류하고 있는 사람들이 본국인, 즉 조선인 141명, 일본인이 78명
이나 되었는데, 일본인들은 주로 벌목에 종사하고 있다고 하였다. 그
러나 후술하다시피 일제시대의 울릉도의 일본인들은 주로 오징어잡
이 등의 어업에 종사하고 있다. 그것은 명치 초기부터 일본인들의 벌
목의 폐해에 따른 결과 울릉도 삼림의 황폐화에 기인하는 것이기도
하고 일본의 어업장려책에 의해 일본어민들의 울릉도에서의 어로 활
동의 증가, 이에 따른 이주어촌의 형성에 따른 결과였다.

갓을 쓰고 길을 갈 수 없을 정도로 수목이 많았다 한다. 그러나 벌목 및 화
전 때문에 지금과 같은 상태로 되어 버렸다. 혼간지의 나무도 죄다 이 울릉
도의 느티나무를 가지고 갔기 때문에 그만한 크기의 당을 만들게 되었다."
고 하여 일본인의 벌목과 조선인의 화전 경작으로 인해 삼림이 황폐하게
되었다고 하였다. 한편, 이마무라 도모에는 「울릉도기사」의 '섬의 산물'조
에서 "옛날에는 그 이름과 마찬가지로 온 산이 울창하였으며, 좋은 재목이
많았었다. 그렇지만 대부분 일본인이 벌목을 많이 하여 지금은 거의 없다.
오동나무도 자연생의 큰 나무가 풍부했으나 거의 일본에 가지고 갔다고 한
다"라고 하여 개항기 일본인의 울릉도 벌목이 도를 넘을 정도로 이루어졌
음을 지적하고 있다.
28) 『高宗實錄』 高宗 18년 5월 21일

　　도리이 류죠는 이규원이 울릉도 개척사로 오기 전까지 앞에서 살펴본바와 같이 울릉도가 무인도였다고 하였지만 다음의 글에 의하면 무인도가 아니라 남녀가 함께 거주하는 10호 정도의 인가가 있다고 하였다.

　　　지금부터 42년 전 이 개척사가 생길 당시에는 무인도이었을까 하면 그렇지 않았기 때문에, 이미 이곳에는 10호정도의 인가가 존재하고 있었다. 그리고 인가는 도동이나 ─ 도동은 오늘날 도청이 있는 곳으로 이 섬의 관청이 있는 중심지이다. ─ 사동, 황등포, 광암, 창동, 천부동, 견달리 등에 10호 가량의 집이 있었다. 집이 10호쯤 있어도, 주민으로 남자만 거주하는 것과 남녀가 함께 거주하는 것은 그 가치가 상당히 다르겠는데, 이곳에는 남녀가 모두 거주하고 있었다. 이때 이미 일본집도 오늘날 도청이 있는 도동에 한 집 있었는데, 일본사람 한 명이 살았다. 이 사람은 지금 부산에 갔다고 하는데, 그는 이 섬에서 가장 오래된 일본인이다. (중략) 그렇다면, 지금부터 42년쯤 이전에 어떻게 이 섬으로 들어오게 되었는가 하면, 전라도 사람이 미역을 채취하러 처음으로 이 섬에 몰래왔다. 여름철에 걸쳐 미역을 따고, 가을이 되면 돌아갔다. 이것이 점차 토착성을 띠어왔기 때문에, 오래된 집은 전라도 사람이 많다. 조선에서도 전라남도의 남쪽 - 제주도와의 사이의 다도해에는 섬이 매우 많기 때문에, 따라서 뱃사람이 매우 많으며, 그 섬사람들은 배에서 생활하고 있다. 그래서 이 지역의 사람들이 처음으로 왔던 것이다. 그래서 울릉도에서는 조선의 배를 나선이라 부른다. 결국 전라도배라는 뜻이며, 다른 배라도 그러한 이름으로 불리게되었다. 하여간 이 섬으로 건너온 사람은 미역채취가 가장 최초의 일이었다.[29]

　　도리이 류죠의 조사에 의하면 이규원이 울릉도에 들어오기 이전에 남녀가 모두 거주하는 토착성을 띤 인가가 도동이나 사동, 황등포, 광암, 창동, 천부동, 견달리(역자주 : 와달리의 오기) 등에 10호 가량 있었음을 전하고 있다. 그리고 그들 가운데 전라도 사람이 많다고 하였다. 그런 점에서 1883년 '신입호구 16호 54명'에 집착하여 울릉도 개척사를 설명하려는 시각이나 1883년 이전의 울릉도가 빈 땅, 무인도였다는 주장 등은 시정되어야만 할 것이다.

―――――――――――

29) 도리이 류죠, 앞의 글, '현주민의 이주 상태'조.

울릉도에 살고 있는 사람들에 대해 도리이 류죠는 "조선 사람과 일
본 사람인데, 정치적으로는 조선인도 일본인도 아니지만, 하여간 이
두 가지로 나눌 수 있다"고 하면서, 1917년 당시 조선인과 일본인을
합한 총 인구수는 10,479명임을 밝혔다. 그중 조선인은 9,159명이며,
일본인은 1,590명이며, 호수는 1,892호이며, 그중 조선인은 1,498호이
며, 일본인은 393호라고 하였다.[30] 1917년 당시 울릉도의 경우 일본
인에 비해 조선인이 압도적으로 많음에도 불구하고 도리이 류죠는 일
본인의 세력은 매우 왕성한데 반해 조선인의 세력은 전무하다고 기록
하고 있다. 그 이유로서 "조선인이 사는 곳은 주로 골짜기의 상류, 혹
은 산의 매우 높은 곳이며, 나무를 불태워 없애고 화전농사를 짓고
있다. 어업이라는 일은 최근에 하기 시작하였으며, 주민의 생업은 주
로 농업이다"고 한데 반해 일본인의 경우 "농업을 하는 일본인은 적

---

30) 『울릉군지』의 공식 통계에는 1906년부터의 인구통계가 매년 나오는데
1910년, 1913년, 1916~1918년, 1939~1941년의 통계수치가 누락되어 있다.
그런 점에서 도리이 류죠의 조사는 1917년 누락기의 인구통계를 전해주고
있다는 점에서 중요한 자료이다. 도리이 류죠가 조사한 인구수는 다음의
표에서 보다시피 1917년 전후의 인구통계 수치와 비교할 때 상대적으로 많
음을 알 수 있다.

연 도	계		한 국 인		일 본 인	
	호 수	인구수	호 수	인구수	호 수	인구수
1911	1,414	8,073	1,082	6,880	332	1,192
1912	1,492	8,222	1,104	6,961	388	1,261
1914	1,899	10,361	1,471	8,597	428	1,404
1915	1,774	9,623	1,403	8,392	371	1,231
1919	1,790	9,633	1,438	8,381	349	1,247
1920	1,650	8,945	1,422	8,141	227	800
1921	1,636	9,050	1,429	8,376	206	670

울릉도, 『울릉군지』 1988.

으며 그들은 해안에 집이 있으며, 오징어잡이를 하고 있다. 울릉도의 오징어잡이는 꽤 왕성하여, 불과 두세 시간 사이에 10~20원의 돈을 벌기란 어려운 일이 아니다. 만약 일본에서 생활이 시원찮은 사람은 이곳에서 오징어잡이를 하면 넉넉하게 생활할 수 있다. 조선인은 그래서 거의 세력이 없으며, 일본인의 세력은 상당히 왕성하다.”고 하였다.31) 『皇城新聞』1902년 4월 29일자의 기사를 보면 1901년 8월 海關派員士 기사 가운데 “일본인구 약 550인이 모두 造船伐木者이고 (중략) 韓民은 대략 3,000구에 이르나 모두 佃戶農氓이라”고 한 것과 연관시켜볼 때 울릉도 개척 이후 우리 측 울릉도민의 경우 농업을 생업으로 하고 전호, 즉 소작농으로 어려운 생활을 영위하였던 것이 일제시대까지 그대로 이어졌음을 알 수 있다. 그에 반해 1901년대의 울릉도에 들어온 일본인들은 ‘조선벌목자’였던 것이 1917년 단계에 오면 오징어잡이 등의 어로활동을 주로 하는 어민들로 교체되었음을 알 수 있다. 그렇게 되면서 일제시대 울릉도의 경우 도리이 류죠의 말처럼 일본인의 세력은 매우 왕성한데 반해 조선인의 세력은 전무하다고 할 정도로 영락되었던 것이다.

---

31) 도리이 류죠, 앞의 글, ‘총설’조. “이곳에 살고 있는 사람은 누군가 하면, 조선인과 일본인을 합한 총 인구수는 10,479명이다. 그중 조선인은 9,159명이며, 일본인은 1,590명으로 조선인이 많다. 호수는 1,892호이다. 그중 조선인은 1,498호이며, 일본인은 393호이다. 촌락은 대략 10개 정도이지만 일본인의 세력은 매우 왕성하며, 조선인의 세력은 전무하다. 조선인이 사는 곳은 주로 골짜기의 상류, 혹은 산의 매우 높은 곳이며, 나무를 불태워 없애고 화전농사를 짓고 있다. 어업이라는 일은 최근에 하기 시작하였으며, 주민의 생업은 주로 농업이다. 농업을 하는 일본인은 적다. 해안에 집이 있으며, 오징어잡이를 하고 있다. 울릉도의 오징어잡이는 꽤 왕성하여, 불과 두세 시간 사이에 10~20원의 돈을 벌기란 어려운 일이 아니다. 만약 일본에서 생활이 시원찮은 사람은 이곳에서 오징어잡이를 하면 넉넉하게 생활할 수 있다. 조선인은 그래서 거의 세력이 없으며, 일본인의 세력은 상당히 왕성하다.”

도리이 류죠는 울릉도에 살고 있는 사람들을 조선 사람과 일본사람인데, 이들은 정치적으로는 조선인도 일본인도 아니라고 하였다. 그러면서 "강원도 함경도의 연안은 거의 시마네현 사람의 세력이 미치는 범위이다. 고사에서 보이는 이즈모와 조선의 왕래는 옛날뿐만 아니라, 오늘날에도 역시 이루어지고 있음을 알 수 있으며, 이 울릉도에는 이즈모 출신이 거의 대부분이다. 때문에 이 섬은 모두 이즈모풍이며, 흡사 이즈모의 시골에 온 듯한, 해안의 시골에 온 듯한 느낌이다. 또 이곳의 상행위는 상당히 재미있는데, 이 울릉도에 잠시 있어 보면, 아무래도 시마네현에 살고 있는 듯한 생각이 든다"고 하여 일본의 이즈모의 모습을 울릉도에서 강조하고 있다. 도리이 류죠가 이렇게 말할 수 있었던 것은 "이곳에 들어오는 물품은 부산항을 거쳐 온 것 같은데, 모두 사까이미나또에서 왔으며, 상거래 역시 사까이미나또에서 이루어지고 있다. 이러한 상황에서 생각해 보아도, 울릉도는 이즈모와의 관계를 보는데 참으로 재미있는 곳이다"라고 한 것에서 보다시피 당시 울릉도 상권이 이미 일본에 종속되어 있었기 때문이다. 더욱이 육로와의 교통이 일본에 의해 운영됨으로써 그 종속은 더욱 심화되었다고 볼 수 있을 것이다.[32]

---

32) 도리이 류죠, 앞의 글, '총설조'. "이곳으로 오는 일본인들은 모두 시마네현의 이즈모와 오끼 사람들뿐이다. 이전 시마네 사람들이 이 섬에 올 때는 조그만 배를 타고 왔다. 대체로 시마네현의 사람은 이를 조선으로 가는 것으로 알고 있지만, 강원도 함경도의 연안은 거의 시마네현 사람의 세력이 미치는 범위이다. 고사에서 보이는 이즈모와 조선의 왕래는 옛날뿐만 아니라, 오늘날에도 역시 이루어지고 있음을 알 수 있으며, 이 울릉도에는 이즈모 출신이 거의 대부분이다. 때문에 이 섬은 모두 이즈모풍이며, 흡사 이즈모의 시골에 온 듯한, 해안의 시골에 온듯한 느낌이다. 또 이곳의 상행위는 상당히 재미있는데, 이 울릉도에 잠시 있어 보면, 아무래도 시마네현에 살고 있는 듯한 생각이 든다. 이 섬은 최근까지 강원도 울진 관할이었지만, 지금은 경상북도 관할이다. 그리고 이곳에 살고 있는 조선인들은 주로 전라도, 경상도, 강원도 출신이다. 울릉도에 있는 시마네현 사람의 말에 의하

조선인 세력이 전무한데 반해 일본인의 세력이 이처럼 왕성하게
된 것은 1883년 개척령이 울릉도란 섬을 대상으로 하면서도 어업이
민이 아닌 농업이민을 염두에 둔 정책이었다는데 연유한다. 이런 점
에서 개척령을 추진했던 고종이나, 김옥균, 그리고 울릉도 검찰사 이
규원은 잘못된 정책을 입안하여 추진하였다. 그런 점에서 개척령에
의해 울릉도의 개척이 성공하였다는 긍정적 평가는 비판받아야 한다.
이런 정책으로 말미암아 울릉도와 독도에 이르는 해역을 일본인 어부
들한테 내놓음으로써 결국 1905년 일본이 독도를 무주지라 하여 자
국의 영토로 침탈하게 하는 빌미를 가져다주었을 뿐만 아니라[33] 도
리이류죠가 울릉도를 조사할 무렵인 1917년에 오면 일본인들이 울릉
도에 이주어촌을 형성하여 울릉도 상권을 좌지우지 하게끔 하는 결과
를 초래하였다고 볼 수 있다. "반도국이면서 바다에 대한 지식이 대
단히 어두웠던 것은 조선이 발전되지 않았던 원인의 하나가 아닐 수
없다"는 이마무라 도모에의 「鬱陵島紀事」의 지적을 우리는 음미할 필
요가 있을 것이다.[34]

면, 바람이 좋을 때에는 조그만 배로 하루 걸려 이즈모의 사까이미나또까
지 갈 수 있다. 또 영일만까지도 역시 하루면 된다. 20년 전쯤까지는 조그
만 배에 대나무로 만든 돛을 달고 일본해를 건너 이즈모에서 울릉도로 왔
지만, 지금은 충선이 왕래하기 때문에 그것을 사용하지 않지만, 지금 이곳
에 있는 사람들은 기선 등을 타지 않고서도 조그만 배로 갈 수 있다고 하
기 때문에, 주로 범전선 등으로 왕래하고 있다. 그 외 일본의 어선을 이용
하지만, 근래 배가 부족해서 커다란 어려움을 겪고 있다. 그리고 이곳에 들
어오는 물품은 부산항을 거쳐 온 것 같은데, 모두 사까이미나또에서 왔으
며, 상거래 역시 사까이미나또에서 이루어지고 있다. 이러한 상황에서 생각
해 보아도, 울릉도는 이즈모와의 관계를 보는데 참으로 재미있는 곳이다."
33) 김호동, 「개항기 울릉도 개척정책과 이주실태」,『대구사학』77, 대구사학
회, 2004 ; 김호동 외,『독도를 보는 한 눈금 차이』2006, 영남대학교 민족
문화연구소편, 선출판사.
34) 이마무라 도모에(今村鞆), 「鬱陵島紀事」,『歷史民俗 朝鮮漫談』1908:『獨島硏
究)』3, 2007, 167쪽.

필 자 약 력

김화경金和經

영남대학교 국어국문학과 교수
영남대학교 독도연구소 소장

저 서

『한국 설화의 연구』, 『북한설화의 연구』, 『한국의 설화』, 『일본의 신화』, 『한국 신화의 원류』, 『신화에 그려진 여신들』, 『애들아 한국 신화 찾아가자』 등

논 문

「안용복의 2차 도일 활동에 관한 연구」, 「일본측 독도영유권 주장의 허구성에 관한 연구」, 「한국의 고지도에 나타난 독도 인식에 관한 연구」, 「독도 강탈을 둘러싼 궤변의 허구성」 외 다수

김호동金晧東

영남대학교 독도연구소 연구교수

저 서

『독도·울릉도의 역사』, 『고려 무신정권시대 文人 知識層의 현실대응』, 『한국 고·중세 불교와 유교의 역할』, 『한국사 6』(공저), 『울릉도·독도의 종합적 연구』(공저), 『독도를 보는 한 눈금 차이』(공저), 『울릉군지』(공저) 등

논 문

「조선 숙종조 영토분쟁의 배경과 대응에 관한 검토」, 「조선초기 울릉도·독도에 관한 '공도정책'의 재검토」, 「개항기 울릉도 개척정책과 이주실태」외 다수

김정숙金貞淑

영남대학교 국사학과 교수

저 서

『한국가톨릭여성사, 여성 천주교와 만나다』(공저), 『순교자 강완숙』(공저), 『전근대 동해안 지역사회의 운용과 양상』, 『고대 각국의 동해안 운영과 방어체계』, 『경북여성사』, 『한국문화사』, 『리델문서1』 등

논 문

「『竹島問題に關する調査研究 最終報告書』「西歐製作圖の分析」에 대한 비판」 외 다수

최장근崔長根

대구대학교 일본어일본학과 교수

저 서

『간도영토의 운명 -일본제국주의와 중국 중화주의의 틈새에서-』,『일본의 영토분쟁 -일본제국주의의 흔적과 일본내셔널리즘-』,『일본정치와 사회 그리고 영토』,『왜곡의 역사와 한일관계』,『근현대일본사』,『독도의 영토학』,『독도문제의 본질과 일본의 영토분쟁 정치학』 등

논 문

「일본의중앙-지방정부의 독도 사료조작」,「일본의 독도영유권 주장에 대한 '북한'의 대응양상」,「영토정책의 관점에서 본 '일한병합'의 재고찰」,「전후 일본의 독도역사성 왜곡에 관한 고찰」,「'竹島経營者中井養三郎氏立志傳'의 해석오류에 대한 고찰」 외 다수

정갑용鄭甲龍

영산대학교 법학과 교수

저 서

『한일간 해양관련 사안별 국제재판 성립가능성 연구』,『중일간 동중국해 대륙붕 분쟁과 우리의 정책방향』 등

논 문

「독도문제의 국제재판가능성 검토 및 정책방향」,「독도영유권과 Critical Date의 법개념」,「국제해양법재판소의 재판절차와 판례동향」,「쓰카모토 다카시의 '샌프란시스코 평화조약에서 나타난 다케시마에 대한 취급'에 대한 비판적 연구」,「독도문제와 국제재판의 Mixed Case에 관한 고찰」 외 다수

호사카유지保坂祐二

세종대학교 인문과학대학 교양학부 부교수

저 서

『일본 우익사상의 기저연구』,『7000만의 독도의 꿈』(공저),『일본 古지도에도 독도 없다』,『독도/다케시마 한국의 논리』,『독도는 한국땅인가』(공저),『일본제국주의의 민족동화정책 분석』,『일본에게 절대 당하지 마라』 등

논 문

「하야시 시헤이 도와 독도」,「야스쿠니 신사의 부활을 둘러싼 제 문제고찰」,「일본학 연구」,「일본의 관인 고지도와 '울릉도외도'가 증명하는 한국의 독도영유권」,「독도영유권에 대한 본질적 내용-국제법상의 논쟁을 중심으로」,「'三國通覽輿地路程全図'와 '伊能図' 안의 독도」 외 다수

독도 영유권 확립을 위한 연구

초판 인쇄 : 2009년 5월 15일
초판 발행 : 2009년 5월 25일

엮은이 : 영남대학교 독도연구소
펴낸이 : 한정희
편 집 : 문영주, 최수진, 신학태, 김하림, 이지선, 유미진, 최연실, 정연규
영 업 : 이화표
관 리 : 하재일, 양현주
펴낸곳 : 경인문화사

주 소 : 서울특별시 마포구 마포동 324-3
전 화 : 02-718-4831~2
팩 스 : 02-703-9711
이메일 : kyunginp@chol.com
홈페이지 : 한국학서적.kr
　　　　　http://www.kyunginp.co.kr

값 20,000원
ISBN : 978-89-499-0648-5　94910
ⓒ 2009, Kyung-in Publishing Co, Printed in Korea
* 파본 및 훼손된 책은 교환해 드립니다.